Barbara F. Walter

BÜRGERKRIEGE

Warum immer mehr Staaten am Abgrund stehen

Aus dem amerikanischen Englisch von Bernhard Jendricke und Thomas Wollermann

HOFFMANN UND CAMPE

Die Originalausgabe erschien 2022 unter dem Titel
How Civil Wars Start. And How to Stop Them
bei Crown, New York.

1. Auflage 2023

www.hoffmann-und-campe.de
Umschlaggestaltung: Lisa Busch © Hoffmann und Campe
Umschlagabbildung: © picture alliance / Zumapress / Probal Rashid
Satz: Pinkuin Satz und Datentechnik, Berlin
Gesetzt aus der Minio Pro und Bison
Druck und Bindung: GGP Media GmbH, Pößneck
Printed in Germany
ISBN 978-3-455-01510-2

HOFFMANN UND CAMPE

Ein Unternehmen der
GANSKE VERLAGSGRUPPE

Für Zoli und Lina

EINLEITUNG

Adam Fox schlug den Teppich beiseite und öffnete die Falltür, die in den Keller des Staubsaugerladens namens Vac Shack in Grand Rapids, Michigan, führte.[1] Der Siebenunddreißigjährige lebte mit seinen zwei Hunden im Keller unter dem Laden, nachdem ihn seine Freundin rausgeworfen hatte. Der Besitzer, ein Freund von ihm, hatte ihm dies als Zwischenlösung angeboten, bis er wieder auf eigenen Füßen stehen konnte.

Der Raum war mit Aktenschränken, Transportboxen für Hunde und Ersatzteilen von Staubsaugern zugerümpelt. Fox war ein vom Leben enttäuschter Mann – und das nicht nur, weil er kein richtiges Zuhause mehr hatte. Er war nicht zum ersten Mal ganz unten angekommen. Schon nach dem Abschluss der Highschool hatte er nur mit Mühe seinen Weg gefunden und sich mit Gelegenheitsaufträgen von Vac Shack knapp über Wasser gehalten. Er hegte einen tiefen Groll gegen die Führung der Demokratischen Partei, der er die Schuld an seiner Misere gab, und ließ in Tweets über Barack Obama und Nancy Pelosi des Öfteren Dampf ab. Erst vor kurzem hatte er in einer örtlichen Miliz ein paar Gleichgesinnte gefunden, doch schon bald wurde er dort wegen seiner Tiraden gegen die Regierung und Streitereien mit anderen Mitgliedern wieder rausgeworfen.

Und nun wütete da draußen auch noch Corona. Detroit und Grand

Rapids hatte es so hart getroffen, dass Michigans Gouverneurin Gretchen Whitmer eine Ausgangssperre über den Bundesstaat verhängt hatte.[2] Sie erstreckte sich auch auf ländliche Gebiete, in denen es nur wenige Coronafälle gab. Ende April, nach einer weiteren Runde von Beschränkungen, warf sich Fox in eine Kampfweste, setzte sich eine Baseballkappe auf und machte sich mit Hunderten anderen Protestlern, viele von ihnen bewaffnet, auf den Weg zum Kapitol in Lansing, der Hauptstadt des Bundesstaats Michigan.[3] Zuvor hatte Fox draußen einer Rede von Mike Detmer zugehört, der sich zu dieser Zeit in den Vorwahlen der Republikaner um eine Kandidatur für das US-Repräsentantenhaus bemühte und darüber schimpfte, die Beschränkungen seien unamerikanisch. »Wir stehen in einem Krieg um die Herzen, die Seele, die Traditionen und die Freiheit unseres Staates und unseres Landes«, hatte Detmer erklärt. »Es ist unsere verdammte Pflicht, den Shutdown zu beenden.«[4] Als sich dann Teile der Demonstranten ihren Weg ins Kapitol von Lansing bahnten und versuchten, in den Sitzungssaal des Repräsentantenhauses vorzudringen, war auch Fox dabei.

Doch all das führte zu keinerlei Veränderungen, und je mehr Wochen ins Land gingen, desto rastloser wurde Fox. Im Juni dieses Jahres streamte er live ein Video auf Facebook, in dem er sich über die jüngst erfolgte Schließung der Fitnessstudios beschwerte und Whitmer als »tyrannisches Miststück« titulierte, das von Macht besessen sei.[5] »Ich weiß nicht, Jungs. Wir müssen was unternehmen«, sprach er in die Kamera. Kurz darauf kontaktierte er über Facebook Joseph Morrison, den Anführer einer lokalen Miliz, der Wolverine Watchmen.[6] Morrison soll zugesagt haben, Fox dabei zu helfen, eine neue paramilitärische Gruppe aufzubauen, zu trainieren und zu bewaffnen. Bald scharte Fox weitere Männer für sein Anliegen um sich. Zu jenen, die sich ihm anschlossen, gehörte ein ehemaliger Marineinfanterist, der Orden für Friedenseinsätze und den globalen Krieg gegen Terror erhalten hatte und auch für gute Führung im Marine Corps ausgezeichnet worden war. Ein anderer hatte zuvor eine Grundausbildung bei der Nationalgarde von Michigan begonnen, allerdings nicht abgeschlossen. Einer besaß Verbindungen zur Miliz der Three Percenters, einer war ein Jünger von QAnon, ein weiterer folgte in den sozialen Medien den Proud Boys.

Insgesamt waren sie vierzehn. Etliche hatten sich wie Fox an den Anti-Lockdown-Protesten beteiligt. Bei ihren Zusammenkünften im Keller des Vac Shack sammelte Fox die Mobiltelefone ein, damit niemand die Gespräche aufzeichnen konnte. Sie kamen auch auf einem Grundstück zusammen, das Morrison außerhalb der Stadt besaß, um taktisches Training durchzuführen und Schießübungen abzuhalten. Jeden Samstagnachmittag trafen sie sich dort, verfeuerten Hunderte Patronen und übten sich im Bau von Sprengsätzen.

Sie beratschlagten darüber, ob sie das Kapitol des Bundesstaats stürmen, dabei vielleicht Abgeordnete als Geiseln nehmen und nach ein paar Tagen hinrichten sollten. Sie erwogen auch, die Türen des Kapitols zu verrammeln und das Gebäude mit allen Personen darin in Brand zu setzen. Letztlich war das Kapitol aber doch zu gut gesichert, sodass sie sich auf einen anderen Plan verständigten: Gretchen Whitmer sollte vor der Wahl im November 2020 aus ihrem Ferienhaus im Norden Michigans entführt werden. Anschließend wollten sie sie an einen geheimen Ort in Wisconsin bringen, ihr als Verräterin den Prozess machen und sie töten.[7]

Den August und September verbrachten die Männer damit, Whitmers Haus auszuspähen.[8] Sie planten, bei der Ausführung ihrer Tat die Sicherheitskräfte durch die Sprengung einer in der Nähe gelegenen Brücke abzulenken. Doch das FBI war ihnen bereits auf die Spur gekommen. Schon Anfang des Jahres 2020 war der Sicherheitsbehörde die Gruppierung in den sozialen Medien aufgefallen. Längst war die Gruppe online infiltriert, und man hatte auch schon Informanten gefunden, die bereit waren, eine Wanze zu tragen und so weitere Informationen zu sammeln. Im September hatte das FBI trotz aller

Vorsichtsmaßnahmen, die Fox ergriffen hatte, bereits mehr als 13 000 Seiten verschlüsselter Textnachrichten, dazu Fotos, Videos und mehr als hundert Stunden Audioaufnahmen zum Beweis des Entführungskomplotts zusammengetragen. Am Abend des 7. Oktober 2020 schlugen die Bundesagenten zu und verhafteten eine Handvoll Verschwörer bei einem fingierten Waffenkauf. Das FBI stürmte den Keller des Vac Shack und durchsuchte ein Dutzend weiterer Schlupfwinkel. Die vierzehn Männer, darunter Fox, wurden wegen Terrorismus, Verschwörung und Verstößen gegen die Waffengesetze verhaftet.[9] Der Besitzer des Vac Shack war völlig perplex. »Ich wusste, dass er in einer Miliz war«, erklärte er Journalisten, »aber es gibt einen Haufen Milizleute, die nicht planen, die Gouverneurin zu entführen. Eine völlig irre Sache.«[10]

Nach den Verhaftungen wurde in den Medien viel über die Ziele der verhinderten Entführer spekuliert. Während die politische Elite Michigans, Demokraten und Republikaner gleichermaßen, die Verschwörung verurteilte, kritisierte Präsident Donald Trump Gouverneurin Whitmer. Sie habe einen »miserablen Job« abgeliefert, twitterte er.[11] Fox selbst hingegen ließ keinen Zweifel an den Motiven der Gruppe. Der Prozess und die Hinrichtung von Whitmer, so erklärte er laut FBI-Akten, sollten andere zu ähnlichen Taten ermutigen. Die Zeit sei reif für eine Revolution, und er und seine Männer würden den Anstoß zum Umsturz der Gesellschaft geben. »Ich sag dir, Alter, die Welt muss brennen«, erklärte er gegenüber einem Informanten. »Anders können wir sie uns nicht zurückholen.«[12]

Als ich im Herbst 2020 zum ersten Mal von dem Entführungsplan las, erschrak ich zwar, aber allzu überrascht war ich nicht. Es passte ins Bild dessen, worüber ich nun schon etliche Jahre schrieb und nachdachte. Im Verlauf der vergangenen fünfundsiebzig Jahre hat es Hunderte von Bürgerkriegen gegeben, und es ist geradezu unheimlich, wie ähnlich sie sich oft entwickelten. Im Rahmen meiner Forschungen und als Expertin für diese Art von Konflikten habe ich Mitglieder der Hamas im Gazastreifen, ehemalige Mitglieder von Sinn Féin in Nordirland und der FARC in Kolumbien befragt. Ich stand auf dem Höhepunkt des syrischen Bürgerkriegs auf den Golanhöhen und blickte nach Syrien hinüber, bin durch Simbabwe gereist, als das Militär einen Staatsstreich gegen Robert Mugabe plante, wurde von Mitgliedern der Junta von Myanmar verfolgt und verhört. Und ich habe erlebt, dass ein israelischer Soldat sein Maschinengewehr auf mich richtete.

Mit dem Studium von Bürgerkriegen beschäftige ich mich seit 1990, als es noch sehr wenig Datenmaterial zu diesem Thema gab. Man konnte eine Menge Bücher über die Bürgerkriege in Spanien, Griechenland, Nigeria und den Vereinigten Staaten im 19. Jahrhundert lesen, aber es gab praktisch keine historischen Studien darüber, welche Elemente über Länder und Zeiten hinweg gleich blieben. Jeder Autor beschreibt seinen Bürgerkrieg als einmaliges Ereignis, und so erkannte niemand die Risikofaktoren, die immer wieder auftauchten, egal wo der Krieg gerade ausbrach.

Doch innerhalb weniger Jahre hatte sich unser Wissensstand erweitert. Der Kalte Krieg war zu Ende, und auf dem gesamten Globus brachen Bürgerkriege aus. Wissenschaftler rund um die Welt begannen, Daten – und zwar erhebliche Mengen von Daten – zu verschiedenen Aspekten dieser Konflikte zu sammeln. Über die größte Datensammlung verfügt heute die Universität von Uppsala in Schweden. Sie wurde in Zusammenarbeit mit dem Institut für Friedensforschung (PRIO) in Oslo aufgebaut und wird seit Jahren vom schwedischen Wissenschaftsrat, der Bank of Sweden Tercentenary Foundation, der schwedischen Behörde für internationale Entwicklungszusammenarbeit (Sida), der norwegischen Regierung und der Weltbank finanziert. Speziell ausgebildete Wissenschaftler tragen mit Hilfe eines Netzwerks von Experten verschiedener Länder die Daten zusammen. Heute kann jedermann auf Dutzende Datensätze von hoher Qualität (allesamt dreifach überprüft) zugreifen, die Aufschluss darüber geben, wie Bürgerkriege entstehen, wie lange sie dauern, mit wie vielen Toten zu rechnen ist und aus welchen Gründen sie überhaupt geführt werden. So lassen sich Muster und Risikofaktoren erkennen, mit deren Hilfe wir Prognosen aufstellen können, wo und wann wahrscheinlich künftig Bürgerkriege ausbrechen werden. Was können wir angesichts der Muster, die wir in der Vergangenheit erkannt haben, für die Zukunft erwarten? Damit hat sich eine völlig neue Erkenntnisquelle eröffnet.

Im Jahr 2010 erregte ein Artikel im *American Journal of Political Science* meine Aufmerksamkeit.[13] Verfasst war er von einem Forscherteam der Political Instability Task Force (PITF), das die US-Regierung 1994 initiiert hatte.[14] Die Experten der PITF hatten Daten über Bürgerkriege aus aller Welt ausgewertet und ein Modell entwickelt, das Voraussagen darüber erlaubte, wo sich mit der größten Wahrscheinlichkeit Instabilitäten entwickeln würden.

Die Idee, Bürgerkriegskonflikte mit wissenschaftlichen Methoden zu antizipieren, war revolutionär. So zögerte ich keinen Augenblick, als ich im Jahr 2017 das Angebot zur Mitarbeit bei der PITF erhielt. Seit fünf Jahren nehme ich nun an deren Besprechungen und Konferenzen teil, in denen es um politisch instabile Regionen rund um die Welt geht – mal um den möglichen Zusammenbruch Syriens, mal um die Zukunft afrikanischer Diktatoren. Aber immer geht es auch darum, wie sich unsere Prognosen auf der Grundlage der vorhandenen Daten verbessern lassen. Stets war es unser Ziel, Gewalt und Instabilität in anderen Ländern vorherzusagen, um den USA eine optimale Reaktion zu ermöglichen.

Allerdings stieß ich bei dieser Arbeit auf etwas Beunruhigendes: Die Warnzeichen der Instabilität, die wir an anderen Orten identifiziert haben, sind dieselben, die ich in den letzten zehn Jahren auch bei uns zu Hause zu bemerken begann. Aus diesem Grund schreckten mich die Ereignisse in Lansing und die Erstürmung des Kapitols in Washington im Januar 2021 so sehr auf. Ich weiß inzwischen, wie Bürgerkriege beginnen, und kenne die Anzeichen, die viele übersehen. Und nun beobachte ich die rasante Zunahme solcher Anzeichen hier bei uns.

Die Pläne einer weißen, nationalistischen Miliz in Michigan zum Sturz der Regierung gehören zu diesen Vorboten. Die Bürgerkriege des 21. Jahrhunderts unterscheiden sich erheblich von jenen der Vergangenheit. Große Schlachtfelder, Armeen und konventionelle Taktiken sind passé. Heute werden Bürgerkriege hauptsächlich unter ethnischen und religiösen Gruppierungen ausgetragen, von Guerillasoldaten und Milizen, die häufig Zivilisten als Ziel wählen. Bei näherer Betrachtung passen die Unruhen in Michigan genau in dieses Schema. Der Bundesstaat weist eine ausgeprägte Spaltung seiner Bevölkerung auf: Zwei seiner großen Städte, Detroit und Flint, sind mehrheitlich von Afroamerikanern bewohnt, während die ländlichen Gebiete zu 95 Prozent weiß sind. Der wirtschaftliche Niedergang macht den Menschen insbesondere auf dem Land zu schaffen, was Wut, Ressentiments und Radikalisierung zur Folge hat. Schon zuvor herrschte in Michigan eine stark regierungskritische Stimmung, und es gehörte zu den Bundesstaaten mit den meisten Milizen.[15] Es standen also schon gewaltbereite Gruppierungen in den Startlöchern. Insofern ist es kaum überraschend, dass einer der ersten Versuche, einen Bürgerkrieg anzuzetteln, gerade hier stattfand.

Man mag es etwas weit hergeholt finden, den Entführungsplan einer einzelnen rechtsextremen Gruppierung als Vorzeichen eines Bürgerkriegs zu werten. Doch die heutigen Bürgerkriege beginnen mit Milizen genau wie diesen, die Gewalt mitten in die Bevölkerung hineintragen. Solche Gruppen sind heute ein charakteristisches Merkmal von Konflikten rund um die Welt. In Syrien waren die Rebellen, die sich gegen die Regierung erhoben, anfangs auch eine bunt zusammengewürfelte Truppe von Aufständischen und befreiten Häftlingen, die Seite an Seite mit den Extremisten des IS kämpften.

Selbst die größte unter den frühen Rebellengruppen in Syrien, die Freie Syrische Armee, war keine zentral geführte Organisation, sondern ein Bündnis Hunderter kleiner, lose miteinander verbundener Zusammenschlüsse.[16] Ähnliche Verhältnisse herrschen in Afghanistan und im Jemen. Die Zeiten, in denen eine einzige, klar gegliederte und hierarchisch organisierte Kampftruppe in offizieller militärischer Uniform mit konventionellen Waffen kämpft, sind vorbei.

Die heutigen Rebellengruppen setzen auf Guerillataktik und organisierten Terror: Scharfschützen feuern von Dächern herab, selbst gebaute Sprengsätze werden als Paket- und Autobomben oder Minen eingesetzt. Solche Gruppierungen ermorden eher Oppositionsführer, Journalisten oder Polizisten, als dass sie sich an Regierungssoldaten wagen. Abu Mussab al-Sarkawi, der Anführer von al-Qaida im Irak, organisierte Selbstmordattentate gegen alle, die während des irakischen Bürgerkriegs mit der schiitischen Regierung des Irak zusammenarbeiteten. Abu Bakr al-Baghdadi, der Führer des Islamischen Staates, perfektionierte den Einsatz gewaltiger Autobomben gegen eben diese Regierung. Die Haupttaktik der Hamas gegen Israel ist es, Attentate auf einfache israelische Bürger zu verüben, die ihrem Alltag nachgehen.

Die meisten Amerikaner können sich nicht vorstellen, dass in ihrem Land noch einmal ein Bürgerkrieg ausbricht. Sie sind davon überzeugt, dass unsere Demokratie zu widerstandsfähig und robust ist, um in einen solchen Konflikt zu verfallen. Oder sie sind zumindest der Ansicht, dass unser Land zu reich und zu fortschrittlich ist, um sich selbst zu zerfleischen. Teilweise gehen sie auch davon aus, dass unsere Regierung jederzeit über die Mittel verfügt, eine Rebellion im Keim zu ersticken. Sie betrachten den Plan, Whitmer zu entführen, und den Sturm auf das Kapitol in Washington als isolierte Vorfälle, als die gescheiterten Taten einer kleinen Gruppe gewaltbereiter Extremisten. Aber das liegt nur daran, dass sie nicht wissen, wie Bürgerkriege beginnen.

Wenn wir verstehen wollen, wie nahe Amerika vor dem Ausbruch eines Konflikts steht, müssen wir uns mit den Bedingungen vertraut machen, aus denen moderne Bürgerkriege hervorgehen, und sie beschreiben. Das ist die Aufgabe dieses Buches. Bürgerkriege entstehen und eskalieren in vorhersehbarer Weise, praktisch nach einem Drehbuch. Es sind immer dieselben Muster, ob man nach Bosnien, in den Irak, nach Syrien, Nordirland oder Israel blickt. Die folgenden Seiten werden diese Muster erforschen: Wir werden untersuchen, wo üblicherweise Bürgerkriege ausbrechen, wer sie beginnt und was sie auslöst.

Wir werden auch der Frage nachgehen, wie man sie *beenden* kann. Der Ausbruch eines Konflikts erfordert eine Reihe von Voraussetzungen, die aufeinander aufbauen, so wie sich die Winde zu einem Sturm zusammenbrauen. Während mich die Möglichkeit eines zweiten Bürgerkriegs in Amerika zunehmend alarmierte, habe ich mich zugleich auch immer stärker dafür interessiert, was wir, als Bürger, von Experten lernen können, um den politischen Sturmböen die Spitze zu nehmen. Die Untersuchung der Bürgerkriegsfälle hat uns eines gelehrt: Schon viel zu lange vertrauen wir darauf, dass der Frieden ewig hält, unsere Institutionen jedem Sturm standhalten und unsere Nation einmalig ist. Uns ist klar geworden, dass wir unsere Demokratie nicht als selbstverständlich gegeben nehmen dürfen und dass wir verstehen müssen, was wir für ihren Erhalt tun können.

Einige der Gefahren sind schon deutlich zutage getreten, so beim Angriff auf das Kapitol am 6. Januar 2021 durch Rechtsextreme, die die Präsidentschaft von Joe Biden zu verhindern hofften, oder in der Politisierung von medizinischen Masken inmitten einer globalen Pandemie. Doch es sind noch tiefer liegende Kräfte am Werk, die zur Kenntnis zu nehmen wir ebenfalls bereit sein müssen. Im vergangenen Jahrzehnt hat unser Land erhebliche Verschiebungen des ökonomischen und kulturellen Machtgefüges erlebt. Die Zusammensetzung unserer Bevölkerung ändert sich, die Ungleichheit wächst. Unsere Institutionen wurden geschwächt und manipuliert, sie dienen den Interessen von Einigen mehr als denen von Anderen. Amerikas Bürger fallen zunehmend Demagogen zum Opfer, die ihre Bildschirme beherrschen und teilweise auch schon in der Regierung sitzen. Ähnliche Entwicklungen kann man in Demokratien rund um die Welt beobachten.

Während wir uns in politische Streitereien um »Karawanen von Immigranten«, die sich aus Südamerika auf die Grenze der USA zubewegen, und die sogenannte Cancel Culture verstrickt haben, sind gewalttätige extremistische Gruppen, insbesondere die der radikalen Rechten, stärker geworden. Seit 2008 gehen über 70 Prozent der von Extremisten getöteten Menschen in den Vereinigten Staaten auf das Konto rechtsextremer Gruppierungen oder weißer Suprematisten.[17] Ihr Anwachsen geschieht oft unmerklich; Extremisten organisieren sich üblicherweise langsam und in aller Heimlichkeit.[18] Es dauerte drei Jahre, ehe die Zapatisten in Mexiko auch nur auf zwölf Mitglieder kamen, und über sechs Jahre, ehe eine Gruppe von dreißig tamilischen Teenagern die Tamil Tigers von Sri Lanka auf die Beine gestellt hatten.[19] Al-Qaida-Führer verbargen sich jahrelang bei den Stämmen in der Wüste von Mali, bevor sie sich der dortigen Rebellion anschlossen. Doch nun tritt auf einmal alles ans Tageslicht. Die Amerikaner überrascht es gar nicht mehr, bei Demonstrationen einzelne bewaffnete Männer zu sehen oder paramilitärische Gruppierungen. Überall in Pennsylvania verkaufen kleine Läden inzwischen die Konföderiertenflagge oder die amerikanische Flagge in Schwarz-Weiß mit einem blauen Streifen – der symbolisiert die Unterstützung der Polizei – und noch viele andere derartige Abzeichen und Symbole. Allmählich spricht es sich herum, dass Autoaufkleber mit einem Kreis von Sternen um die römische Zahl III, der Wotansknoten und das Keltenkreuz keine harmlose Zierde sind, sondern die Symbole rechtsextremer militanter amerikanischer Gruppierungen, die immer sichtbarer, lauter und gefährlicher werden.

Amerika ist ein besonderes Land, aber wenn man die Hunderte von Bürgerkriegen studiert, die seit dem Ende des Zweiten Weltkriegs ausgebrochen sind, dann fängt man an zu verstehen, dass auch wir nicht gegen Konflikte gefeit sind. Wut, Missgunst und den Wunsch, über seine Gegner zu triumphieren, gibt es auch hierzulande. Auch die Amerikaner kämpfen um die politische Macht, wenn es gilt, ihren Way of Life zu verteidigen. Auch sie kaufen Waffen, wenn sie sich bedroht fühlen. In Momenten, in denen ich am liebsten vor alldem die Augen verschließen möchte und Zuflucht bei der inneren Stimme suche, die mir sagt: *Nein, so etwas kann hier nie passieren*, denke ich an all das, was die Politikwissenschaft mich gelehrt hat. Ich denke an die Fakten, die offen vor uns liegen.

Und ich denke an die Zeit zurück, als ich Berina Kovac kennenlernte und wir Geschichten über politische Gewalt austauschten und darüber, wie sie das Leben der Menschen langsam vergiftet. Berina ist in Sarajevo aufgewachsen. Als sich die Milizen in den Bergen und Vororten zu organisieren begannen, als ehemalige Kollegen sie immer öfter rassistisch beleidigten, setzte sie einfach ihre Arbeit fort, ging zu Hochzeiten, unternahm Wochenendausflüge und versuchte sich einzureden, dass am Ende alles gut werde. Doch eines späten Abends im März 1992, als sie mit ihrem gerade erst wenige Wochen alten Sohn allein zu Hause war, fiel der Strom aus. »Und plötzlich«, erzählte mir Kovac, »hörte man Maschinengewehre.«[20]

1

DIE GEFAHR DER ANOKRATIE

Noor ging noch in Bagdad zur Schule, als die Streitkräfte der USA am 19. März 2003 ihren Angriff auf den Irak starteten. Die Dreizehnjährige hatte erlebt, wie der Präsident ihres Landes, Saddam Hussein, im Fernsehen gegen den Präsidenten der USA, George W. Bush, und dessen Kriegsdrohungen wetterte; am Familientisch sprach man über die Möglichkeit einer Invasion der Amerikaner. Noor war eine typische Teenagerin. Sie schwärmte für Britney Spears, die Backstreet Boys und Christina Aguilera. Sie schaute die Shows von Oprah Winfrey und Dr. Phil, und *Matrix* war einer ihrer Lieblingsfilme. Amerikanische Soldaten in Bagdad – das konnte sie sich nicht vorstellen. Bisher hatte ihr Leben, auch wenn es manchmal nicht ganz einfach war, hauptsächlich daraus bestanden, mit ihren Freundinnen abzuhängen, im Park spazieren zu gehen und ihre Lieblingstiere im Zoo zu besuchen. Eine Invasion lag einfach jenseits ihrer Realität.

Doch zwei Wochen später tauchten auf einmal amerikanische Soldaten auch in ihrem Stadtviertel auf. Zuerst war nur das Dröhnen von Flugzeugen zu hören, am späten Nachmittag dann Explosionen. Sie eilte aufs Dach ihres Hauses, ihrer Mutter und ihren Geschwistern hinterher, völlig ahnungslos, was vor sich ging. Sie sahen, wie Militärfahrzeuge an Fallschirmen vom Himmel schwebten. »Es war wie in einem Film«, sagte sie.[1] Wenige Tage später marschierten GI an ihrem Haus vorbei, und Noor rannte zur Tür, um sie zu sehen. Auch die Nachbarn standen mit einem Lächeln im Gesicht vor ihren Häusern. Die Soldaten lächelten zurück, begierig, sich mit jedem zu unterhalten, der dazu bereit war. »Alle waren so glücklich«, erinnerte sich Noor. »Plötzlich war die Freiheit da.« Weniger als eine Woche später, am 9. April, versammelten sich ihre irakischen Mitbürger auf dem Firdos-Platz im Zentrum von Bagdad, warfen ein Seil über die riesige Statue von Saddam Hussein und rissen sie mit Hilfe der amerikanischen Soldaten vom Sockel. *Jetzt beginnt ein neues Leben. Ein besseres Leben*, dachte Noor.

Es war nicht einfach gewesen unter Saddams Herrschaft. Noors Vater hatte eine Stelle im Staatsdienst gehabt, doch wie viele Iraker musste die Familie mit wenig Geld über die Runden kommen. Nach Saddams erfolglosem Krieg gegen den Iran in den achtziger Jahren war der Irak verarmt und von Schulden geplagt. Noch schlimmer wurde es, als Saddam in den neunziger Jahren in Kuwait einfiel und Wirtschaftssanktionen gegen das Land verhängt wurden. Noors Familie hatte wie die meisten Menschen im Irak unter der rasanten Inflation, dem kollabierenden Gesundheitssystem, Medikamentenmangel und Lebensmittelknappheit zu leiden. Zudem lebten sie in ständiger Angst. Gespräche über Politik und Kritik an der Regierung waren im Irak verboten. Alle fühlten sich ständig belauscht und von Saddams Geheimdiensten überwacht. Der Präsident hatte im Laufe seiner bereits vierundzwanzig Jahre währenden Herrschaft oft genug unter Beweis gestellt, wie brutal er mit seinen Gegnern und Rivalen umzuspringen bereit war. Wer ihn, seine Gefolgsleute oder die Baath-Partei kritisierte, büßte dies nicht selten mit dem Tod. Journalisten wurden hingerichtet oder ins Exil getrieben. Manche Dissidenten kamen ins Gefängnis, andere verschwanden einfach. Schlimme Geschichten von gefolterten Gefangenen machten die Runde – man stach ihnen die Augen aus, misshandelte sie mit Elektroschocks an den Genitalien und tötete sie am Ende durch Erhängen, Enthaupten oder Erschießen.

Doch nun waren die Amerikaner gekommen, und acht Monate nachdem irakische Bürger Saddams Statue gestürzt hatten, spürten amerikanische Soldaten den verängstigten Diktator in einem 2,5 Meter tiefen Erdloch unweit seiner Heimatstadt Tikrit auf. Er wirkte ungepflegt und verwirrt. Die meisten Iraker glaubten, dass nun, da die Amerikaner das Ruder übernommen hatten, ein Neuanfang für ihr Land gekommen sei und ihnen bald die Freiheiten und Chancen offenstehen würden, wie sie die Menschen in westlichen Ländern genossen. Familien träumten davon, die wahre Demokratie zu erleben. Das Militär, und vielleicht auch die Justiz, würden reformiert, mit der Korruption würde man aufräumen. Der Reichtum des Landes, der vor allem aus den Öleinnahmen stammte, würde gleichmäßiger verteilt werden. Noor und ihre Familie warteten mit Spannung auf unabhängige Zeitungen und Satellitenfernsehen. »Wir dachten, wir würden die Luft der Freiheit atmen, wir würden wie Europa werden«, sagte Najm al-Jabouri, ehemals General in Saddams Armee.[2] Sie sollten sich irren.

Niemand, der sich mit Demokratisierungsforschung beschäftigte, jubelte, als Saddam Hussein gefangen genommen wurde. Wir wussten, dass sich Demokratisierung, insbesondere schnelle Demokratisierung in einem stark gespaltenen Land, äußerst destabilisierend auswirken kann. Und je radikaler und schneller die Veränderung kommt, desto destabilisierender wirkt sie sich aus. Die Vereinigten Staaten und das Vereinigte Königreich glaubten, sie würden einer dankbaren Bevölkerung die Freiheit bringen. Stattdessen schufen sie die perfekten Voraussetzungen für einen Bürgerkrieg.

Der Irak war von politischen Rivalitäten ethnischer und religiöser Natur geprägt. Die Kurden, eine zahlenmäßig starke Minderheit im Norden, kämpften schon lange gegen Saddam um ihre Unabhängigkeit. Die Schiiten, die mehr als 60 Prozent der irakischen Bevölkerung ausmachten, beugten sich nur widerwillig dem Regime von Saddam Hussein, einem Sunniten, und seiner vorwiegend sunnitischen Baath-Partei. Über Jahrzehnte hatte es Saddam verstanden, seiner Minderheit die Macht zu sichern, indem er Regierungsposten mit Sunniten besetzte, jeden, der irgendeinen Job haben wollte, zum Eintritt in die Baath-Partei zwang, egal welcher Religion oder Sekte er angehörte, und auf alle anderen seine mörderischen Sicherheitskräfte losließ.

Nur zweieinhalb Monate nach der Invasion zerfielen die Iraker in einander feindlich gesinnte, sektiererische Faktionen, woran auch zwei fatale Entscheidungen der US-Regierung Schuld hatten. In dem Bestreben, das Land rasch zu demokratisieren, verbot Paul Bremer, der Chef der Koalitions-Übergangsverwaltung im Irak, die Baath-Partei und ordnete an, dass alle Mitglieder der Regierung Saddam Hussein, fast sämtlich Sunniten, auf Dauer ihre Positionen verlieren sollten.[3] Dann löste er das irakische Militär auf und schickte Hunderttausende sunnitischer Soldaten nach Hause.

Bevor überhaupt eine neue Regierung gebildet werden konnte, wurden damit auf einen Schlag Zehntausende von Baath-Bürokraten aus dem Amt gejagt.[4] Mehr als 350 000 Offiziere und Soldaten des irakischen Militärs hatten kein Einkommen mehr. Über 85 000 einfache Iraker, darunter auch Lehrer, die der Baath-Partei nur beigetreten waren, weil sie sonst nie eine Stelle bekommen hätten, verloren ihre Arbeit. Noor, die Sunnitin, erinnert sich noch gut an den Schock, den das im ganzen Land auslöste.

Im Gegenzug witterten auf einmal alle, die unter Saddam von der Macht ausgeschlossen worden waren, ihre Chance. Innerhalb kürzester Zeit kam es zu einem politischen Wettstreit zwischen Persönlichkeiten wie Nouri al-Maliki, einem aus dem Exil zurückgekehrten schiitischen Dissidenten, und Muqtada as-Sadr, einem radikalen schiitischen Geistlichen, der den Irak in einen islamischen Staat verwandeln wollte. Anfangs hatten die Amerikaner noch gehofft, ein Abkommen über die Teilung der Macht zwischen Sunniten, Schiiten und Kurden aushandeln zu können, doch bald gaben sie den Forderungen Malikis nach, der eine der Bevölkerungszusammensetzung entsprechende mehrheitlich schiitische Regierung favorisierte. Für Noor war das Ergebnis keine Demokratie. Es war Chaos, gefolgt von Machtgerangel.

Die einfachen Iraker, insbesondere die Sunniten, begannen sich Sorgen zu machen. Wenn die zahlenmäßig überlegenen Schiiten die Regierung kontrollierten, was würde sie daran hindern, sich gegen die Minderheit der Sunniten zu wenden? Welchen Anreiz hatten sie, ihnen Arbeit zu geben oder die für das Land so wichtigen Öleinnahmen mit ihnen zu teilen? Was würde sie davon abhalten, Rache für Saddams frühere Verbrechen zu üben? Ehemalige Parteiführer der Baath-Partei, Geheimdienstler und Offiziere der irakischen Armee sowie sunnitische Stammesführer erkannten bald, dass sie schnell handeln mussten, wenn sie in der neuen Demokratie überhaupt nur ein Wörtchen mitreden wollten. Bereits im Sommer 2003 begannen sich Widerstandsorganisationen zu bilden.[5] In den sunnitischen Städten und den sunnitisch dominierten ländlichen Gebieten des Irak, wo sich die Bürger zunehmend politisch und wirtschaftlich unter Druck fühlten, fanden sie leicht Gefolgsleute. »Wir standen an der Spitze des Systems. Wir hatten Träume. Jetzt sind wir die Verlierer. Wir haben unsere Positionen, unseren Status, die Sicherheit unserer Familien und die Stabilität verloren«, fasste ein sunnitischer Bürger die Stimmung zusammen.[6]

Die sunnitischen Aufständischen sahen zunächst davon ab, die amerikanischen Truppen zu attackieren – die waren zu gut bewaffnet. Sie suchten sich einfachere Ziele: Einzelpersonen und Gruppen, die den Amerikanern halfen. Dazu gehörten auch die Schiiten, die sich den neuen irakischen Sicherheitskräften anschlossen, schiitische Politiker und Vertreter internationaler Organisationen wie der Vereinten Nationen. Auf diese Weise versuchten die Aufständischen, die

Unterstützung der US-Besatzung zu untergraben oder vollends zu unterbinden und das amerikanische Militär zu isolieren. Erst danach begannen sie, auch amerikanische Soldaten ins Visier zu nehmen, indem sie einfach herzustellende, aber hochwirksame Sprengbomben entlang wichtiger Versorgungsrouten legten. Als Saddam Hussein im Dezember 2003 gefangen genommen wurde, war der Guerillakrieg bereits voll entbrannt.

Die Situation eskalierte im April 2004, als zusätzlich Machtkämpfe unter schiitischen Gruppierungen ausbrachen.[7] Die berüchtigtste war eine schiitische Miliz unter Führung von Muqtada as-Sadr, der den Unmut der schiitischen Nationalisten über die US-Besatzung nutzte, um Anhänger um sich zu scharen. Auch er nahm amerikanische Verbündete und Soldaten ins Visier, um die Amerikaner zum Abzug zu bewegen. Als im Januar 2005 im Irak die ersten Parlamentswahlen abgehalten wurden, war klar, dass die Sunniten in der Regierung bestenfalls eine untergeordnete Rolle spielen würden. Einige hofften, die Amerikaner würden eingreifen, um die Verfassung zu stärken oder Maliki in die Schranken zu weisen. Doch die Amerikaner wollten nicht langfristig in innerirakische Probleme verwickelt werden und hielten sich zurück. Während die Gewalt gegen die Koalitionstruppen eskalierte, nahmen auch die Kämpfe um die Kontrolle des Landes unter den Irakern, die sich in Dutzende von regionalen und religiösen Milizen aufgespalten hatten, weiter zu. Viele hatten die Unterstützung der lokalen Bevölkerung und erhielten Geld und Waffen aus dem Ausland. »Saudi-Arabien unterstützte die sunnitischen Milizen, der Iran die schiitischen, und dann gab es noch Muqtada as-Sadr, der für sich allein stand«, erinnert sich Noor. »Alle begannen, Partei zu ergreifen.«[8]

Bald wurde es für Noor zu gefährlich, das Haus zu verlassen, und sei es nur, um Lebensmittel einzukaufen. Überall kämpften rivalisierende Milizen um mehr Territorium, an allen Ecken lauerten Scharfschützen, die wahllos Passanten erschossen; Minen, Autobomben und militärische Kontrollpunkte wurden Alltag. Die Tiere im Zoo, wo Noor so viele Wochenenden mit ihren Freundinnen verbracht hatte, waren entweder verhungert oder von verzweifelten Menschen aufgegessen worden.[9] Noor und ihre Familie wussten nicht, was sie tun sollten. Zunächst zogen sie zu Verwandten, die in einem etwas ruhigeren Viertel wohnten, kehrten dann aber 2007 Bagdad ganz den Rücken, weil sie sich nirgends in der Stadt mehr sicher fühlten. Sie fuhren mit dem Bus nach Damaskus, wo sie zumindest eine Zeit lang ruhig lebten. Wie hätten sie ahnen können, dass das Blut und das Chaos des Bürgerkriegs schließlich auch die Straßen Syriens erreichen würden?

Die amerikanischen Streitkräfte hatten nur wenige Monate gebraucht, um Saddam Hussein zu entmachten und den Irak auf den Weg der Demokratie zu bringen. Doch fast ebenso schnell versank das Land in einem brutalen, mehr als ein Jahrzehnt währenden Bürgerkrieg. Noors Hoffnungen auf ihre eigene Stimme, mehr Rechte und neue Träume lagen genauso in Trümmern wie die Statue des gestürzten Diktators.

In den vergangenen hundert Jahren erlebte die Welt den größten Zugewinn an Freiheit und politischen Rechten in der Geschichte der Menschheit. Im Jahr 1900 gab es noch kaum demokratisch verfasste Länder. Doch 1948 hatten die Staats- und Regierungschefs der Welt die Allgemeine Erklärung der Menschenrechte verabschiedet, die von fast allen Mitgliedstaaten der Vereinten Nationen unterzeichnet wurde.[10] Sie spricht jedem Menschen das Recht zu, an seiner Regierung mitzuwirken, garantiert Redefreiheit, Religionsfreiheit und das Recht, sich friedlich zu versammeln, all dies unabhängig von Geschlecht, Sprache, Ethnie, Hautfarbe, Religion, Geburt oder politischer Anschauung. Heute sind fast 60 Prozent der Länder der Welt Demokratien.[11]

Liberale Demokratien bieten den Menschen mehr politische Beteiligung und Bürgerrechte als Nichtdemokratien. Die Bürger haben dort mehr Möglichkeiten der Teilhabe am politischen Leben, sie sind besser gegen Diskriminierung und Unterdrückung geschützt und erhalten einen größeren Anteil der Ressourcen des Staates. Sie sind zudem glücklicher, wohlhabender, besser ausgebildet und haben im Allgemeinen eine höhere Lebenserwartung als Menschen in Diktaturen. Das ist der Grund, warum Migranten ihr Leben riskieren, um aus repressiven Ländern im Nahen Osten, in Zentralasien und Afrika nach Europa zu gelangen. Und deshalb gab sich Präsident Bush nach dem Einmarsch in den Irak zuversichtlich, dass die Vereinigten Staaten »einen freien Irak im Herzen des Nahen Ostens« errichten und eine »weltweite demokratische Revolution« auslösen würden.[12]

Es gibt noch einen weiteren großen Vorteil der demokratischen Regierungsform. Ausgeprägte Demokratien führen seltener Krieg gegen ihre eigenen Bürger und die anderer Demokratien. Die Menschen mögen unterschiedlicher Meinung darüber sein, wie die Demokratie ausgestaltet werden soll. Es mag sie frustrieren, dass Demokratie Konsens und Kompromiss erfordert. Trotzdem entscheiden sich bei der Wahl zwischen Demokratie und Diktatur die meisten doch eindeutig für Erstere.[13]

Der *Weg* hin zur Demokratie birgt allerdings viele Gefahren. Als Anfang der neunziger Jahre erstmals weltweit Daten über Bürgerkriege gesammelt wurden, schälte sich bald eine interessante Korrelation heraus: Seit 1946, also unmittelbar nach dem Zweiten Weltkrieg, war die Zahl der Demokratien in der Welt sprunghaft angestiegen – aber mit ihr auch die Zahl der Bürgerkriege.[14] Beide Entwicklungen schienen parallel zu verlaufen. Die erste Welle der Demokratisierung setzte 1870 ein, als die Bürger in den Vereinigten Staaten und in vielen mittel- und südamerikanischen Ländern politische Reformen forderten. (Afroamerikaner waren bis in die 1960er Jahre nicht gleichberechtigt an der amerikanischen Demokratie beteiligt, obwohl sie nach dem amerikanischen Bürgerkrieg in der Ära der Reconstruction zeitweise mehr Rechte innegehabt hatten.) Die zweite Welle bildete sich direkt im Anschluss an den Zweiten Weltkrieg, als die besiegten Länder und die in die Unabhängigkeit entlassenen Kolonien demokratische Staats- und Regierungsformen adaptierten. Die dritte Welle erfasste Ostasien, Lateinamerika sowie Süd- und Osteuropa in den siebziger, achtziger und neunziger Jahren, in denen über dreißig Ländern der Übergang zur Demokratie gelang. Die jüngste Welle begann mit der US-Invasion im Irak im Jahr 2003 und schien an Stärke zu gewinnen, als sich die Proteste des Arabischen Frühlings über den Nahen Osten und Nordafrika ausbreiteten.

Inmitten all dieser sich entwickelnden Demokratien keimten auch Bürgerkriege auf.[15] Im Jahr 1870 gab es nahezu keine Bürgerkriege auf der Welt, 1992 hingegen über fünfzig.[16] Serben, Kroaten und Bosniaken (die bosnischen Muslime) bekämpften sich im zerfallenden Jugoslawien. Islamistische Rebellengruppen erhoben sich in Algerien gegen die Regierung. Die Staatsführungen in Somalia und im Kongo sahen sich plötzlich mit mehreren bewaffneten Gruppen konfrontiert, ähnlich erging es den Regierungen von Georgien und Tadschikistan. Bald sollten sich Hutu und Tutsi in Ruanda und Burundi gegenseitig abschlachten. Anfang der neunziger Jahre erreichte die Zahl der Bürgerkriege in der Welt den höchsten Stand der jüngeren Geschichte.

Das gilt zumindest bis jetzt. In den letzten Jahren ist die Zahl der Bürgerkriegskonflikte wieder stark angestiegen.[17]

Wie sich herausgestellt hat, ist die Gefahr eines Bürgerkriegs in einem Land immer dann am größten, wenn es sich auf die Demokratie zu- oder von ihr wegbewegt – und nicht sein Grad an Demokratie.[18] Der Übergang von einer vollständigen Autokratie zu einer konsolidierten Demokratie vollzieht sich nur selten ohne Verwerfungen. Demokratisierungsversuche von führenden Politikern sind häufig von Rückschlägen begleitet oder bleiben in einer halb autokratischen Zwischenzone stecken. Und selbst wenn sich die Bürger erfolgreich die vollständige Demokratie erstreiten, halten sich die nachfolgenden Regierungen nicht zwangsläufig an ihre Prinzipien. Politiker mit despotischen Ambitionen können Rechte und Freiheiten beschneiden oder Macht anhäufen und so den neuerlichen Niedergang der Demokratien einleiten. Ungarn wurde 1990 zu einer vollständigen Demokratie, doch dann kam Ministerpräsident Viktor Orbán und brachte das Land langsam und systematisch wieder auf den Weg zu einer Diktatur. Es ist dieser mittlere Bereich, in dem die meisten Bürgerkriege entstehen.[19]

Fachleute bezeichnen Länder in dieser Zwischenzone als »Anokratien« – sie sind weder voll ausgebildete Autokratien noch Demokratien, sondern sozusagen politische Zwitterwesen.[20] Ted Robert Gurr, Professor an der Northwestern University, prägte den Begriff Anokratie im Jahr 1974, nachdem er Daten über die demokratischen und autokratischen Merkmale von Regierungen in aller Welt zusammengetragen hatte. In Diskussionen mit seinem Team, wie man solche Hybridformen bezeichnen könne, war zunächst der Begriff »Übergangsregime« verwendet worden, doch dann einigte man sich auf »Anokratie«. Die Bürger erhalten einige Elemente demokratischer Herrschaft zugesprochen – etwa das Wahlrecht –, aber die Staatsführung pocht auf weitreichende autoritäre Befugnisse, und die Gewaltenteilung ist schwach ausgeprägt.

Bürgerkriegsforscher wissen seit langem um den Zusammenhang zwischen Anokratie und Bürgerkrieg. Deshalb haben wir die Entscheidung von Präsident Bush, den Irak im Jahr 2003 von einer Autokratie in die Demokratie zu katapultieren, auch so kritisch gesehen. Wir waren uns darüber im Klaren, dass ein massiver politischer Wandel im Irak mit großer Wahrscheinlichkeit zum Bürgerkrieg führen würde, hatte sich dieses Muster im 20. Jahrhundert doch überall auf der Welt wiederholt. Fast unmittelbar nach dem Beginn der Demokratisierung Jugoslawiens im Jahr 1991 zogen die Serben gegen die Kroaten in den Krieg. Das Gleiche galt für Spanien in den dreißiger

Jahren: Im Juni 1931 konnten die spanischen Bürger nach den ersten demokratischen Wahlen in ihrem Land spüren, was Demokratie bedeutet; fünf Jahre später versuchte das Militär, die Macht an sich zu reißen, und es kam zu einem Bürgerkrieg.[21] Und die Demokratiebestrebungen in Ruanda waren der Auslöser für den Völkermord der Hutu an den Tutsi. Es ist kein Zufall, dass die größten heute tobenden Bürgerkriege – im Irak, in Libyen, Syrien und im Jemen – aus Demokratisierungsversuchen entstanden sind.

Die Einstufung von Ländern als Demokratien, Autokratien oder Anokratien erfordert akribische Arbeit. Forscher haben über Jahrzehnte auf der ganzen Welt Daten über die verschiedenen Regierungsformen und deren Entwicklung im Lauf der Zeit gesammelt. Es gibt mehrere große Datensätze, die jeweils verschiedene Variablen messen, aber die meisten Konfliktforscher stützen sich auf den Datensatz, der vom »Polity Project« des Center for Systemic Peace zusammengestellt wurde – einer unabhängigen Organisation, die Forschung und quantitative Analysen zu Demokratie und politischer Gewalt durchführt. Der Initiator dieses Projekts war Ted Gurr, seit seinem Tod 2017 wird es von seinem Mitarbeiter Monty Marshall weitergeführt. Der Datensatz ist aufgrund der Länge des Beobachtungszeitraums und der großen Anzahl von Ländern, die er erfasst, von hohem Nutzen.[22] Er stellt einen der ersten Versuche dar, die Regierungssysteme von Ländern für statistische Analysen zu quantifizieren. Eine der wichtigsten Messgrößen des Datensatzes ist der sogenannte Polity-Score, mit dem erfasst wird, wie demokratisch oder autokratisch ein Land in einem bestimmten Jahr ist. Es handelt sich um eine 21-Punkte-Skala, die von -10 (maximal autokratisch) bis +10 (maximal demokratisch) reicht. Länder, die eine Punktzahl zwischen +6 und +10 erreichen, gelten als vollwertige Demokratien. Eine Punktzahl von +10 bedeutet, dass beispielsweise die landesweiten Wahlen als »frei und fair« zertifiziert wurden, keine wichtigen gesellschaftlichen Gruppen systematisch vom politischen Prozess ausgeschlossen werden sowie dass die großen politischen Parteien stabil sind und sich auf eine breite Wählerschaft im ganzen Land stützen können. Norwegen, Neuseeland, Dänemark, Kanada – und bis vor kurzem auch die Vereinigten Staaten – haben alle eine Bewertung von +10.

Am anderen Ende des Polity-Index stehen die Autokratien. Als solche gelten Länder mit einer Punktzahl zwischen -6 und -10. In Ländern wie Nordkorea, Saudi-Arabien oder Bahrain, die einen Wert von -10 aufweisen, ist es den Bürgern verwehrt, ihre Regierung frei zu wählen; es herrscht mehr oder weniger staatliche Willkür.

Anokratien liegen in der Mitte bei einem Wert zwischen -5 und +5. Sie weisen zwar gewisse Kennzeichen einer demokratischen Staatsform auf – etwa Wahlen –, aber ihre politische Führung verschafft sich dennoch weitreichende autoritäre Befugnisse. Fareed Zakaria definiert sie als »illiberale Demokratien«.[23] Man kann sie auch als partielle Demokratien, Scheindemokratien oder hybride Regime bezeichnen. Die Türkei wurde 2014 zu einer Anokratie, als Präsident Recep Tayyip Erdoğan die Kontrolle der Regierung über Gerichte, Medien und den Ausgang von Wahlen verstärkte. Simbabwe schien nach dem Rücktritt von Präsident Robert Mugabe im Jahr 2017 auf dem Weg zu mehr Demokratie zu sein, ist aber seither zu altbekannten Mustern der politischen Unterdrückung zurückgekehrt. Insbesondere bei Wahlen kommt es dort immer wieder zu Gewaltausbrüchen. Der Irak hat es nie zu einer vollständigen Demokratie geschafft. Auch er ist eine Anokratie.

Die CIA erkannte den Zusammenhang zwischen Anokratie und Gewalt erstmals 1994.[24] Die US-Regierung hatte den Geheimdienst damit beauftragt, ein Modell zu entwickeln, das zwei Jahre im Voraus Brennpunkte politischer Instabilität und bewaffneter Konflikte identifizieren könnte. Was waren die Warnzeichen dafür, dass ein Land auf Gewalt zusteuert? Ziel der amerikanischen Regierung war es, Länder, die deutliche Anzeichen dafür zeigten, unter besondere Beobachtung zu stellen.

Die Political Instability Task Force (der ich später beitreten sollte) definierte Dutzende von sozialen, wirtschaftlichen und politischen Variablen – achtunddreißig, um genau zu sein, darunter Armut, ethnische Vielfalt, Bevölkerungsgröße, Ungleichheit und Korruption – und speiste sie in ein Prognosemodell ein. Zur Überraschung aller ergab sich, dass der zuverlässigste Vorhersagewert für Instabilität nicht wie vermutet das Einkommensgefälle oder Armut war. Vielmehr war es der Indexwert für das politische System eines Landes, wobei der Bereich der Anokratie die größte Gefährdung aufwies. Anokratien, insbesondere solche, die mehr in Richtung Demokratie als in Richtung Autokratie neigen – was die Arbeitsgruppe als »partielle Demokratien« bezeichnete –, waren doppelt so häufig von politischer Instabilität oder Bürgerkrieg betroffen wie Autokratien und dreimal so häufig wie Demokratien.[25]

Alles, was Experten bislang als Auslösefaktor für einen Bürgerkrieg betrachtet hatten, spielte praktisch keine Rolle. Nicht die ärmsten Länder waren am konfliktträchtigsten, nicht die mit der größten sozialen Ungleichheit, nicht die mit der ausgeprägtesten ethnischen oder religiösen Heterogenität, nicht einmal die repressivsten. Es waren die Verhältnisse der partiellen Demokratie, die die Bürger am ehesten dazu brachten, zu den Waffen zu greifen. Saddam Hussein war während seiner vierundzwanzigjährigen Herrschaft nie mit einem Bürgerkrieg konfrontiert worden. Erst als seine Regierung gestürzt war und die Machtfrage zur Disposition stand – als es von -9 in den mittleren Bereich ging –, brach im Irak ein Krieg aus.

Warum birgt die Anokratie eine solch große Bürgerkriegsgefahr? Ein genauerer Blick auf die Regierungen und Bürger, die sich in dieser mittleren Zone bewegen, gibt hierüber Aufschluss. Anokratien weisen in der Regel bestimmte Merkmale auf, die im Zusammenspiel das Konfliktpotenzial verschärfen.

Eine Regierung, die sich auf den Weg in die Demokratie macht, ist im Vergleich zu ihrem Vorgängerregime schwach – politisch, institutionell und militärisch. Im Gegensatz zu Autokraten sind die Staatsführer in einer Anokratie oft nicht mächtig oder rücksichtslos genug, Widerspruch zu unterdrücken und Loyalität sicherzustellen. Außerdem ist ihre Regierung häufig schlecht organisiert und von inneren Spaltungen geplagt. Sie kämpft nicht nur damit, die Grundversorgung der Bevölkerung sicherzustellen, sondern auch damit, die Sicherheit zu gewährleisten. Oppositionsführer und sogar die Anhänger der neuen Führung stellen womöglich das Tempo der Reformen infrage oder widersetzen sich ihnen, und das gerade zu einer Zeit, in der die neue Führung rasch das Vertrauen der Bürger, involvierter Politiker oder der Generäle gewinnen muss. Nicht selten scheitern neue Staatsführer am Chaos, das der demokratische Übergang mit sich bringt.

Als ich Noor fragte, wie der Übergang im Irak verlaufen sei, erinnerte sie sich vor allem an das Unbehagen, das viele Iraker gegenüber ihrer neuen Regierung empfanden. »Maliki kam also an die Macht, aber was hat er dann getan?«, fragte sie. »Nichts. Alle fingen an, sich über ihn zu beklagen. Die Leute hatten keine Arbeit, kein Geld und keine Lebensmittel, um ihre Familien zu ernähren. Was sollten sie denn tun?«[26]

Solche Schwächen schaffen die Voraussetzungen für einen Bürgerkrieg, da ungeduldige Bürger, frustrierte Militärs oder einfach jeder, der politische Ambitionen hegt, Grund und Gelegenheit genug finden, gegen die neue Regierung zu rebellieren. Ehemalige Rebellenführer in Uganda gaben beispielsweise offen zu, dass sie weitaus entschlossener Gewaltakte organisierten, nachdem sie herausgefunden hatten, wie ineffektiv die staatlichen Geheimdienste agierten; zu wissen, dass ihre Pläne wahrscheinlich nicht vorzeitig entdeckt würden, stärkte ihren revolutionären Furor.[27] So war es auch in Georgien, das 1991 nach der Auflösung der Sowjetunion zum ersten Mal als unabhängiges Land demokratische Wahlen abhielt. Zwar gewann der

Reformer Swiad Gamsachurdia den Kampf um das Präsidentenamt, doch stand er von Anfang an in der Kritik. Während seine Gegner ihm vorwarfen, sich zu autoritär zu gebärden, klagten die ethnischen Minderheiten der Osseten und Abchasen darüber, nicht genügend an der Regierung beteiligt zu sein.[28] Im folgenden Jahr putschten bewaffnete Anhänger der Opposition und stürzten Gamsachurdia; es dauerte bloß sechs Monate bis zum Ausbruch eines blutigen Konflikts zwischen ethnischen Georgiern und Abchasen. Schon 1993 versank das junge Land im Bürgerkrieg.

Ein Hauptgrund für Revolten ist, dass demokratische Übergänge neue Gewinner und Verlierer schaffen: Durch die Abkehr von der Autokratie erlangen ehemals an den Rand gedrängte Bürger neue Macht, während jene, die einst Privilegien besaßen, an Einfluss verlieren. Da die neue Regierung in einer Anokratie oft noch nicht gefestigt ist und die Rechtsstaatlichkeit sich erst noch entwickeln muss, können die Verlierer – ehemalige Eliten, Führer der gegnerischen Lager, Bürger, die früher Vorteile genossen – sich nicht sicher sein, dass die neue Staatsmacht ihnen gegenüber fair agieren wird und sie geschützt sein werden. Das kann starke Zukunftsängste hervorrufen. Die Verlierer sind vielleicht nicht von dem Einsatz der neuen Führung für die Demokratie überzeugt, sie haben das Gefühl, dass ihre eigenen Bedürfnisse und Rechte auf dem Spiel stehen. In dieser Situation befanden sich die Sunniten, als die Vereinigten Staaten die Macht an Maliki übergaben. Sie schlossen ganz richtig, dass sie praktisch keinerlei Chance mehr hatten, sich gegenüber der schiitischen Mehrheit in irgendeiner Weise durchzusetzen. Aus ihrer Sicht war es folglich besser, den Kampf aufzunehmen, solange sie noch relativ stark waren, als abzuwarten, bis ihre Rivalen ihre Macht konsolidiert hatten.

Solange eine Regierung noch nicht gefestigt ist, können die Ereignisse leicht außer Kontrolle geraten. So geschehen in Indonesien, nachdem der autoritäre Präsident Suharto im Gefolge der asiatischen

Finanzkrise 1997 zum Rücktritt gezwungen worden war.[29] Sein Nachfolger, Vizepräsident B. J. Habibie, leitete innerhalb weniger Wochen nach Amtsantritt Reformen ein: Er erlaubte die Gründung politischer Parteien, hob die Pressezensur auf, ließ politische Gefangene frei und kündigte freie und faire Parlaments- und Präsidentschaftswahlen an.[30] Am 27. Januar 1999 erklärte er sich schließlich bereit, die kleine Insel Osttimor in die Unabhängigkeit zu entlassen – eine drastische Kehrtwende der bisherigen Politik seines Landes in dieser Frage.

Diese Öffnung führte jedoch zu einer Kettenreaktion, da nun auch andere unzufriedene Gruppen in Indonesien Ansprüche anmeldeten. Kurz darauf riefen die christlichen Ambonesen, eine ethnische Gruppierung in der Provinz Maluku, denen die zunehmende Islamisierung Indonesiens missfiel, eine unabhängige Republik aus.[31] Die Bewohner Westpapuas, schon lange der indonesischen Herrschaft überdrüssig, äußerten ebenfalls den Wunsch nach Selbstständigkeit. In der Provinz Aceh fanden derweil Aktivisten, dass »es keinen Grund gibt, warum Aceh nicht als Nächstes dran sein sollte«, nachdem nun Osttimor die Freiheit erhalten hatte.[32] Die Regierung Habibie war alldem nicht gewachsen. Bemüht, die Lage unter Kontrolle zu halten, führte sie mit einigen Provinzen Unabhängigkeitsverhandlungen und ließ in anderen hart durchgreifen. Schon bald hatten sich in Indonesien mehrere Bürgerkriegsfronten gebildet: zwischen Muslimen und Christen in der Provinz Maluku, zwischen timoresischen und indonesischen paramilitärischen Gruppen und zwischen Aceh-Separatisten und der indonesischen Regierung.

Es gehört zu den unbequemen Wahrheiten der Demokratisierung, dass die Wahrscheinlichkeit eines Bürgerkriegs wächst, je schneller und mutiger die Reformbemühungen ausfallen. Einem raschen Regimewechsel – einer Veränderung von sechs oder mehr Punkten im Polity-Index eines Landes – folgt fast immer Instabilität.[33] Die größte Wahrscheinlichkeit, dass ein Bürgerkrieg ausbricht, besteht in den ersten beiden Jahren demokratischer Reformbestrebungen. So sind die jüngsten politischen Gewaltausbrüche und der eskalierende Bürgerkrieg in Äthiopien beispielsweise eine Folge der Versuche des Landes, sich rasch zu demokratisieren.[34] Im Jahr 2018 übergab Ministerpräsident Hailemariam Desalegn nach zwei Jahren der Proteste die Macht an den Oromo Abiy Ahmed Ali, womit sich ein lang gehegter Wunsch dieser größten ethnischen Gruppe Äthiopiens erfüllte. Abiy schien der Modelldemokrat schlechthin zu sein. Er versprach freie und gleiche Wahlen, sorgte für ein stärker an Recht und Gesetz orientiertes, integrativeres politisches System und forderte die seit langem im Exil lebenden Oromo auf, in ihre Heimat zurückzukehren. Seine Reformen »übertrafen unsere kühnsten Träume«, meinte ein Mitarbeiter des diplomatischen Dienstes der Vereinigten Staaten in Addis Abeba.[35]

Doch die heimgekehrten Oromo-Führer bildeten eine neue Elite, die auf Rache sann. Die Schwächung des Militärs erleichterte es ehemaligen Soldaten, gegen die Regierung zu agitieren. Durch die Neuverteilung der Macht auf die Verwaltungsregionen Äthiopiens hatte Abiy starke Anreize für rivalisierende ethnische Gruppen geschaffen, miteinander um regionalen Einfluss zu konkurrieren. Nur fünf Monate später brach offene Gewalt aus. Marodierende Gruppen von Oromo-Jugendlichen, die die Rückkehr der Exilanten bejubelten, lösten eine Welle ethnisch motivierter Gewalt aus. Dutzende starben, Tausende flohen nach Kenia. Für viele Beobachter kam gerade dieser Konflikt überraschend, gab es doch, wie ein äthiopischer Beobachter es ausdrückte, »ein so bemerkenswertes Maß an demokratischer Öffnung im Land«.[36] Doch die Öffnung war einfach zu schnell erfolgt. Heute ist in der äthiopischen Region Tigray ein regelrechter Bürgerkrieg ausgebrochen, geführt von ehemaligen Regierungsmitgliedern, die von Abiy kaltgestellt wurden. Sie setzen alles daran, ihre verlorene Macht und ihren Einfluss zurückzuerlangen.[37]

Aber Demokratisierung ist möglich. Der Weg zur Demokratie ist zwar steinig, aber das Risiko eines Bürgerkriegs sinkt, wenn sich ein Land Zeit lässt und sein politisches System schrittweise entwickelt. Mexiko etwa hat die Demokratisierung relativ friedlich bewältigt.[38] Der Übergang dauerte fast zwanzig Jahre, von 1982 bis 2000, dem Jahr, in dem die Partido Acción Nacional (PAN) als erste Oppositionspartei seit 1929 eine Präsidentschaftswahl gewann. Der Staat blieb stark und erfüllte seine Funktionen, während die demokratischen Institutionen heranreiften. Langsame Reformen sorgen dafür, dass die Bürger weniger von Unsicherheit geplagt werden, und sind für die alten Eliten weniger bedrohlich, da sie einen versöhnlichen Ton anschlagen und ihnen die Möglichkeit eröffnen, ihre Macht in Würde abzugeben. Oft führt das zu weniger Gewalt.

Bis vor kurzem geriet ein Land in die gefährliche Anokratiezone, wenn wie beispielsweise im Irak eine Diktatur gestürzt wurde oder Autokraten infolge von Massenprotesten demokratische Reformen einleiten mussten. Doch nun, nach fast einem halben Jahrhundert zunehmender Demokratisierung, steuern auch Demokratien, und insbesondere junge Demokratien, in die gegenteilige Richtung. Selbst ehemals gefestigte liberale Demokratien wie Belgien und das Vereinigte Königreich erlebten eine Verschlechterung ihres Polity-Werts.[39] Seit 2000 begannen auch manche demokratischen Staatsführer, die durch Wahlen an die Macht gelangten, ihre Herrschaft mit autoritären Mitteln abzusichern. Bürgerkriegsexperten sehen wieder einmal Grund zur Sorge. Wir wissen aus Erfahrung, dass ein solcher Rückschritt mit ziemlicher Sicherheit die Anzahl der Anokratien erhöhen wird.

Das sehen wir in Polen, wo die Partei Recht und Gerechtigkeit (PiS) 2015 die Wahlen gewann; seitdem schränken der Präsident, der Ministerpräsident und der stellvertretende Ministerpräsident systematisch die Unabhängigkeit der Justiz und die Meinungsfreiheit ein, behindern politische Gegner und beschneiden die Wahlaufsicht.[40] In

Ungarn verwandelte Ministerpräsident Orbán das Land Schritt für Schritt in das erste nichtdemokratische Mitglied der Europäischen Union. Die dortige Regierung kontrolliert die Medien, schikaniert demokratische Parteien mit absurden Auflagen und versucht, kritische Stimmen mit Gewalt zum Schweigen zu bringen.[41] Orbán und seine Partei haben zwar 2018 die Wahlen gewonnen, allerdings musste die Opposition, wie internationale Beobachter konstatierten, ihren Wahlkampf unter unfairen Bedingungen führen.[42] Laut dem V-Dem Institute, das sich ebenfalls der Beobachtung der globalen Demokratie widmet, sind derzeit fünfundzwanzig Länder von einer Welle der Autokratisierung betroffen, darunter Brasilien, Indien und die Vereinigten Staaten.[43]

Demokratische Länder gleiten nicht wegen der Schwäche und Unerfahrenheit der Regierenden in die Anokratie ab, wie es in Ländern geschieht, die sich nach einer Diktatur neu zu organisieren versuchen, sondern weil gewählte Volksvertreter, populäre noch dazu, die Schutzmechanismen der Demokratie zu ignorieren beginnen.[44] Dazu gehören die Beschränkung der Machtbefugnisse des Regierungschefs, die Gewaltenteilung zwischen den Regierungsorganen, eine freie Presse, die Rechenschaft fordert, sowie ein fairer und offener politischer Wettbewerb. Staatsführer mit autokratischem Einschlag wie Orbán, Erdoğan, Wladimir Putin oder der brasilianische Präsident Jair Bolsonaro stellen ihre politischen Ziele über die Belange einer gesunden Demokratie und instrumentalisieren die Ängste und Sorgen der Bürger im Hinblick auf Arbeitsplätze, Einwanderung und Sicherheit, um persönliche Zustimmung zu gewinnen.

Sie reden den Bürgern ein, Demokratie in ihrer bestehenden Form würde nur zu mehr Korruption, mehr Lügen und mehr Inkompetenz in der Wirtschafts- und Sozialpolitik führen; politische Kompromisse seien ineffektiv und die bisherige Regierung habe samt und sonders versagt. Sie wissen, wenn sie die Bürger davon überzeugen können, dass eine »starke Führung« und »Recht und Ordnung« vonnöten seien, werden sie ihnen ihre Stimme geben. Viele Menschen sind bereit, ihre Freiheit zu opfern, wenn sie dadurch ihre Sicherheit zu erhöhen glauben. Sobald aber diese Politiker dann selbst an der Macht sind, stürzen sie ihre Länder in die Anokratie, indem sie Schwächen in der Verfassung, des Wahlsystems und der Justiz ausnutzen. Da sie sich dabei in der Regel legaler Methoden bedienen – Besetzung von Schlüsselposten mit Getreuen, Dekrete, Parlamentsabstimmungen –, gelingt es ihnen, ihre Macht auf eine Weise zu konsolidieren, die andere Politiker nicht verhindern können oder wollen. Diese zunehmende Autokratisierung erhöht das Risiko eines Bürgerkriegs in den betreffenden Ländern.

Das höchste Bürgerkriegsrisiko liegt genau in der Mitte des Spektrums, im Bereich zwischen -1 und +1. Hier sind einerseits die Institutionen der Regierung schwach, andererseits verfügt diese auch nur über eine geringe Legitimation. In der Anfangsphase der Demokratisierung ist das Risiko eines Bürgerkriegs noch relativ gering; es steigt erst an, wenn der Index sich dem Wert -1 nähert. Ein Land kann mit einem Polity-Wert von -6 beginnen, sich mit der Umsetzung von Reformen in den positiven Bereich der Skala bewegen und dann, wenn der halbe Weg zur Demokratie schon geschafft ist, in einen Bürgerkrieg abrutschen. Übersteht das Land diese tückische Phase und meistert noch einige größere demokratische Reformen, kehrt sich das Konfliktrisiko drastisch um.

Für eine zerfallende Demokratie steigt das Risiko eines Bürgerkriegs nahezu in dem Augenblick, in dem dieser Zerfall einsetzt.[45] Je mehr Punkte auf dem Polity-Index eine Demokratie verliert – ob nun als Folge geringerer Beschränkungen der Exekutive, einer Schwächung der Rechtsstaatlichkeit oder Einschränkungen des Wahlrechts –, desto höher steigt die Gefahr eines bewaffneten Konflikts. Am größten ist sie bei einem Wert zwischen +1 und -1, also an dem Punkt, an dem den Bürgern das Abrutschen in eine echte Autokratie droht. Das Risiko eines Bürgerkriegs sinkt drastisch, wenn das

Land diese Phase dadurch übersteht, dass es noch autoritärer wird, oder wenn es den Kurs ändert und sich wieder der Zone der Demokratie nähert.

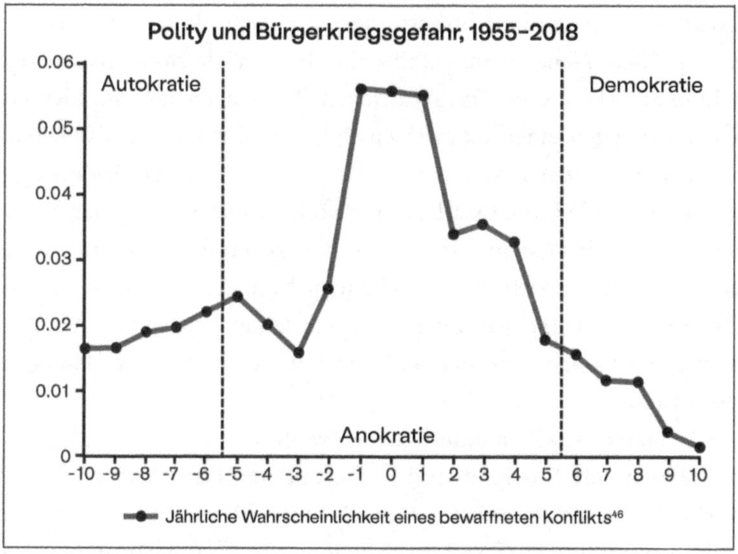

Der Niedergang liberaler Demokratien ist ein neues Phänomen, und bislang ist noch in keiner ein wirklicher Bürgerkrieg ausgebrochen. Bedenklich ist jedoch das Beispiel der Ukraine, deren Bürger 2013 auf die Straße gingen, um gegen die zunehmend autokratische Herrschaft von Viktor Janukowitsch zu protestieren.[47] Janukowitsch, Führer der russlandfreundlichen Partei des Landes, hatte 2010 in einer Stichwahl, die von Betrugsvorwürfen und Wählereinschüchterung begleitet war, die Präsidentschaft gewonnen. Sein Vorgänger, ein gemäßigter Befürworter einer Zusammenarbeit mit Europa, der sich auch im Kampf gegen die Korruption hervorgetan hatte, war mehr als fünf Jahre im Amt gewesen. In dieser Zeit war der ukrainische Polity-Wert auf +7 gestiegen. Doch kaum hatte Janukowitsch sein Amt angetreten, machte er sich daran, die eigene Macht zu zementieren. Er positionierte sich gegen »den Westen«, also gegen die Idee einer engeren Anbindung an die Europäische Union, und setzte sich stattdessen bevorzugt für russischsprachige Wähler in der gesamten Ukraine und insbesondere im Osten des Landes ein, die eine größere Nähe zu Russland wünschten. Viele russischsprachige Ukrainer sahen seine autokratischen Tendenzen als das kleinere Übel; sie zogen einen autoritären Politiker, der klar auf ihrer Seite stand, einem Demokraten vor, der ihre Belange nicht berücksichtigte. Janukowitsch ließ politische Gegner von der Justiz schikanieren und warf Rivalen ins Gefängnis. Er ging hart gegen Journalisten vor, die seine Regierung kritisierten. Posten in Ministerien besetzte er mit Parteifreunden und gab Loyalisten aus seiner ostukrainischen Heimatregion Donbas Jobs bei der Polizei, in der Steuerbehörde und in der Justiz.

Als Janukowitsch ankündigte, er wolle die wirtschaftlichen Beziehungen mit Russland und nicht mit der Europäischen Union vertiefen, hatten die Bürger, vielfach junge Menschen aus der europäisch orientierten Westukraine, genug. Die Demonstrationen, die als Euromaidan-Proteste Schlagzeilen machten (»Euro« stand für den Wunsch nach Beziehungen zu Europa, »Maidan« für den zentralen Platz in Kiew), breiteten sich von der Hauptstadt über das gesamte Land aus. Die Demonstranten stürzten die Lenin-Statue in Kiew, lieferten sich Straßenschlachten mit der Polizei und forderten Neuwahlen, Meinungsfreiheit und eine engere Anbindung an die EU. Zunächst schien die Demokratie gerettet: Nach monatelangen Unruhen, bei denen es auch zu blutigen Auseinandersetzungen zwischen paramilitärischen Kräften der Regierung und Bürgern kam, stimmte das ukrainische Parlament für die Absetzung Janukowitschs, der daraufhin das Land verließ. Im Mai 2014 fanden Neuwahlen statt, und der neue Präsident Petro Poroschenko, ein ukrainischstämmiger Geschäftsmann, strebte die Integration in Europa an. »Wir träumten von einem neuen Leben und empfanden ein unglaubliches Gefühl der Solidarität«, erinnert sich der prowestlich eingestellte ukrainische Professor Anton Melnyk.[48]

Aber genauso wie die Anokratie in Ländern, die sich auf den mühevollen Weg zur Demokratie machen, Verlierer wie die Sunniten im Irak hervorbringt, gibt es auch Verlierer in Ländern, die darum kämpfen, ihre Demokratie zu bewahren. In der Ukraine waren dies die Rentner, Dorfbewohner und gering qualifizierten Arbeitskräfte im östlichen Teil des Landes, die von Janukowitschs Nähe zu Russland profitiert hatten. Viele von ihnen waren in den frühen fünfziger Jahren aus Russland eingewandert, um in den Kohlebergwerken der Region zu arbeiten. Sie waren ethnische Russen, sprachen Russisch, und ihre Arbeitsplätze waren fast vollständig vom Handel mit Russland abhängig. Als der proeuropäische Poroschenko an die Macht kam, fürchteten viele in dieser Region um ihren Einfluss und ihre Interessen. Ähnlich den Sunniten beschlossen diese Ostukrainer, dass sie etwas unternehmen mussten, bevor es für ihre Sache zu spät war. Innerhalb weniger Wochen nach dem Sturz Janukowitschs riefen separatistische Milizen die Volksrepubliken Luhansk und Donezk aus und erbeuteten Waffen zur Verteidigung ihres Gebiets.[49] Zu diesem Zeitpunkt war der Polity-Wert der Ukraine auf +4 gesunken. Das Land näherte sich gefährlich der Zone des Bürgerkriegs.

Der Niedergang der Demokratie in der Ukraine hatte eine schwache und zersplitterte Regierung hervorgebracht.[50] Die Demonstranten hatten einen antidemokratischen Staatsführer davongejagt, aber der amtierende Präsident war schwach und das Parlament nach wie vor voller Janukowitsch-Anhänger. Im Juli zerbrach die Regierungskoalition, und der Ministerpräsident stand ohne Mehrheit da. Außerdem war das Parlament zwischen dem östlichen und dem westlichen Teil des Landes so gespalten, dass es keine Entschlüsse mehr fassen konnte und schließlich Staatsangestellten – Polizisten, Ärzten, Lehrern – keine Gehälter mehr ausgezahlt wurden. Am Ende kam es gar zu Prügeleien im Parlament zwischen Vertretern rivalisierender Parteien.

Der ukrainische Philosoph, Politikwissenschaftler und Historiker Michail Minakow erinnert sich gut an den Moment, als ihm klar wurde, dass die friedliche Demokratie in seinem Land nicht mehr zu retten war. Von Deutschland aus hatte er mit Sorge beobachtet, wie sich Milizen zu bilden begannen, und sich schließlich entschlossen, in die Ukraine zu fliegen und sich der ukrainischen Armee anzuschließen. Er wollte für Poroschenko und eine demokratische Ukraine kämpfen. Als er am 3. März in Kiew ankam und sich zum Rekrutierungszentrum der Armee begab, standen dort bereits fünfhundert Männer vor verschlossenen Toren.[51] Sie warteten schon seit Stunden. Ungeduldig hämmerten sie gegen die Gitter. Endlich, um 10 Uhr, steckte ein junger Offizier den Kopf heraus. Er war betrunken. »Verpisst euch, euer Vaterland kann euch nicht gebrauchen«, blaffte er sie an. Sie sollten nach Hause gehen. Im ersten Augenblick war Minakow wie vor den Kopf geschlagen, aber dann ging ihm auf, was der Offizier eigentlich mitteilen wollte: Sie sollten nicht so naiv sein. »Es gab keine Regierung. Es gab keinen Staat [...]. Die Verfassung war außer Kraft, es gab keine Parteien, es gab keine Polizei«, sagte Minakow. »Die gesamte untere Führungsebene war weggebrochen.« Minakow erkannte, dass die Regierung zu schwach war, um ihre Funktionen zu erfüllen.

Am 6. April, nach wochenlangen Protesten in der Ostukraine gegen den erzwungenen Rücktritt Janukowitschs, übernahmen prorussische Rebellen mit russischer Unterstützung die Kontrolle über die Sicherheitsdienste der Region und begannen, sich zu bewaffnen.[52] Sie wollten die Abspaltung von der Ukraine durchsetzen, wenn nötig mit Gewalt. Zunächst konnte die Regierung nichts gegen die Separatisten im Osten unternehmen; nach zwei Jahrzehnten der Korruption und Vernachlässigung befand sich die ukrainische Armee in einem miserablen Zustand. Doch schon bald bildeten ukrainische

Freiwillige wie diejenigen, die sich in den Rekrutierungszentren eingefunden hatten, eine paramilitärische Truppe. Im Juni weiteten sich die vereinzelten Zusammenstöße zu echten Kämpfen aus, da Russland die Separatisten mit schweren Waffen und Panzern versorgte. »Es ging alles sehr, sehr schnell«, sagte Minakow.

Die Liebesaffäre mit der Demokratisierung, die das 20. Jahrhundert und den Beginn des 21. Jahrhunderts geprägt hat, ist vorbei.[53] Sie endete 2006, als die Zahl der Demokratien in der Welt ihren bisherigen Höhepunkt erreichte. Selbst Demokratien wie Frankreich und Costa Rica, die einst als stabil galten, haben eine Erosion ihrer demokratischen Pfeiler erfahren. Das gilt auch für Länder wie Island, das nicht im gleichen Maße die Rechte und Freiheiten aller gesellschaftlichen Gruppen geschützt hat.

Doch nicht überall, wo sich eine Anokratie entwickelt, bricht gleich ein Bürgerkrieg aus. Einige Länder, so zum Beispiel Singapur, bleiben jahrelang Anokratien und versinken nie in Gewalt, sondern können Frieden und Stabilität im mittleren Bereich halten. Andere, wie die Tschechische Republik und Litauen, bewegen sich schnell und ohne große Probleme durch die mittlere Zone von der Autokratie zur Demokratie. Manche Demokratien, die sich zu Anokratien wandelten, vermieden den Bürgerkrieg, indem sie zu direkter Repression griffen, so beispielsweise Nicolás Maduro in Venezuela.[54] Er hetzte die Sicherheitskräfte auf das Volk, verschob Regionalwahlen, löste das Parlament auf und änderte die Verfassung, alles in der Absicht, seine Machtbefugnisse zu erweitern.[55] Andere entgingen dem Bürgerkrieg durch eine unauffälligere Politik der kleinen Schritte, so Putin in Russland oder Orbán in Ungarn. Diese Staatsführer halten den Schein der Demokratie aufrecht – es gibt weiterhin Wahlen und individuelle Freiheiten, wenn auch eingeschränkt – und festigen ihre Popularität mit effektiver Propaganda, Kontrolle der Medien und, wenn es opportun ist, auch mit Fremdenfeindlichkeit. Die Bürger scheinen sich mit ihrer Herrschaft abzufinden, sie lehnen sich zumindest nicht auf.

Warum gelingt es einigen Ländern, sicher durch den Bereich der Anokratie zu steuern, während andere in eine Spirale von Chaos und Gewalt geraten? Auch hier bietet die Geschichte des Irak einen Anhaltspunkt. Als ich Noor bat zu beschreiben, was sich vor dem Ausbruch des Bürgerkriegs in ihrem Heimatland verändert hatte, sah sie mich einen Moment lang an. Sie sprach leise und zurückhaltend und strahlte das ruhige Selbstvertrauen einer Person aus, die sich nicht so leicht unterkriegen lässt. Doch in ihrem Gesicht lag Traurigkeit. »Die Leute begannen zu fragen, ob man schiitisch oder sunnitisch ist«, sagte sie.[56]

Das habe man vorher nie von ihr wissen wollen, erklärte sie. In Bagdad gab es keine schiitischen oder sunnitischen Viertel; nie hatte sie zu hören bekommen, sie könne nicht jemanden aus einer anderen ethnischen oder religiösen Gruppe heiraten. Sie hatte nicht das Gefühl, einer Minderheit anzugehören, Religion spielte in ihrem Leben keine große Rolle; sie wusste nicht einmal, welche ihrer Freunde Schiiten oder Sunniten waren. »Aber dann fingen die Leute an, öffentlich danach zu fragen. Was bist du? Woher kommst du? Welcher Religion gehörst du an?«

Noor schüttelte den Kopf. »Ich sagte dann immer: ›Ich bin Irakerin. Wozu fragst du mich das?‹«

2

DER AUFSTIEG DER FAKTIONEN

Die Männer in Militäruniform hoben den Sarg behutsam wie eine besonders kostbare Ladung aus dem präsidialen »Blauen Zug«.[1] Bei dem Leichnam handelte sich um Josip Broz Tito, den Staatspräsidenten Jugoslawiens, der tags zuvor gestorben war. Die Überführung des Toten in seinem Präsidentenzug war ein Staatsereignis ersten Ranges. So hatten die Bürger die Möglichkeit, von ihrem geliebten Führer Abschied zu nehmen; für die fünfhundert Kilometer lange Strecke quer durch das kleine Land ließ man sich acht Stunden Zeit, sodass jedermann, der wollte, dem toten Staatschef die letzte Ehre erweisen konnte. In der hügeligen Region von Zagorje an der Grenze zwischen Kroatien und Slowenien, wo Tito geboren worden war, säumten die Menschen trotz des Regens dicht gedrängt die Gleise. Eine Gruppe von Witwen in schweren schwarzen Kleidern stand auf einem Feld und verneigte sich.

Tito war bekannt dafür, dass er mit Hingabe Zigarren rauchte, sich gern in seiner strahlend weißen Uniform präsentierte und den Vielvölkerstaat Jugoslawien mit starker Hand entschlossen zusammenhielt. Er wurde nicht nur als Held des Zweiten Weltkriegs verehrt, der gegen die Deutschen und Italiener gekämpft hatte, sondern auch dafür, dass er als erster kommunistischer Staatschef Stalin erfolgreich die Stirn geboten hatte. Unter ihm hatte sich das Leben vieler

Jugoslawen enorm verbessert, innerhalb von nur einer Generation waren sie aus der Armut in die Mittelschicht aufgestiegen. Während der Blaue Zug Richtung Belgrad rollte, stimmten die Menschen immer wieder ein berühmtes Partisanenlied an: »Genosse Tito, wir schwören dir, dass wir nicht von deinem Weg abweichen werden.«

Als der Zug am 5. Mai 1980 die jugoslawische Hauptstadt erreichte, warteten dort bereits Hunderttausende. Schulter an Schulter, Regenschirm an Regenschirm, füllten sie sämtliche Straßen. Die Sargträger schritten gravitätisch die Stufen zum prunkvollen Parlamentsgebäude hinauf, wo Tito feierlich aufgebahrt wurde. In Jugoslawien herrschte mehrere Tage Staatstrauer, bevor eines der größten Staatsbegräbnisse stattfand, die die Welt je gesehen hatte. Zu den Trauergästen zählten neben vielen anderen auch Margaret Thatcher, Leonid Breschnew, Jassir Arafat und US-Vizepräsident Walter Mondale. Einen Moment lang herrschte vollkommene Stille. Der Schock und die Betrübnis in den Gesichtern der Menschen sprachen Bände. Dieser Mann hatte im Alleingang – wenn auch rücksichtslos – eines der ethnisch vielfältigsten Länder der Welt zusammengehalten.

Im Jahr 1953, als Tito Staatspräsident wurde, war Jugoslawien ein instabiler Zusammenschluss unterschiedlicher Kulturen, ein Gebilde aus acht Volksgruppen, fünf Sprachen und drei Religionen. Serben und Kroaten sprechen zwar dieselbe Sprache, verwenden aber unterschiedliche Alphabete, während die Slowenen eine andere slawische Sprache haben. Serben, Kroaten und Slowenen pflegen zwar alle den christlichen Glauben, doch die Serben sind mehrheitlich orthodox, die Slowenen und Kroaten hingegen in der Regel römisch-katholisch; dementsprechend haben sie auch unterschiedliche religiöse Oberhäupter. Die bosnischen Muslime bilden mit den Serben und Kroaten eine gemeinsame Ethnie, sind aber während der türkischen Besatzung zum Islam konvertiert, oft unter Androhung des Todes. Der Kosovo, eine autonome Provinz innerhalb Serbiens, war fast vollständig von Albanern besiedelt, in der Vojvodina hingegen, einer weiteren autonomen Provinz, lebten vor allem Ungarn, Rumänen, Slowaken und Ruthenen. John Reed, Autor des Buches *The War in Eastern Europe*, schrieb, die Bevölkerung Mazedoniens, einer dieser jugoslawischen Republiken, »besteht aus einem ethnischen Nebeneinander unvorstellbarer Sprengkraft. Türken, Albaner, Serben, Rumänen, Griechen und Bulgaren leben Seite an Seite, ohne sich zu vermischen [...].«[2]

Die Völker Jugoslawiens waren nicht immer friedlich miteinander umgegangen. Während des Zweiten Weltkriegs verbündete sich eine kroatische ultranationalistische, faschistische und terroristische Organisation – die Ustascha – mit den Deutschen, die ihr dafür die Herrschaft über Kroatien zugestanden. Der Anführer des kroatischen Ustascha-Staates, der fanatische Nationalist Ante Pavelić, gedachte, Kroatien mit brutaler Gewalt von Nichtkroaten zu befreien: »Ein Drittel bringen wir um, ein Drittel treiben wir aus Kroatien hinaus, und ein Drittel bekehren wir zum Katholizismus.«[3] Bis Kriegsende tötete die Ustascha zwischen 500 000 und 700 000 Serben sowie Zehntausende Juden und Roma.

Tito war der Sohn eines kroatischen Vaters und einer slowenischen Mutter. Er war entschlossen, die Völker Jugoslawiens zu vereinen – nur so konnte er die Kontrolle über die kommunistische Partei behalten und seine eigene Herrschaft festigen. Ihm war bewusst, dass er die politische Macht der Serben, der größten Volksgruppe, schwächen musste. (Serbien war vor dem Zweiten Weltkrieg ein unabhängiger Staat gewesen.) Seine Lösung bestand darin, Jugoslawien in sechs Republiken zu gliedern: Bosnien und Herzegowina, Kroatien, Mazedonien, Montenegro, Serbien und Slowenien. Jede ethnische Gruppe erhielt eine geographische Heimat zugesprochen, aber die Grenzen wurden so gezogen, dass sich die bevölkerungsreicheren Serben über alle anderen Republiken mit Ausnahme Sloweniens verteilten.[4] Zum Ausgleich erhielten die Serben den größten politischen Einfluss auf nationaler Ebene im Verhältnis zu den übrigen Volksgruppen. Jegliche Äußerung eigenständiger ethnischer Identität ließ Tito rücksichtslos unterdrücken, alles hatte sich der offiziell propagierten »Brüderlichkeit und Einigkeit« unterzuordnen. Es war eine brillante Strategie des Teilens und Herrschens. Aber da Tito nun tot war, lag die Zukunft Jugoslawiens im Ungewissen.

Die Spannungen traten fast unmittelbar nach Titos Ableben zutage.[5] 1981 protestierten albanische Studenten im Kosovo und forderten eine eigenständige Republik. Historisch bedeutsame Stätten der Serben wurden geschändet, und bei Gewalttaten kamen Hunderte ethnischer Albaner ums Leben. Zur selben Zeit begann die gesamte jugoslawische Wirtschaft zu kollabieren; die Währung des Landes, der Dinar, verlor drastisch an Wert, die Arbeitslosenquote stieg auf fast 20 Prozent, und weitere 20 Prozent der Bevölkerung waren unterbeschäftigt. Die sich verschlechternden Lebensbedingungen und immer deutlichere Anzeichen für Korruption in der Regierung untergruben die Legitimität des regierenden Bundes der Kommunisten Jugoslawiens, wie sich die KP des Landes nannte. Dies verschärfte bestehende ethnische Ressentiments der Nichtserben gegen die »herrschende« serbische Klasse ebenso wie jene der wirtschaftlich »schwächeren« Serbenrepublik gegen die wohlhabenderen Republiken Slowenien und Kroatien.

In Serbien beschloss der Vorsitzende des Bundes der Kommunisten Serbiens, Slobodan Milošević, diese ethnischen Spaltungen auszunutzen, um sich einen Namen zu machen: Als er von der Parteiführung in den Kosovo geschickt wurde, um den Frieden wiederherzustellen, versprach er stattdessen – zum Entsetzen aller – den dort lebenden Serben, er werde sie in ihrem Widerstand gegen die albanische Vorherrschaft unterstützen. Der Kosovo war im Mittelalter das Zentrum des serbischen Königreichs gewesen. In ihm lagen die wichtigsten christlich-serbischen Denkmäler, Klöster und Kirchen. Die Serben betrachteten den Kosovo als ihre angestammte Heimat.[6] Milošević, der vor allem die ethnische Identität und nicht die politische Ideologie in den Mittelpunkt rückte, gelang es im Handumdrehen, die serbischen Einwohner auf seine Seite zu ziehen, selbst jene mit antikommunistischer Haltung. Den Nationalismus derart offen zu propagieren war skandalös – Tito hätte es nie zugelassen –, aber Milošević ließ sich davon nicht beirren. In den Folgejahren machte er sich daran, die Rechte der Serben auszuweiten: Er gab Serbien eine neue Verfassung, um die Autonomie des Kosovo zu beschneiden, und ersetzte das Führungspersonal in der serbischen Provinz durch eigene Anhänger. Neben der Polizei und den Gerichten brachte er auch die Medien unter seine Kontrolle, die er sodann nutzte, um die Botschaft von der erlittenen Schmach und neuen Größe der Serben zu verbreiten.

Miloševićs Ziel war ein Jugoslawien, in dem die Serben – die immerhin die Mehrheit innerhalb der Gesamtbevölkerung bildeten – endlich die Geltung und den Einfluss haben würden, die ihnen zustanden. Mit den serbischen Loyalisten in den Provinzregierungen hatte er nun eine stärkere Stimme auf Bundesebene – vier von acht Vertretern votierten proserbisch. Zahlreiche »Kundgebungen für die Wahrheit« – über hundert in einem Jahr, an denen fünf Millionen Menschen teilnahmen – dienten dazu, nationalistische Ideen zu verbreiten und Serben in anderen Regionen Jugoslawiens dazu anzustacheln, dort die Macht zu ergreifen. Als im März 1989 Albaner im Kosovo für mehr politische Rechte auf die Straße gingen, gab Milošević den in der Region stationierten 15 000 Mann starken, mit Panzern ausgestatteten serbischen Truppen den Befehl, die Proteste niederzuschlagen. Dabei kamen 22 Menschen ums Leben; Milošević bezeichnete sie als »Separatisten und Nationalisten«. In ganz Jugoslawien verfolgten andere ethnische Gruppen mit Entsetzen, wie die Serben die Kontrolle über Polizei, Justiz und Sicherheitskräfte im Kosovo übernahmen.

Ebenfalls im Frühjahr 1989 hatte es in den »realsozialistischen« Staaten Mittel- und Osteuropas unter den Schlagworten Glasnost und Perestroika schon mächtig zu brodeln begonnen. Auch in Jugoslawien schlugen führende Persönlichkeiten aus Kroatien und Slowenien vor, im Land das Mehrparteiensystem einzuführen und Wahlen abzuhalten. Milošević lehnte dies ab. Stattdessen hielt er im Juni zum 600. Jahrestag der historisch bedeutsamen Schlacht auf dem Amselfeld zwischen Serben und Osmanen, einem Schlüsselereignis der serbischen Geschichte, eine Rede im Kosovo vor einer Menge von etwa einer Million Serben aus ganz Jugoslawien.[7] Es sei die Pflicht der Serben, beteuerte er, »die Uneinigkeit zu überwinden, damit sie künftig vor Niederlagen, Misserfolgen und Stillstand gewappnet sind«. Er gelobte, die Serben würden nicht länger zurückstecken oder Benachteiligungen hinnehmen. In Anspielung auf den Krieg mit den Osmanen sagte er: »Nach sechs Jahrhunderten stehen wir jetzt wieder im Kampf, und vor uns liegen weitere Kämpfe. Nicht solche, die man mit Waffen führt, aber auch das ist nicht auszuschließen.«

Für die Menschen in Jugoslawien war diese Botschaft unmissverständlich: Titos Devise von der Brüderlichkeit und Einheit galt nicht mehr. Die Führer der serbischen Nationalisten waren entschlossen, sich zurückzuholen, was ihnen ihrer Meinung nach rechtmäßig zustand – die Herrschaft über das ganze Land, koste es, was es wolle. Und die Rede von Milošević machte deutlich, dass sie dabei auch vor dem Einsatz von Waffen nicht zurückschrecken würden. Innerhalb von zwei Jahren sollte das einst geeinte Jugoslawien blutig zerfallen und die Welt den Begriff »ethnische Säuberung« kennenlernen.[8]

Zu Beginn des 20. Jahrhunderts begannen sich Bürgerkriege im Vergleich zum Jahrhundert davor immer stärker zu langfristigen Konflikten auszuwachsen. Verursacht wurden sie meist durch politisch-ideologische oder soziale Spannungen. Die Mexikanische Revolution, die 1910 begann, bestand im Kern aus einer Reihe von bewaffneten Auseinandersetzungen zwischen reichen Landbesitzern, denen es um ihren Machterhalt ging, und einem Verbund aus Angehörigen der Mittelschicht, Bauern und organisierten Arbeitern, die Reformen forderten. In ähnlicher Weise wurde die Russische Revolution durch krasse politische und wirtschaftliche Ungleichheit ausgelöst; Arbeiter, verarmte Bauern und Soldaten begehrten gegen die zaristische Herrschaft auf und ebneten so dem ersten sozialistischen Staat der Welt den Weg. Dieses Muster wiederholte sich 1927 in China, wo sich die Kommunistische Partei unter Mao Tse-tung gegen die korrupte und autoritäre nationalistische Regierung von Chiang Kai-shek erhob. Der griechische Bürgerkrieg in den späten vierziger Jahren spaltete viele Familien in einem Konflikt, der die Väter gegen die Söhne aufbrachte – die einen loyal aufseiten der Monarchie, die anderen entschlossen, das alte System zugunsten einer kommunistischen Regierung abzuschaffen. Wie die vorgenannten Bürgerkriege war auch dieser ein klassischer Kampf um die Durchsetzung einer Ideologie, zwischen Tradition und Fortschritt, einem »rechten« und einem »linken« Lager.

Im Unterschied dazu fanden ab Mitte des 20. Jahrhunderts immer öfter Bürgerkriege zwischen ethnischen und religiösen Gruppierungen statt, in denen eine jeweils die Dominanz über die andere erlangen wollte. In den ersten fünf Jahren nach dem Zweiten Weltkrieg wurden 53 Prozent der Bürgerkriege zwischen ethnischen Faktionen ausgetragen, wie aus den Erhebungen von James Fearon und David Laitin, zwei Bürgerkriegsforschern an der Stanford University, hervorgeht.[9] Seit dem Ende des Kalten Krieges wurden bis zu 75 Prozent der Bürgerkriege von Konfliktparteien dieser Art geführt. Man erinnere sich nur an die vielen blutigen Kämpfe, die in den letzten Jahrzehnten für Schlagzeilen sorgten: von Syrien, dem Irak, Jemen, Afghanistan und der Ukraine über den Sudan, Äthiopien, Ruanda und Myanmar bis hin zum Libanon und zu Sri Lanka. All diese Kriege fanden zwischen Gruppierungen statt, die aufgrund ihrer Ethnie oder Religion (und oftmals beidem) miteinander verfeindet waren.

Als man Bürgerkriege systematischer zu erforschen begann, konzentrierte man sich deshalb auf die ethnische Zugehörigkeit als mögliche Ursache oder zumindest als Ausgangspunkt der Gewalt. Donald Horowitz, Professor an der Duke University, veröffentlichte die erste große Studie zu diesem Thema mit dem Titel *Ethnic Groups in Conflict.*[10] An unterschiedlichen Fällen zeigte er auf, wie sich ethnische und religiöse Gruppierungen im Laufe des 20. Jahrhunderts bekriegten. Wer sich in der Welt umschaue, so Horowitz, könne sich dem Eindruck nicht verschließen, dass die ethnische Vielfalt innerhalb eines Landes einen Schlüsselfaktor für den Ausbruch eines Bürgerkriegs darstellt. Jugoslawien war hierfür ein Paradebeispiel.

Umfassendere Datenerhebungen ließen jedoch Zweifel an dieser Theorie aufkommen. Zwar wurden Bürgerkriege zunehmend zwischen ethnischen Faktionen geführt, doch Forscher wie Paul Collier und Anke Hoeffler in Oxford sowie Fearon und Laitin in Stanford stellten fest, dass ethnisch gemischte Länder nicht unbedingt anfälliger für Kriege sind als ethnisch homogene.[11] Ein verwirrender Befund: Wenn Vielfalt keine Rolle spielte, warum wurden dann so viele Bürgerkriege zwischen ethnischen oder religiösen Gruppierungen geführt?

Diese Frage veranlasste die Political Instability Task Force (PITF), differenziertere Maßstäbe für ethnische Zugehörigkeit in ihr Modell aufzunehmen. Anstatt die *Anzahl* der ethnischen oder religiösen Gruppen in einem Land oder die verschiedenen Arten von Gruppen zu betrachten, untersuchten sie den Zusammenhang von ethnischer Zugehörigkeit und Machtfülle: Haben sich in einem Land politische Parteien gebildet, die ausschließlich die Interessen bestimmter ethnischer und religiöser Gruppierungen vertreten, und versuchen diese, sich gegenseitig von der Macht auszuschließen?

Die PITF hatte bereits seit Jahren Daten gesammelt und analysiert, als sie auf ein auffälliges Muster stieß. Es stellte sich heraus, dass ein bestimmtes Merkmal von Ländern in engem Zusammenhang mit politischer Instabilität und Gewalt stand. Dabei handelte es sich um eine akute Form der politischen Polarisierung, die die Forscher als »Faktionalismus« bezeichneten. In faktionalisierten Ländern basieren politische Parteien eher auf ethnischen oder religiösen Identitäten als auf Ideologien, und diese Parteien versuchen, unter Ausschluss und auf Kosten anderer die Macht an sich zu ziehen. Die Bürger des ehemaligen Jugoslawiens hätten sich gemäß ihrer politischen Überzeugungen organisieren und zusammenschließen können – unter dem Banner des Kommunismus, wie Tito es angestrebt hatte, unter dem des Liberalismus oder des Korporatismus. Stattdessen entschieden sich die maßgeblichen Führungspersonen, an ethnische und religiöse Identitäten zu appellieren und die totale Herrschaft anzustreben.

Fünf Jahre lang prüfte die PITF diese Variable immer wieder erneut auf ihre Gültigkeit. Monty Marshall, einer der Leiter der PITF, analysierte zusammen mit Benjamin Cole Hunderte von Ländern und deren Grad an Faktionalismus über einen Zeitraum von siebzig Jahren hinweg. Sie fanden heraus, dass das stärkste Warnzeichen für einen Bürgerkrieg, sobald ein Land in die Anokratiezone gerät, das Auftreten einer Faktion ist. »Wir haben jede Art von Faktionalismus untersucht, und ich bin fest davon überzeugt, dass dies die stärkste Variable ist, abgesehen von der Anokratie«, erklärte Marshall.[12] Zwei Variablen – Anokratie und Faktionalismus – sagten genauer als alles andere voraus, wo mit einem Bürgerkrieg zu rechnen sei.

In Ländern, die als »faktionalisiert« gelten, agieren politische Parteien, deren Programmatik auf ethnischer oder religiöser Identität gründet, die sie meist kompromisslos und unflexibel propagieren. Die starren Gegensätze zwischen diesen oft etwa gleich starken Parteien führen zu scharfer Konkurrenz und sogar zu gewalttätigen Auseinandersetzungen. Es ist zweifellos dieses Gleichgewicht der Kräfte, das erst eine derart erbitterte Rivalität bewirkt, geht es doch stets um Sieg oder Untergang. Solche Parteien können auch stark an einer einzelnen dominanten Führungsfigur ausgerichtet sein, die an einen ethnischen oder religiösen Nationalismus appelliert, um die Macht zu gewinnen und auch zu halten. Ein kohärentes politisches Programm ist dabei oft nicht erkennbar.

Experten bewerten den Grad des Faktionalismus anhand einer fünfstufigen Skala, die von einem vollständig wettbewerbsorientierten politischen System (Wert 5) bis hin zu einem umfassend repressiven System (Wert 1) reicht. Faktionalisierte Systeme erhalten eine Bewertung von 3. (Die Bewertung der Faktionalisierung in einem Land folgt seinem Polity-Wert; sinkt in einem Land die politische Wettbewerbsorientierung, sinkt auch seine Demokratiequalität.) Vollständig kompetitive Systeme sind Länder mit stabilen, nichtethnischen politischen Parteien, die regelmäßig bei Wahlen gegeneinander antreten und bei einer Niederlage bereitwillig die Macht übergeben. Dazu gehören beispielsweise Deutschland, die Schweiz, Dänemark, Australien, Kanada und Frankreich, die alle als »kompetitive« politische Systeme eingestuft werden. Das andere Extrem sind umfassend repressive Systeme, die in der Regel höchst autoritär agieren, den politischen Wettbewerb unterdrücken und nicht zulassen, dass Bürger sich organisieren. Hätte Milošević versucht, unter Titos Herrschaft eine nationalistische serbische Partei aufzubauen, wäre er kaltgestellt worden. Faktionalisierte politische Systeme liegen in der Mitte zwischen den beiden Extremen. In solchen Ländern können die Bürger zwar politische Parteien gründen, aber mindestens eine Partei basiert ausschließlich auf ethnischer oder religiöser Zugehörigkeit, und sobald sie die Macht erlangt, begünstigt sie ihre eigene Wählerschaft auf Kosten aller anderen. Faktionalismus ist eine kompromisslose, nur auf den eigenen Vorteil bedachte, identitätsbasierte Politik und oft die Vorstufe zum Krieg.

Erinnert sei zum Beispiel an die Hunderte von bewaffneten Gruppen in Syrien – Schiiten, Sunniten, Alawiten, Salafisten –, die einander vor allem aus religiösen Gründen bekriegen, oder an die Faktionen im kaum zu überblickenden Bürgerkrieg im Libanon, die sich ebenfalls nach jeweiliger Religionszugehörigkeit (Sunniten, Schiiten, maronitische Christen, Drusen) voneinander abgrenzten. Allesamt strebten sie nach politischer Macht auf Kosten der Übrigen. Andere Länder gerieten durch konkurrierende ethnische Gruppen in bewaffnete Konflikte, beispielsweise Georgien, wo georgische, ossetische und abchasische Volksgruppen um die politische Vorherrschaft kämpften, oder im heutigen Simbabwe, wo sich die indigenen Völker der Shona und der Ndebele gegen die Kolonialherrschaft der weißen Minderheit erhoben.

Nach Ansicht von Experten entwickelt sich Faktionalismus weitgehend vorhersehbar. Zuerst wittern Eliten und Anhänger einer bestimmten Gruppe eine für sie günstige Gelegenheit – vielleicht eine Schwäche des Regimes oder eine Veränderung in der Zusammensetzung der Bevölkerung, die ihre allgemeine Unzufriedenheit und das Gefühl, zurückgesetzt zu werden, verstärkt. Sodann fördern sie die Gefolgschaftstreue, aber nicht, indem sie mit politischen Themen um Anhängerschaft werben, sondern mit Begriffen und Symbolen, die mit der Identität der Menschen zu tun haben – religiösen Phrasen, historischen Parolen, Bildern. (Genau darauf griff Milošević im Kosovo zurück, als er die Erinnerung an die Schlacht gegen die Osmanen heraufbeschwor.) Die Rhetorik verstärkt allmählich die Abgrenzung der Gruppe, was zu Spannungen in der Gesellschaft führt, und sobald die Faktion an die Macht gelangt, nutzt sie ihre Position in der Regel dazu, rivalisierende Faktionen auszuschalten: Sie untergräbt den ordnungsgemäßen Ablauf der Dinge und ermutigt zu offener Militanz. Dies wiederum erhöht die Angst und das Misstrauen zwischen den rivalisierenden Gruppen, was die Spannungen weiter verschärft und die Gruppen dazu bringt, Gewalt zur Lösung der Differenzen in Betracht zu ziehen.

Diese Spaltung setzt sich auf der politischen Bühne fort. Die politischen Parteien beginnen, die ethnische oder religiöse Identität in den Mittelpunkt zu stellen statt wie zuvor bestimmte politische Themen; dies konnte man am Beispiel der Hutu und Tutsi in Ruanda und an vielen der politischen Parteien in Äthiopien beobachten. Es ist dies eine clevere Methode, mit der die Führer sowohl ihre Anhängerschaft zusammenschweißen als auch ihre persönliche Zukunft sichern. Identitätsbasierte Parteien machen es den Wählern unmöglich, die Seite zu wechseln; sie haben keine Alternative, wenn ihre politische Identität an ihre ethnische oder religiöse Identität gebunden ist.

Politiker, unterstützt von einer straff ausgerichteten, disziplinierten Faktion, haben weitgehend freie Hand, eine stark auf sie zugeschnittene Agenda zu verfolgen, die ihnen und ihren Anhängern zugutekommt. Die Folge ist, dass die Parteien und ihre Führer rücksichtslos versuchen, unter Ausschluss und auf Kosten anderer Gruppen die Herrschaft zu erlangen. Sie lehnen Kompromisse ab und strukturieren Institutionen wie die Justiz dergestalt um, dass die Bürger dazu angehalten werden, weiterhin auf der Grundlage ihrer Identität und nicht ihrer Überzeugungen zu handeln oder zu wählen. Der Bürgerkrieg in Jugoslawien brach nicht deshalb aus, weil Kroaten, Serben und Bosniaken einen angeborenen urwüchsigen Hass gegeneinander hegten. Er entstand, weil opportunistische Führer Ängste und Ressentiments ausnutzten und schwer bewaffnete Milizen auf die Bevölkerung losließen, um an die Macht zu kommen.

Eine politische Instrumentalisierung dieser Art verstärkt nur die Spaltung der Gesellschaft. Bürger mit Zukunftsangst, die ihrer Regierung nicht mehr zutrauen, dass sie diese Konflikte löst oder der Bevölkerung als Ganzes dient, scharen sich schließlich um die parteiischsten Parteien – diejenigen, die vorgeben, ihr Leben sowie ihre Interessen, ihren Lebensstil und ihre Vorstellung davon, wie die Gesellschaft sein sollte, zu schützen. Die Politik wird so von einem System, in dem sich die Bürger um das Wohl des Landes als Ganzes sorgen, zu einem, in dem sie sich nur mehr um die Mitglieder ihrer eigenen Gruppe kümmern. Andreas Wimmer, Soziologe an der Columbia University, analysierte die Daten von 484 Bürgerkriegen der letzten 200 Jahre und stellte fest, dass sich die Wahrscheinlichkeit eines

Bürgerkriegs fast verdoppelt, sobald sich diese Art von politischen Parteien in einem Land breitmacht.[13] Und war ein Land bereits eine Anokratie, lag die Wahrscheinlichkeit, dass es instabil wurde, sogar dreißigmal höher.[14]

Noch größer wird die Gefahr eines Krieges, so die Erkenntnis der Experten, wenn mindestens eine Faktion in einem Land zu einer Superfaktion wird: zu einer Gruppe, deren Mitglieder nicht nur dieselbe ethnische Identität, sondern auch dieselbe Religion, soziale Stellung und geographische Heimat teilen.[15] Tatsächlich liegt in diesem Fall die Wahrscheinlichkeit eines Krieges fast zwölfmal höher als bei heterogeneren Gruppen. Superfaktionen bilden sich meist dann, wenn sich eine ethnische Gruppe in einer separaten geographischen Region konzentriert und dort ausschließlich untereinander Umgang pflegt. (So geschehen während des Zweiten Weltkriegs, als viele der Serben, die die Angriffe der Ustascha überlebt hatten, in die überwiegend serbische Krajina-Region im Osten Kroatiens an der Grenze zu Serbien flohen.) Superfaktionen entstehen aber auch, wenn wirtschaftliche Ressourcen ungleich und tendenziell zugunsten der jeweils herrschenden Gruppe verteilt sind. Dadurch entstehen Klassenunterschiede, die sich dann mit ethnischen und religiösen Gegensätzen vermischen.

Genau dies geschah in Sri Lanka, wo sich Tamilen und Singhalesen zunächst gemäß ihrer ethnischen Zugehörigkeit voneinander absonderten und schließlich aufgrund ihrer Religionen (Hinduismus versus Buddhismus) und ihrer geographischen Siedlungsgebiete (die Minderheit der Tamilen lebte hauptsächlich im Norden und Osten der Insel) unüberwindbare Differenzen feststellten. Tamilische Aufständische begannen 1983 den Krieg in der Hoffnung auf einen eigenen Staat. Nach Ansicht von Experten sind die instabilsten Länder jene, deren Gesellschaft in *zwei* dominierende Gruppen gespalten ist.[16] Oft ist mindestens eine davon groß genug, um 40 bis 60 Prozent der Bevölkerung zu repräsentieren. Bei einer solchen Quote steigt die Wahrscheinlichkeit eines bewaffneten Konflikts.

Die Serben bildeten etwa 36 Prozent der jugoslawischen Bevölkerung. Sie waren ihrem Glauben nach orthodox, benutzten eine kyrillische Schrift, lebten vorwiegend in ländlichen Gebieten und waren im Allgemeinen ärmer als die Kroaten und Slowenen. Die Kroaten hingegen, die etwa 20 Prozent der jugoslawischen Bevölkerung ausmachten, waren römisch-katholisch, verwendeten die lateinische Schrift und lebten hauptsächlich in den Städten entlang der Küste. Tito hatte die Bildung von Superfaktionen in Jugoslawien verhindert, als er die Regierung umstrukturierte, die geographischen Grenzen neu definierte und politische Aktivitäten religiöser Einrichtungen unterdrückte. Sein Tod rief jedoch sowohl Unsicherheit als auch Konkurrenz hervor, nicht nur in Bezug auf die Zukunft des Kommunismus, sondern auch hinsichtlich der Frage, wer den Machtapparat des Staates kontrollieren würde. Die Bürger, die mit einer schrumpfenden Wirtschaft konfrontiert waren, suchten Sicherheit in genau jenen Bereichen der Identität – ethnische Zugehörigkeit, Sprache, Schriftsystem, Religion, soziale Klasse, Geographie –, die Tito zu eliminieren versucht hatte. Im Jahrzehnt nach Titos Tod begannen Serben und Kroaten zunehmend, sich dieser Bereiche in umfassender und zunehmender Weise zu bemächtigen, indem sie sich nicht nur nach ethnischer und geographischer Zugehörigkeit, sondern auch nach Religion, Sprache und wirtschaftlicher Stellung voneinander abgrenzten.

Besonders deutlich wurde das in der politischen Sphäre. Fünf Monate nach Miloševićs Rede auf dem Amselfeld fiel die Berliner Mauer, und bald darauf löste sich der Bund der Kommunisten auf, bis dahin Jugoslawiens allein herrschende Regierungspartei. Die serbischen und kroatischen Superfaktionen, die sich Schritt für Schritt gebildet hatten, wurden mit einem Mal mächtig. Milošević scharte die Serben mit der nationalen Heldengeschichte, mit Klassen- und

Religionszugehörigkeit um sich, und auch die Kroaten setzten intensiv auf die nationalistische Karte. Sie gründeten politische Parteien, die sich auf die ethnische Identität stützten, insbesondere die ethno-nationalistische Kroatische Demokratische Union (HDZ). Deren Führer Franjo Tuđman wies jegliche kommunistische Politik weit von sich und setzte stattdessen ganz auf sogenannte kroatische Werte. So rief er zu einem »Großkroatien« auf und versprach, die politische Vorherrschaft der Serben durch die Erklärung der kroatischen Unabhängigkeit zu brechen. Als 1990 zum ersten Mal in allen Republiken freie Mehrparteienwahlen abgehalten wurden, erteilten die Bürger in ganz Jugoslawien den kommunistischen Politikern eine Absage und stimmten überwiegend für ethno-nationalistische Kandidaten. In Serbien gewann Milošević, der seine Meinung über den Sinn von Wahlen geändert hatte, das Präsidentenamt mit Leichtigkeit. Tuđman siegte in Kroatien.

Tuđman und seine HDZ machten sich sofort daran, ihrer Superfaktion die Macht zu sichern. Sie schrieben eine neue Verfassung, die nur ethnische Kroaten als »konstituierendes Volk« gelten ließ und alle Minderheiten in Kroatien zu Bürgern zweiter Klasse degradierte – einschließlich der beträchtlichen serbischen Bevölkerung in der Region Krajina. Tuđman und die HDZ führten die traditionelle kroatische Flagge und das kroatische Wappen wieder ein, die Symbole aus der Ustascha-Ära enthielten, und begannen, Serben aus der öffentlichen Verwaltung und der Polizei zu entfernen. Sie behaupteten, die Serben hätten diese Stellen nur aufgrund einer Vorzugsbehandlung unter Tito erhalten.

Dieser unmissverständliche Appell an die Identität und die darauf folgende rücksichtslose Politik entfachten bei den in Kroatien lebenden Serben Ängste. Nicht nur dass Symbole wie das kroatische Wappen Erinnerungen an die mörderische Ustascha weckten, Tuđmans Vorurteile schienen auch den schlagenden Beweis dafür zu liefern, dass das, was Milošević die ganze Zeit behauptet hatte, tatsächlich zutraf: Die Serben waren bedroht, und Kompromisse mit anderen Gruppen waren gefährlich. Die kroatische und die serbische Identität – nicht mehr die gesamtjugoslawische, sondern Identitäten, die sich an Abstammung, Sprache und Glauben orientierten – standen sich nun unversöhnlich gegenüber. In der Krajina kam es zu gewaltsamen Zusammenstößen, als bewaffnete serbische Rebellen mit Miloševićs Unterstützung kroatische Polizeieinheiten angriffen. Als Kroatien ein Jahr später, im Juni 1991, seine Unabhängigkeit erklärte, kündigten die Serben in der Krajina ihre Absicht an, sich abzuspalten, damit sie Teil Jugoslawiens bleiben konnten. Das nationale Militär, die Jugoslawische Volksarmee (JNA), deren Führung mehrheitlich serbisch war, unterstützte sofort die serbische Bevölkerung Kroatiens und rückte mit Panzern an, um verschiedene Regionen Kroatiens zu besetzen und dort Nichtserben zu vertreiben. Es hatten sich zwei unversöhnlich einander gegenüberstehende Superfaktionen gebildet, die ihre Energie aus dieser Gegnerschaft zogen. Es herrschte Krieg.

Vielleicht gibt es kein besseres Bild für die tiefe Kluft zwischen den Superfaktionen als den Angriff auf die kroatische Stadt Vukovar.[17] Diese wohlhabende, bevölkerungsmäßig gemischte Gemeinde aus Kroaten, Serben und anderen Volksgruppen – Ungarn, Slowaken, Ruthenen – liegt an der Donau nahe der Grenze zu Serbien. Seit dem Zweiten Weltkrieg hatten die Menschen in Vukovar in Harmonie miteinander gelebt, doch als die Kämpfe zwischen rivalisierenden Milizen ausbrachen, gingen Kroaten und Serben aufeinander los. Bewaffnete Zivilisten setzten Höfe und Häuser in der Region in Brand. Die kroatische Polizei besetzte den Radiosender von Vukovar; serbische Milizen blockierten Verkehrswege im Umland und isolierten die Stadt. Im Sommer 1991 verstärkte die von den Serben dominierte JNA ihre Offensive und belagerte die Stadt 87 Tage lang. Bis zu 12 000 Raketen und Granaten gingen täglich auf Vukovar nieder; es waren die heftigsten Kämpfe, die Europa seit dem Ende des Zweiten Weltkriegs gesehen hatte.

Bemerkenswert an diesem Angriff war nicht nur die Heftigkeit der ethnischen Rivalität zwischen Kroaten und Serben. Vielmehr offenbarte sich in dem Kampf in vielerlei Hinsicht eine der gravierendsten Bruchlinien, die sich zwischen Superfaktionen herauszubilden pflegen: die Spaltung zwischen Stadt und Land, eine Kluft, die im Zeitalter der Globalisierung und der technologischen Innovation nur noch tiefer geworden ist. Die Städte sind zunehmend Orte der Vielfalt, die ländlichen Gebiete dagegen nicht. Urbane Regionen weisen auch eine zunehmend jüngere, liberalere, gebildetere und weniger religiös orientierte Bevölkerung auf. Diese Kluft wird sich wahrscheinlich noch verstärken, da sich die lukrativeren und dynamischeren Branchen – von der Finanz- und Technologieindustrie bis hin zum Unterhaltungssektor – immer mehr in den Städten konzentrieren. Wenn jüngere Menschen die ländlichen Gemeinden verlassen, werden diese zunehmend von weniger gut ausgebildeten Arbeitskräften dominiert, die oft mit Einwanderern konkurrieren und sich von der städtischen Elite zurückgesetzt fühlen. Der aus Sarajevo stammende Zlatko Dizdarević schrieb in seinem Tagebuch über den Krieg in seiner Stadt: »Wir ergingen uns noch in Witzen über sie [die Serben], als sie schon von ihren Hügeln herunterkamen, einer nach dem anderen, und uns hassten, weil wir wussten, was Wasser und Seife ist und dass man sich die Füße wäscht und saubere Socken anzieht.«[18]

Stadtbewohner neigen daher dazu, Veränderungen und Multikulturalismus zu begrüßen, während Landbewohner Stabilität und Tradition schätzen. Die Vorstellungen von Identität unterscheiden sich auch deshalb, weil auf dem Land oft weniger Medien zugänglich sind als in den Städten. In Jugoslawien war der serbisch kontrollierte Rundfunk das wichtigste Medium, und Bürger, die dessen Sendungen empfingen, neigten deutlich häufiger zu extremistischen nationalistischen Parteien.[19]

Als Vukovar schließlich im November 1991 fiel, hatten serbische Paramilitärs mindestens 20 000 Nichtserben aus ihren Häusern vertrieben.[20] Diese Milizen setzten sich aus Serben zusammen, die außerhalb der Großstädte lebten. Es handelte sich im Grunde um einen Kampf zwischen der Landbevölkerung und einer weltoffenen Elite – einen Angriff auf den städtischen Multikulturalismus, so der ehemalige Bürgermeister von Belgrad. Und der Angriff war besonders brutal: Serbische Paramilitärs vergewaltigten kroatische Frauen, folterten und töteten mehr als zweihundert kroatische Zivilisten und verscharrten sie in Massengräbern.

Kroatien erlebte vier weitere Kriegsjahre, in denen sowohl Serben als auch Kroaten versuchten, die Krajina durch Massendeportationen und Morde von Angehörigen der jeweils anderen Seite zu »säubern«. Als der Begriff »ethnische Säuberung« einige Monate später im Zusammenhang mit dem bosnischen Bürgerkrieg allgemein verwendet wurde, war diese Praxis längst zu einem Mittel geworden, um die Bevölkerungszusammensetzung und die Identität einer ganzen Region zu kontrollieren und zu verändern. Bis zum Sieg Kroatiens wurden an die 220 000 Kroaten und 300 000 Serben vertrieben, etwa 20 000 Menschen verloren ihr Leben. Dieses Muster sollte sich bald im gesamten übrigen Jugoslawien wiederholen, mit noch mehr Todesopfern.

Ethnischer Nationalismus, der sich in Form von Faktionen äußert, setzt sich nirgendwo von alleine durch. Um eine Gesellschaft entlang von Identitätsgrenzen zu spalten, braucht man Sprachrohre – Menschen, die bereit sind, im Namen einer bestimmten Gruppe diskriminierende Appelle zu verfassen und diskriminierende Politik zu betreiben. In der Regel handelt es sich dabei um Personen, die nach einem politischen Amt streben oder versuchen, im Amt zu bleiben. Sie schüren und nutzen Ängste, um die Wählerschaft an sich zu binden, die sie in ihrem Kampf um die Macht unterstützen soll.

Experten haben einen Begriff für solche Personen: »ethnische Entrepreneure« (*ethnic entrepreneurs*).[21] Diese Bezeichnung wurde erstmals in den neunziger Jahren verwendet, um Figuren wie Milošević und Tuđman zu erklären, aber es handelt sich um ein Phänomen, das seither immer wieder in allen Teilen der Welt auftritt. Populistische Kriegstreiber wie diese sind oft in höchster Gefahr, ihre Macht zu verlieren, oder haben sie erst kürzlich verloren. Sie sehen keine andere Möglichkeit, ihre Zukunft zu sichern – vielleicht, weil sie Exkommunisten sind –, und nutzen zynisch Spaltungen aus, um die Kontrolle wiederzuerlangen. Sie fördern einen identitären Nationalismus, um Gewalt und Chaos zu säen, und wenden dabei eine Strategie an, die Wissenschaftler als *»gambling for resurrection«* bezeichnen – ein Vabanquespiel zur Rettung der eigenen Haut, ein aggressives Bemühen, entgegen aller Wahrscheinlichkeit massive Veränderungen herbeizuführen.[22]

Auch wenn der Auslöser für einen Konflikt oft vordergründig etwas anderes ist – die Wirtschaftslage, die Einwanderungspolitik, die Religionsfreiheit –, erklären solche »ethnische Entrepreneure« ausdrücklich, der Kampf drehe sich um die Position und den Status der eigenen benachteiligten Gruppe in der Gesellschaft. Sie machen sich die Macht der Medien zunutze, die oft unter ihrer Kontrolle stehen, und versuchen, die Bürger davon zu überzeugen, dass sie von einer anderen Gruppe bedroht werden und sich unter der Führung des Entrepreneurs zusammenschließen müssen, um der Gefahr zu begegnen. Zudem schärfen sie den Mitgliedern ihrer eigenen Gruppe mit einer oft aufrührerischen Rhetorik ein, sie seien überlegen und »verdienten« es zu dominieren. So erklärte der Hutu-Politiker Léon Mugesera 1992 – zwei Jahre vor dem Bürgerkrieg in dem Land – auf einer Kundgebung in der ruandischen Stadt Kabaya seinen Anhängern, die Tutsi seien »Kakerlaken«, und fügte hinzu: »Jeder, dem ihr nicht den Hals durchschneidet, wird euch den Hals durchschneiden.«[23] 2012 nutzte der sudanesische Präsident Omar al-Bashir das Misstrauen zwischen Arabern und Afrikanern in seinem Land aus, indem er seine politischen Rivalen mit ähnlichen Worten diffamierte: »Das Hauptziel sollte die Befreiung von diesen Insekten sein, wir müssen sie ein für alle Mal loswerden, so Gott will.«[24]

In einem politisch instabilen Klima, etwa während eines politischen Übergangs zur Demokratie oder bei ihrer Schwächung, treten oft mehrere »ethnische Entrepreneure« gleichzeitig auf den Plan und provozieren das Erscheinen weiterer. Manchmal arbeiten sie Hand in Hand, etwa wenn Politiker und Mediengrößen denselben Extremismus vertreten, oder sie bekämpfen sich gegenseitig, indem sie die Handlungen und Ansichten des jeweils anderen als Hebel benutzen, um die Spaltung zu verschärfen. Je mehr Identitätsschichten es auszunutzen gibt, wie dies bei Superfaktionen der Fall ist, desto tiefer wird diese Spaltung. Was oft als Marginalie beginnt, gewinnt immer mehr an Schwung, wenn solche Entrepreneure die Sprache, Geschichte, Geographie und Religion einer rivalisierenden Faktion öffentlich infrage stellen: Ein Radiointerview führt vielleicht zu Reden, aus denen virale Posts in den sozialen Medien werden, die wiederum Kundgebungen auslösen, bei denen es zu Zusammenstößen auf der Straße kommt. Die Angst schürende Rhetorik verselbstständigt sich und wird zirkulär, wenn Entrepreneure die Worte und Handlungen ihrer Rivalen nutzen, um die Überzeugungen ihrer eigenen Anhänger zu bekräftigen und zu schüren.

Interessanterweise sind sich die Durchschnittsbürger über »ethnische Entrepreneure« oft im Klaren: Sie wissen, dass diese Personen ihre eigene Agenda verfolgen und nicht die ganze Wahrheit sagen. Viele Serben in der Krajina schätzten Milošević nicht sehr und misstrauten ihm sogar, hatten sie doch nicht vergessen, dass er nur wenige Jahre zuvor ein überzeugter Kommunist gewesen war. Sie durchschauten, dass es ihm mehr um die persönliche Macht als um die serbische Sache ging; proserbische Reden hatte er erst geschwungen, nachdem er erkannt hatte, dass sich mit Nationalismus auf einfache Weise eine politische Basis sichern lässt. Menschen scharen sich jedoch häufig hinter einer Führungsfigur, wenn sie eine wachsende Bedrohung spüren – ihres Lebens, ihrer wirtschaftlichen Existenz, ihrer Familien oder ihrer Zukunft –, und Miloševićs Rhetorik säte ständig Zweifel. Nachdem er kritische Journalisten entfernt hatte, kontrollierten er und seine Regierung den Politika-Verlag, dem mehr als ein Dutzend Zeitungen, Radio- und Fernsehsender gehörten – und dies ermöglichte es ihm, sein Publikum unerbittlich mit Botschaften der Angst und des Misstrauens zu bombardieren.[25] So beschwor er die einstige Größe Serbiens und erinnerte die Zuhörer an die Gewalt, die den Serben in der Vergangenheit angetan worden war. Als Kroatien seine Unabhängigkeit erklärte, konzentrierte der wichtigste Fernsehsender in Belgrad seine Berichterstattung auf die Serben in der Krajina, die nun den »dunklen, völkermordenden Umtriebe[n] der Kroaten« schutzlos ausgeliefert seien.[26]

Dennoch wäre es Milošević nicht gelungen, die in der Krajina lebenden Serben – insbesondere in friedlichen, multiethnischen Städten wie Vukovar – für sich zu gewinnen, hätte Tuđman nicht dazu beigetragen, ihre schlimmsten Befürchtungen zu bestätigen. Im Gegensatz zu Milošević war Tuđman ein wahrhafter Überzeugungstäter: Schon ein Jahrzehnt zuvor hatte er sich zum kroatischen Nationalisten gewandelt, lange bevor dies populär oder opportun war. Als Geschichtsprofessor an der Universität Zagreb hatte er die mittelalterlichen Wurzeln der kroatischen Nation verherrlicht, den Holocaust verharmlost und von den »positiven Errungenschaften« des Ustascha-Regimes gesprochen. In den achtziger Jahren, nach Titos Tod, war er in die Vereinigten Staaten und nach Kanada gereist, um bei Exilanten und Emigranten mit Sympathien für die Ustascha Geld zu sammeln, damit er in seiner Heimat eine nationalistische Partei aufbauen konnte. Als er schließlich die HDZ gründete, machte er sich Slogans wie »Gott und die Kroaten« zu eigen. Er gründete die Kroatische Nachrichtenagentur, um mit Miloševićs wachsendem Medienimperium konkurrieren zu können, und verkündete über den Äther, sein Volk müsse sich von den Serben und den schmutzigen, dunkelhäutigen Muslimen Jugoslawiens befreien und sich seiner wahren Heimat anschließen, die Europa sei.

Wenn Bürger zu der Überzeugung gelangen, die gegnerische Gruppe habe die Chance – und sei sie noch so klein –, sie zu vernichten, werden sie sich einem Führer anschließen, der ihnen Schutz bietet, egal wie skrupellos er ist. Als Tuđman das kroatische Wappen einführte und die Serben aus seiner Regierung vertrieb, sahen die serbischen Einwohner der Krajina darin eine Bestätigung der Warnungen Miloševićs. Und als Milošević der serbisch dominierten jugoslawischen Armee befahl, in Kroatien einzumarschieren, begannen auch die Kroaten zu glauben, ihre Lebensweise, die Tuđman zu schützen versprach, sei bedroht. So verfestigte sich in beiden Faktionen schließlich die Überzeugung, dass Gewalt die einzige Möglichkeit sei, sich und die eigene Kultur zu retten.

Nicht nur Politiker treiben über das Thema Identität Keile in die Gesellschaft. Es gibt auch kleinere »ethnische Entrepreneure«: Angehörige der Wirtschaftseliten (denen es vielleicht um die Erhöhung der Kundenbindung geht), Oberhäupter von Religionsgemeinschaften (auf der Suche nach neuen Gläubigen) und Medienvertreter (die *ihr* Publikum und *ihre* Einnahmen vergrößern wollen). Auch diese Eliten haben in einer sich wandelnden Gesellschaft etwas zu verlieren. Und im ehemaligen Jugoslawien war es dieses sekundäre Netzwerk, das dazu beitrug, den Krieg über Kroatien hinaus auszuweiten.

Als die Gewalt über Orte wie Vukovar hereinbrach, waren die Bürger im benachbarten Bosnien und Herzegowina zuversichtlich, von solchen Konflikten verschont zu bleiben. Bosnien wies bei der Volkszählung den höchsten Prozentsatz an Menschen auf, die sich als »Jugoslawen« bezeichneten.[27] Bosniens Hauptstadt Sarajevo war eine moderne, multikulturelle Stadt, in der Kroaten, Serben und Bosniaken seit Jahrzehnten friedlich zusammenlebten. Das Bildungsniveau war hoch, Eheschließungen zwischen Angehörigen unterschiedlicher

Volksgruppen waren keine Seltenheit. Sechs Jahre zuvor, 1984, hatte Sarajevo die Olympischen Winterspiele ausgerichtet.[28]

»Ich war mir sicher, dass so etwas wie in Kroatien bei uns nicht passieren würde«, erzählte Berina Kovac, die in Sarajevo lebte.[29] Sie hatte damals gerade ihr Wirtschaftsstudium abgeschlossen, und ihr Mann Daris praktizierte als Rechtsanwalt. Obwohl Serben, Kroaten und Bosniaken unterschiedliche religiöse Traditionen pflegten, waren in Sarajevo fast alle säkular eingestellt. Berina und Daris verfügten über einen großen Freundeskreis und übten interessante Berufe aus, sie hatten sich nie viele Gedanken über die ethnische Identität ihrer Mitmenschen gemacht. Zwar waren sie Muslime, aber alle in Bosnien sprachen Bosnisch und sahen im Grunde gleich aus. »Wir sind uns kulturell sehr, sehr nahe«, erklärte Daris. »Die Suche nach Unterschieden ist ja fast lächerlich. Wir sind ethnisch gleich. In Bosnien gibt es keine Familie ohne Mischehen.«[30]

Die Vorstellung einander feindlich gegenüberstehender ethnischer Identitäten musste also erst noch in die Köpfe eingepflanzt werden – und eine Vielzahl »ethnischer Entrepreneure«, sowohl innerhalb als auch außerhalb Bosniens, trug nun ihren Teil per Rundfunk, Presse und öffentlichen Debatten dazu bei. In Sarajevo verfolgten Daris und Berina, wie Miloševićs Botschaft – dass die Serben in einem einzigen Jugoslawien zusammenleben müssten – von Radovan Karadžić aufgegriffen wurde, einem ehemaligen Psychiater, der in Bosnien die neu gegründete Serbische Demokratische Partei anführte und darauf brannte, Miloševićs Sprachrohr in der Region zu werden. Bei den Wahlen im November votierten die Bürger von Bosnien und Herzegowina hauptsächlich für drei ethno-nationalistische Parteien – eine muslimische, eine kroatische und eine serbische –, von denen keine zu Zugeständnissen bereit war. »Die Fakten wurden verdreht und neu zusammenmontiert«, erinnerte sich Daris. »Es gab so viele Falschinformationen.«[31] 1991 übernahm der serbische Fernsehsender Pale TV die Sendeanstalt von Sarajevo und strahlte nationalistische

Botschaften in den serbischen Gebieten Bosniens und Herzegowinas aus.[32] Die Moderatoren machten sich über muslimische Gebete lustig, traten mit dunkler Schminke auf, verspotteten Vergewaltigungsopfer, hielten demonstrativ Messer in die Kamera und verbreiteten die Lüge, serbische Kinder würden im Zoo von Sarajevo an die Löwen verfüttert.[33]

Schon bald bezeichneten sich die Bürger von Bosnien und Herzegowina nicht mehr als Bosnier. Stattdessen nannten sie sich fortan bosnische Serben, bosnische Kroaten oder bosnische Muslime (Bosniaken). Berina erinnert sich bis heute an den Moment, in dem ihr diese Veränderung bewusst wurde: bei der Hochzeit eines Freundes. Die Zeremonie fand in der Stadt Višegrad statt, und viele von ihren und Daris' Schulfreunden waren eigens zu dieser Feier angereist. »Bei Hochzeiten in Bosnien singen wir oft traditionelle Lieder, Sevdalinka genannt, die von Liebesgeschichten aus der osmanischen Zeit erzählen. Sie sind in der Regel traurig und gefühlvoll.«[34] Aber als Berina und die meisten anderen zu singen begannen, unterbrach sie ein anderer Freund, ein Serbe. »Genug jetzt!«, sagte er. »Schluss mit diesen Türkenliedern!«

Bei der Erinnerung daran versagte Berina fast die Stimme. »Sehen Sie, wir sind Muslime«, sagte sie. »Aber wir haben auch die gleiche ethnische Zugehörigkeit wie die Serben und Kroaten. Wenn uns jemand wirklich zutiefst beleidigen will, sagt er uns, wir seien Türken. Das eliminiert unsere bosnische Identität und unsere Wurzeln.« In der Rhetorik von Milošević und Karadžić waren die Muslime ein Überbleibsel der osmanischen Herrschaft, unter der die Serben als minderwertig galten und nur sehr eingeschränkt eigenes Land besitzen durften.[35] Nach dem Eklat auf der Hochzeitsfeier wurde es im ganzen Saal still, und der Gesang verstummte. Als Berina und Daris an diesem Abend nach Hause fuhren, waren sie zutiefst verunsichert. »Wir hatten gesehen«, so Berina, »wie sich die Menschen veränderten.«

Fünf Monate nach der Hochzeit, im März 1992, ließ der Präsident, ein Bosniake, ein Referendum über die Unabhängigkeit Bosniens durchführen. Serbische Politiker sowohl in Serbien als auch in Bosnien sprachen sich vehement gegen die Abstimmung aus; sie wollten, dass Bosnien Teil eines serbisch dominierten Jugoslawiens blieb. Als das Ergebnis mit überwältigender Mehrheit für die Unabhängigkeit ausfiel, kam es zu Bombenanschlägen und Schießereien zwischen bewaffneten bosnisch-serbischen Einheiten in der Region und den mehrheitlich bosniakischen Regierungstruppen. Innerhalb weniger Wochen besetzten die bosnischen Serben – unterstützt von der Jugoslawischen Volksarmee – fast 70 Prozent des bosnischen Territoriums. In der Hoffnung, auch die Hauptstadt einzunehmen, postierten sich serbische Milizen in den Hügeln um Sarajevo und begannen unter dem Kommando des zum Militärführer avancierten Politikers Karadžić eine Belagerung, die vier Jahre dauern sollte.

Doch selbst dann war das Werk der jugoslawischen »ethnischen Entrepreneure« noch nicht vollbracht. Im Mai 1992 vereinbarten der bosnisch-kroatische Politiker Mate Boban und Karadžić – mit Unterstützung von Tuđman und Milošević – die Aufspaltung Bosniens in zwei Teile, einen kroatischen und einen serbischen, unter völligem Ausschluss der Bosniaken.[36] »Mit den Serben verbindet uns die Brüderlichkeit in Christus«, hörte man Boban zur Rechtfertigung sagen, »aber mit den Muslimen verbindet uns gar nichts, außer der Tatsache, dass sie fünf Jahrhunderte lang unsere Mütter und Schwestern geschändet haben.«[37] Diese skrupellose Diffamierung sollte brutale Folgen haben: In den folgenden drei Jahren vergewaltigten, massakrierten und vertrieben Serben und Kroaten Tausende Bosniaken. In Višegrad, wo Daris und Berina an der Hochzeitsfeier teilgenommen hatten, wurden mehr als 1500 muslimische Männer, Frauen und Kinder zusammengetrieben und getötet und dann von der berühmten Brücke in die Drina geworfen.[38] Andere verbrannte man bei lebendigem Leib in ihren Häusern. Zu Beginn des Krieges waren 63 Prozent der Bevölkerung Višegrads bosniakisch. Heute ist die Stadt fast vollständig serbisch.[39]

Berina weiß noch genau, wann ihr klar wurde, dass Bosnien im Bürgerkrieg versank. Sie war mit ihrem zweiten Sohn im Mutterschaftsurlaub und hatte gerade ein Kindermädchen eingestellt. Eines Tages verkündete diese junge Frau aus einem Vorort in den Bergen wie selbstverständlich, sie habe paramilitärische Gruppen außerhalb Sarajevos bemerkt. »Wir sehen ihre Feuer, wenn sie Essen kochen«, sagte sie.[40] Aber es handele sich nur um Bürgerwehren, nicht um das Militär, und deshalb habe sie keine Angst.

Doch Berina kannte die Rhetorik von Karadžić nur zu gut. Deshalb war ihr klar, was die Milizen im Schilde führten. Einige Wochen zuvor hatte ein Arbeitskollege namens Sascha sie auf einer kleinen Party, die sie zur Feier der Geburt ihres Babys veranstaltet hatte, zur Seite genommen und ihr erzählt, er sei von Mitgliedern der Serbischen Demokratischen Partei angeworben worden. Sie hatten vor, ihm Waffen zu geben. »Ich habe ihm nicht geglaubt«, berichtete Berina. »Sein bester Freund war Moslem. Er hatte ein sehr nettes Mädchen geheiratet, und sie hatten zur selben Zeit wie wir ein Kind bekommen.« Berina schüttelte den Kopf. »Er wollte mir sagen, dass sich etwas zusammenbraute.«

Einen Monat nach der Party wurde Sascha getötet. Berina erfuhr es eines Tages, als sie mit einer Freundin zusammensaß. Überwältigt von der Trauer – um ihren Kollegen, um seine Witwe, um deren Neugeborenes – brach sie in Tränen aus. Ihre Freundin sah sie wütend an. »Wo war er, als er getötet wurde?«, fragte sie. – »Auf den Barrikaden«, antwortete Berina. – »Ja, aber auf welcher Seite?«, wollte die Freundin wissen. Berina seufzte. »Bei den Serben«, sagte sie. – »Hast du den Verstand verloren?«, rief ihre Freundin. »Er hatte eine Waffe dabei, mit der er deinen Mann hätte töten können!«

Da verstand Berina. »Entweder sie oder wir«, sagte sie. Und hörte auf zu weinen.

Superfaktionen stellen selbst für stabile Demokratien eine zunehmende Bedrohung dar. Seit mehr als fünf Jahrzehnten gilt Indien als die bevölkerungsreichste Demokratie der Welt, trotz weit verbreiteter Armut, Analphabetismus, immenser ethnischer Vielfalt und Wirtschaftsproblemen. Die überwiegende Mehrheit der indischen Bevölkerung – rund 80 Prozent – ist hinduistisch. Muslime machen etwa 14 Prozent aus, Christen, Sikhs, Jainas, Buddhisten und nichtreligiöse Menschen bilden zusammen die restlichen 6 Prozent. Ein streng säkularer Staat, dessen Verfassung Religionsfreiheit garantiert, trug viel dazu bei, dass die sehr vielfältige Bevölkerung in relativem Frieden leben konnte. Dies begann sich jedoch 2014 zu ändern, als eine rechtsgerichtete hindu-nationalistische Partei, die Bharatiya Janata Party (BJP), an die Macht kam. Aus Frustration über die Wirtschaft und die Korruption der regierenden Kongresspartei hatten die Inder mit überwältigender Mehrheit für einen Wandel gestimmt.

Bei den Wahlen von 2014 erhielt die BJP 31 Prozent der Stimmen, was aufgrund des Wahlsystems für eine Mehrheit der Parlamentssitze reichte. Daraufhin wurde der Führer der BJP, Narendra Modi, zum Premierminister ernannt. Modi, der sich als Jugendlicher bei der RSS engagiert hatte – einer Kadertruppe, die auch einen paramilitärischen Zweig unterhält und sich der Idee verschrieben hat, alle Inder sollten Hindus sein –, machte sich sofort daran, eine identitätsbasierte politische Agenda umzusetzen. Er verschrieb sich der Hardliner-Vision seiner Partei von einer reinen Hindu-Nation und vergab Schlüsselpositionen in der Regierung an Extremisten.[41] Zu ihnen zählt etwa Yogi Adityanath, Regierungschef des größten indischen Bundesstaats Uttar Pradesh, der die Muslime als »eine Herde von zweibeinigen Tieren« bezeichnet hat. Weiteren Hindu-Extremisten übertrug Modi die Leitung von Kultur- und Bildungseinrichtungen, was ihnen ermöglichte, Ortsnamen zu ändern und die Lehrpläne dergestalt zu kontrollieren, dass der Anteil der Muslime an der Kulturgeschichte Indiens vollständig ausgeblendet wurde.[42] 2019 hob

Modi den Sonderstatus für Jammu und Kaschmir auf, Indiens einzige mehrheitlich muslimische Region.[43] Außerdem verfügte er, dass Muslime von der Verleihung der indischen Staatsbürgerschaft auszuschließen seien.

Indien fügt sich damit in ein Muster ein, das sich auf der ganzen Welt ausbreitet. Zu den bedenklichen Tendenzen des 21. Jahrhunderts gehört nicht nur, dass die Demokratie an sich schwindet, sondern auch, dass sie in einigen der größten Demokratien der Welt im Niedergang begriffen ist. Während sich die Politik in diesen Ländern früher in erster Linie um unterschiedliche staatspolitische Vorstellungen drehte – in welcher Höhe und wofür Steuern erhoben werden, soziales Sicherheitsnetz, Gesundheitswesen, Bildung –, setzen Politiker und ihre Parteien zunehmend auf das Thema der Identität: religiöse Ansichten, ethnischer Hintergrund, städtische und ländliche Werte. Ethnonationalistische Führer sind angetreten, um die Bürger von säkularen sozialen Idealen abzubringen und sie hin zur Identitätspolitik zu lenken. Sie tun dies zum Teil, um die menschliche Neigung auszunutzen, sich in Zeiten raschen Wandels und der Unsicherheit zusammenzuschließen und das Eigene zu schützen. In dem Maße, wie Faktoren wie Anokratie und Faktionalisierung nicht mehr nur in ehemaligen Autokratien, sondern nun auch in schwächelnden Demokratien zunehmen, steigt auch die Zahl der Länder, in denen ein Bürgerkrieg ausbrechen könnte.

Nirgends zeigt sich dieser Wandel in Demokratien deutlicher als im Aufstieg skrupelloser politischer Parteien. Modi regiert auf Kosten des gesamten Landes einseitig zugunsten hinduistischer Interessen, und er festigt seine politische Macht durch Angriffe auf drei Kernbestandteile der indischen Demokratie: freie und faire Wahlen, Meinungs- und Vereinigungsfreiheit. Er setzt seine staatlichen Machtmittel ein, um gegen Oppositionsführer ermitteln und sie unter dem konstruierten Vorwurf der Bestechung und Korruption verhaften zu lassen. Seine Regierung erklärte, sie werde Journalisten, die »Fake News« verbreiten – womit regierungskritische Berichte gemeint sind –, auf eine Schwarze Liste setzen, und verbot per Gesetz größere Versammlungen. Gemeinsame Proteste von Muslimen mit progressiven Hindus gegen Modis Staatsbürgerschaftsgesetz ließ er von den Sicherheitskräften brutal unterdrücken.

Trotz alledem stieg die Popularität Modis und seiner BJP-Partei, sodass sie 2019 die Parlamentswahlen mit einer noch größeren Mehrheit als 2014 gewinnen konnte. Das liegt daran, dass Modi es versteht, wachsende Superfaktionen in seinem Land zu fördern und auszunutzen, indem er äußere Bedrohungen dramatisiert und den Nationalismus schürt, um eine Alarmstimmung zu erzeugen. In Neu-Delhi spalten sich inzwischen ganze Stadtviertel, in denen einst Toleranz herrschte, entlang der religiösen Zugehörigkeit. Hindu-Schlägerbanden verprügeln Muslime auf der Straße mit Stöcken. Obwohl Modi seine Versprechen, die Wirtschaftslage zu verbessern, nicht einhalten konnte – die Arbeitslosigkeit ist so hoch wie zuletzt vor 45 Jahren –, erhält er weiterhin viel Unterstützung, hauptsächlich von Hindus der oberen Kasten und von Bürgern in den Teilen Indiens, in denen es zu Spannungen zwischen Hindus und Muslimen gekommen ist.[44] Die Gewalt, die Modi zu fördern scheint, dient seiner Partei, denn sie radikalisiert eigentlich gemäßigtere Wähler und überzeugt sie davon, dass seine Behauptungen über Muslime der Wahrheit entsprechen. Außerdem lenkt die Gewalt die Aufmerksamkeit von der Wirtschaft ab.

Dieses Muster wiederholt sich in Demokratien auf der ganzen Welt.[45] In Brasilien gewann der ehemalige Militär Jair Bolsonaro 2018 die Präsidentschaft, indem er aus der Kluft zwischen Stadt und Land Kapital schlug, die durch ethnische Zugehörigkeit und soziale Stellung noch verschärft wird. Bolsonaro führte seinen Wahlkampf vor dem Hintergrund von Unruhen – der populäre ehemalige Präsident Luiz Inácio Lula da Silva wurde wegen Korruption verurteilt, die Wirtschaft steckte in der Krise, und die Zahl der Bandenmorde stieg –, so konnte er die Ängste der Brasilianer schüren. Laut jüngster Volkszählung ist Brasiliens Bevölkerung nicht mehr mehrheitlich weiß; heute sind 52 Prozent der Brasilianer afrikanischer, asiatischer, indigener oder ethnisch gemischter Abstammung. Diese ethnische Bruchlinie nutzte Bolsonaro, indem er das Schreckgespenst der Gesetzlosigkeit heraufbeschwor. Seine Gehässigkeit gegenüber den Nichtweißen durchdringt alle seine Vorhaben. Zur Eindämmung der Kriminalität schickte er Soldaten bevorzugt in überwiegend schwarze und ethnisch gemischte Slums, er deckte Polizisten, die im Dienst gemordet hatten, förderte Erschließungsprojekte in Gebieten, die von indigenen Gemeinschaften bewohnt werden, und verurteilte die an Universitäten geltenden Quotenregelungen für Brasilianer dunkelhäutiger und indigener Herkunft. Afrikanische Flüchtlinge, die nach Brasilien kamen, bezeichnete er als »Abschaum der Menschheit«. Seine Strategie hatte Erfolg. Bolsonaro sicherte sich schließlich die Präsidentschaft dank der Stimmen weißer Männer und wohlhabender Brasilianer.

Für den Durchschnittsbürger mag sich ethnische und rassistische Propaganda zuweilen wie das Geschwätz geistig verwirrter Radikaler anfühlen, die einfach nur Dampf ablassen. Viele tun die Hetzreden – ob in Talkrunden, parteiischen Fernsehsendern oder Tweetstorms – als bloßes Gerede oder als Unterhaltung ab. Als Radovan Karadžić im bosnischen Fernsehen warnte, dass »eine im Land verwurzelte Nation verschwinden wird«, verdrehten viele Einwohner von Sarajevo die Augen. »Wir nannten ihn den verrückten Psychiater und einen Clown«, erinnerte sich Berina.[46] Aber die Bruchlinien, die diese »ethnischen Entrepreneure« zu vertiefen versuchen, können sich überraschend schnell als unüberwindbar erweisen, wenn solche Politiker dann doch zur Überraschung aller die Wahl gewinnen.

Daris denkt oft an die Propaganda jener Tage zurück und an die Alarmstimmung, die Milošević unter den Serben auslöste. »Ich verstand damals nicht, dass dies eine große, große Gefahr war«, sagte er.

»Wir waren alle nur gute Bürger und folgten dem, was wir glaubten. Erst als sich alle spalteten und sich nur mehr der eigenen Gruppe zuwandten, wurde mir klar, dass dies nicht innerhalb von Tagen oder Monaten geschehen war. Es hatte sich über Jahre entwickelt.«[47] Tatsächlich organisieren sich die Bürger nicht über Nacht in engen, eigennützigen Faktionen. Oft sind sie sich der Faktionalisierung überhaupt nicht bewusst oder erkennen nicht ihre Gefahr. Stattdessen glauben sie, dadurch ihr Überleben zu sichern, ihre Familien und Gemeinschaften vor aufkommenden Bedrohungen zu verteidigen und das zu verfolgen, was ihnen ihrer Meinung nach zusteht – was gut für sie und ihr Land ist.

Als der Krieg ausbrach, waren Daris und Berina zutiefst schockiert, aber sie dachten, der Konflikt wäre bald zu Ende. Nachdem Strom und Wasser in Sarajevo zwei Wochen lang ausgefallen waren, verließ Berina mit den beiden Babys die Stadt, um in Mazedonien bei ihrem Bruder zu bleiben. Sie packte nur wenige Sachen ein, weil sie glaubte, bald wieder zu Hause zu sein. Aber sie und Daris sollten sich drei Jahre lang nicht sehen, und Berina kehrte nie wieder nach Sarajevo zurück. Erst Ende Dezember 1994 wurde ihr Antrag auf Zuerkennung des Flüchtlingsstatus in den Vereinigten Staaten genehmigt. Zu diesem Zeitpunkt waren ihre Wohnungen in Sarajevo bereits an andere vergeben, und es gab kein Zurück mehr. Im Februar 1995 trafen sie in den Vereinigten Staaten ein, fünf Monate vor dem Völkermord an 8000 muslimischen Männern und Jungen in Srebrenica und Umgebung.[48]

»Ich konnte es nicht glauben«, sagte Daris. »Der Krieg ist für mich selbst jetzt noch unvorstellbar.«[49] Außenstehende Beobachter hatten die Warnzeichen für den Zusammenbruch Jugoslawiens jedoch schon einige Jahre zuvor erkannt. Im Oktober 1990 gab die CIA einen Bericht heraus, in dem sie voraussagte, Jugoslawien werde innerhalb von zwei Jahren auseinanderfallen und ein Bürgerkrieg sei durchaus möglich.[50] Ein Grund dafür, so die CIA, sei die Tatsache, dass sich die

Bürger des Landes immer mehr in verschiedene ethnische Gruppen spalteten. Ihre Vorhersage erwies sich als richtig. Eineinhalb Jahre später brach ein großer Krieg aus.

Und mit noch etwas behielt die CIA recht: dass die Serben die Anstifter sein würden. Der Bericht machte deutlich, dass Milošević und serbische Extremisten die Drahtzieher der Gewalt sein und den Nationalismus nutzen würden, um die Serben für ihre Sache zu mobilisieren. Durchschnittsbürger mögen einen Bürgerkrieg nicht vorhersehen, oder sie ahnen nicht, wer ihn auslösen wird. Oftmals schauen sie sogar in die falsche Richtung, wenn »ethnische Entrepreneure« versuchen, die Schuld auf eine andere Gruppe zu schieben, um von sich selbst abzulenken. Aber Experten, die sich mit Bürgerkriegen beschäftigen, wissen, wo sie nach der Schuld suchen müssen – und die trifft oft nicht die Gruppe, die die meisten Menschen verdächtigen würden.

3

DIE DÜSTEREN FOLGEN DES STATUSVERLUSTS

Datu Udtog Matalam war auf Mindanao, einer von Muslimen und Katholiken bewohnten Insel im Süden der Philippinen, allseits beliebt. Den Muslimen galt der Veteran, der im Zweiten Weltkrieg gegen die Japaner gekämpft hatte, als Held, als weiser Religionsführer und kluger Streitschlichter.[1] Auch bei den Katholiken, die sich, aus dem Norden kommend, in der Region niedergelassen hatten, stand er wegen seines Engagements für das friedliche Zusammenleben der beiden Glaubensgemeinschaften in hohem Ansehen. Niemand hätte erwartet, dass er einmal zu jenen gehören würde, die einen der längsten Bürgerkriege der Welt auslösten.

Matalam kam um 1900 in einem kleinen Dorf zur Welt, ungefähr zwei Tagesreisen mit dem Kanu von Cotabato City, dem an der Küste gelegenen Verwaltungszentrum der autonomen Region im muslimischen Mindanao, entfernt.[2] Als Sohn des dortigen Sultans war Matalam ein »Datu«, ein muslimischer Fürst. Damals waren die Philippinen eine Kolonie der USA, und in einer Position wie der von Matalam war man zu dieser Zeit zugleich traditioneller Führer der Einheimischen wie auch Vertreter der Nationalregierung in Manila. Im Jahr 1914 stieg er zum stellvertretenden Verwaltungsleiter auf, zuständig für Überwachung der muslimischen Aktivitäten in der

Landwirtschaft, und dann zum Schulinspektor. In dieser Funktion sorgte er dafür, dass die muslimischen Kinder die Kolonialschulen besuchten. Matalam gehörte zur ersten Generation von Datus, die den Kolonialismus akzeptierten. Er setzte eher auf Zusammenarbeit mit der Kolonialverwaltung als auf Widerstand.

Nach seinem Militärdienst im Zweiten Weltkrieg wurde Matalam zum Gouverneur von Cotabato ernannt, der drittgrößten Provinz auf Mindanao. Dort erwies er sich als durchsetzungsstarker und effizienter Verwalter und sorgte für solide Finanzen. Doch die Welt, in der er lebte, war im Wandel begriffen. In der Vergangenheit hatten Außenstehende nur wenig Kontakt zu den Moros unterhalten, wie die einheimischen Muslime genannt werden. Ihre Bevölkerungszahl war zwar klein, aber sie galten als kriegerische, gut bewaffnete Kämpfer. Außerdem beugten sie sich keiner Herrschaft. Als die Philippinen 1946 unabhängig wurden, wanderten zunehmend Katholiken aus dem bevölkerungsreicheren Norden nach Mindanao ein, gefördert durch die Zentralregierung, die das fruchtbare Land von Mindanao zum wirtschaftlichen Nutzen der gesamten Nation erschließen wollte.[3] Die Regierung sprach den katholischen Siedlern die landwirtschaftlich besten Flächen zu und förderte sie mit Krediten und Beihilfen, die den Einheimischen nicht gewährt wurden. Viele Muslime wurden von ihrem seit Generationen bewirtschafteten Land vertrieben.[4] Angelockt durch die großen Vorteile wanderten so viele Katholiken ein, dass sie bis 1960 in den meisten Teilen der Region die Muslime zahlenmäßig übertrafen. Matalam spielte bei alldem mit und wurde dafür von Manila mit politischen und finanziellen Vorteilen belohnt. Inzwischen war eine neue Generation von Datus herangewachsen. Im Unterschied zu Matalam und seinesgleichen waren diese aufstrebenden Führer Kinder der postkolonialen Ära. Sie hatten in der Regel in Manila die Hochschule besucht und waren nun als Rechtsanwälte oder Pädagogen tätig. Außerdem hatten sie eher katholische als muslimische Ehefrauen.

Ihre Verbindung zu Mindanao und seiner Kultur war weniger stark ausgeprägt.

Im Jahr 1965 kandidierte Ferdinand Marcos für das Präsidentenamt. Nachdem der Katholik mit großem Vorsprung gewonnen hatte, tauschte er Amtsinhaber der Opposition gegen loyale Gefolgsleute aus. Matalam, eben noch hochverehrter Provinzführer, ein Mann mit Macht und Einfluss, der die muslimische Bevölkerung und ihre Kultur sehr gut kannte, verlor von heute auf morgen jegliche Geltung.

Sein gesunkenes politisches Ansehen wurde Matalam schmerzlich bewusst, als im Sommer 1967 sein erstgeborener Sohn von einem Justizbeamten außer Dienst erschossen wurde.[5] Zu dem schweren Verlust kam die Demütigung hinzu, dass seine Kollegen ihm kein Beileid bekundeten. In einer Gesellschaft, in der die Familienbindungen und die Stellung in der Gemeinschaft alles bedeuten, konnte Matalam dies nur als tiefe Kränkung empfinden. Einige Monate später, am 1. Mai 1968, gründete der verbitterte Matalam das Muslim Independence Movement (Muslimische Unabhängigkeitsbewegung, MIM). In einem Manifest rief er zur Abspaltung der muslimischen Gebiete im Süden der Philippinen und zur Gründung der »Republik Mindanao und Sulu« auf.

Die Moros forderten schon seit langem ihre Unabhängigkeit. Im Jahr 1935, Jahrzehnte, nachdem die Vereinigten Staaten die Philippinen für sich beansprucht hatten, sandten mehr als hundert führende Datus und lokale Muslimführer eine schriftliche Erklärung nach Washington, in der sie auf Eigenständigkeit insistierten. Sie fürchteten um die freie Ausübung ihrer Religion und Kultur innerhalb der zahlenmäßig weitaus größeren katholischen Bevölkerung und wollten ihr Leben selbst gestalten. »Ohne unseren Glauben«, schrieben sie, »gibt es auch unser Leben nicht mehr.«[6] Matalams Manifest löste vielerlei Ängste aus.[7] Überall auf den Philippinen titelte die Presse »Krieg droht in Cotabato«, und Marcos entsandte Soldaten. Einige katholische Familien verkauften in Erwartung eines muslimischen Aufstands ihren Besitz und verließen Mindanao.

Matalam zog sich schon bald aus der muslimischen Unabhängigkeitsbewegung auf seine Farm zurück. Die Gründung des MIM hatte jedoch den unerwarteten Effekt, sowohl die Muslime als auch die Katholiken zu radikalisieren, und setzte eine gefährliche Dynamik in Gang, die das Land auf Bürgerkriegskurs brachte.[8] Anfang 1969 bildete das MIM muslimische Guerillakämpfer aus, die wahrscheinlich von der malaysischen Regierung finanziert wurden, und im März 1970 kam es zu Gewaltausbrüchen zwischen den verfeindeten Gruppen. Katholische Banden attackierten muslimische Bauern und brannten ihre Häuser nieder, was die Muslime zu Vergeltungsmaßnahmen veranlasste. Die Eskalationsspirale nahm an Fahrt auf: Die Muslime beschuldigten die Regierung, die Gewaltbereitschaft der Christen zu schüren, und bildeten ihre eigenen bewaffneten Banden. Es handelte sich um das klassische »Sicherheitsdilemma«, dass sich Menschen aus Angst vor Gewalt zur Selbstverteidigung bewaffnen, aber gerade dadurch ihren Gegner davon überzeugen, dass sie den Krieg suchen.[9]

Dass Marcos im September 1972 das Kriegsrecht verhängte, heizte den Konflikt erst richtig an.[10] Der Präsident begründete die Maßnahme damit, weitere Gewalt zwischen Katholiken und Muslimen unterbinden zu wollen, aber in Wirklichkeit nutzte er die Unruhen im Süden, um seine eigene Macht zu festigen. Marcos forderte alle Philippiner auf, innerhalb eines Monats sämtliche Waffen abzuliefern, einschließlich Schwertern und Messern, die für muslimische Männer von großer kultureller Bedeutung waren. Wer versuche, sich zu widersetzen, werde »vernichtet«, hieß es.

Einige Tage vor Ablauf der Abgabefrist für die Waffen griffen Hunderte bewaffneter Muslime Marawi City nördlich von Cotabato an.[11] Zwischen fünfhundert und eintausend muslimische Rebellen attackierten gleichzeitig die Mindanao State University, die Hauptquartiere der philippinischen Nationalpolizei in den Provinzen und die strategisch wichtige Pantar-Brücke, die beide Lanao-Provinzen verbindet. Es war das erste Mal, dass die neu gegründete Moro National Liberation Front (MNLF) zuschlug, eine militante Abspaltung des MIM. Den Rebellen gelang es zwar nicht, einen Volksaufstand zu entfesseln, aber sie konnten in den südlichen Teil der Insel fliehen, wo sie sich neu formierten und den Krieg mit Guerillataktiken fortsetzten. Ziel der Angriffe waren zunächst Regierungstruppen, später auch Zivilisten sowie römisch-katholische Bischöfe und Ausländer, die zur Erpressung von Lösegeld entführt wurden.

Im Laufe der Jahre gingen aus dieser Formation zahlreiche Splittergruppen hervor, die oft gemeinsame Sache mit einer noch militanteren radikal-islamistischen Gruppe machten, der Moro Islamic Liberation Front (MILF). Fast alle Präsidenten nach Marcos versuchten, diesen Bürgerkrieg, einen der am längsten andauernden der Welt, zu beenden, indem sie der Region ein gewisses Maß an Autonomie anboten. In den meisten Fällen hielt die Regierung ihre Versprechen allerdings nicht ein, und die verschiedenen Moro-Gruppen führten den Kampf fort. Längst hat diese Auseinandersetzung mehr als 100 000 Menschen das Leben gekostet.[12]

Wie lässt sich die Revolte der Muslime auf Mindanao erklären? Ein Grund ist sicher, dass die Philippinen sich mehr und mehr in eine Anokratie verwandelten. Als Marcos 1965 das Präsidentenamt übernahm, erbte er ein fast schon demokratisches politisches System mit einem Polity-Wert von +5. Innerhalb von vier Jahren ließ er das Land so tief in die Anokratiezone rutschen (+2), dass es am Rande eines Bürgerkriegs stand. Er schränkte die Rechte der Bürger und der Minderheiten ein, weitete die Machtbefugnisse der Regierung aus, schwächte die Rechtsstaatlichkeit und die Unabhängigkeit der Justiz und hob zahlreiche Einschränkungen der Präsidialmacht auf. Zudem waren die Philippinen inzwischen tief gespalten. Seit dem

Ende des Zweiten Weltkriegs war die Politik des Landes von den lokalen Clans bestimmt gewesen (den Katholiken im Norden und den Muslimen im Süden), die miteinander um die Gunst in Manila wetteiferten.

Trotzdem gibt es auch in faktionalisierten Anokratien viele unzufriedene ethnische Gruppen, von denen die meisten nicht rebellieren. In Äthiopien zum Beispiel leben mehr als achtzig verschiedene ethnische Gruppen, die mindestens fünf großen Religionen angehören. Aber die wenigsten haben sich organisiert gegen die Regierung erhoben. Und Indonesien ist eines der ethnisch vielfältigsten Länder der Welt mit über 360 Stammes- und Sprachgruppen, von denen nur vier – die Ambonesen, die Osttimoresen, die Achinesen und die Papua – jemals zu den Waffen griffen. Wie kann man es sich also erklären, dass einige Gruppierungen sich zum bewaffneten Kampf entschließen?

In den letzten drei Jahrzehnten hat die Wissenschaft mit Hilfe großer Datensätze über fast ein Jahrhundert Bürgerkriege diese Frage zu klären versucht.[13] Zu den ersten hierbei gewonnenen Erkenntnissen gehört nicht überraschend, dass sich Gruppen, die zur Gewalt greifen, im Allgemeinen vom politischen Prozess ausgeschlossen fühlen. Sie haben nur ein begrenztes Wahlrecht und fast keinen Zugang zu Regierungsämtern; sie werden tendenziell von der Teilhabe an der politischen Macht ausgeschlossen. Doch der aussagekräftigste Faktor für die Vorhersagbarkeit von Gewalt, so fanden die Forscher heraus, war die *Entwicklung* des politischen Status einer Gruppe.[14] Die Wahrscheinlichkeit, dass Menschen zu den Waffen greifen, ist besonders hoch, wenn sie einst die Macht innehatten und diese nun schwinden sehen. Politikwissenschaftler bezeichnen dieses Phänomen als »Downgrading«, als »Zurücksetzung«. Sie kann in vielerlei Gestalt auftreten und bietet in bürgerkriegsgefährdeten Ländern stets einen zuverlässigen Anhaltspunkt für die Prognose, von wem die Gewalt ausgehen wird.

Die Moros auf Mindanao waren im Laufe der Kolonialherrschaft und nach der Eingliederung in die Philippinen schrittweise entmachtet worden. Einst hatten sie ihre Heimatregion beherrscht; ihre Datus, Sultane und Rajahs hatten die Gesetze erlassen und durchgesetzt, sie hatten bestimmt, wie das Land verteilt und welche kulturellen Praktiken gepflegt werden sollten. Erst als die philippinische Regierung begann, die Einwanderung der zahlenmäßig viel größeren katholischen Bevölkerung nach Mindanao zu fördern und damit die alteingesessenen Muslime zu verdrängen, kam es zu Gewaltausbrüchen. Matalam und viele seiner muslimischen Mitbürger erfuhren folglich eine Zurücksetzung. Tag für Tag erlebten sie, wie ihr früherer Status beschnitten wurde, ob es nun um Landbesitz, Arbeitsmöglichkeiten oder Teilhabe an der politischen Macht ging. Sie verloren ihre Lebensgrundlage und ihre Kultur an Menschen, die sie als Eindringlinge auf ihrem eigenen Land betrachteten.

Viele gesellschaftliche Konflikte der Neuzeit entwickeln sich nach diesem Muster. Eine Studie des Politikwissenschaftlers Roger Petersen am MIT über osteuropäische Länder im 20. Jahrhundert kam zu dem Schluss, dass in dieser Region Konflikte durch den Verlust an politischem und kulturellem Status angeheizt werden. Dies bestätigt auch der Politologe Donald Horowitz von der Duke University, der Hunderte von ethnischen Gruppen in zersplitterten Gesellschaften untersuchte. Die ethnischen Gruppen, die Kriege beginnen, sind überzeugt, dass das Land »ihnen gehört oder gehören sollte«. Zurücksetzung erklärt auch, warum der Bürgerkrieg in Jugoslawien von den Serben und nicht von den Kroaten oder Bosniaken begonnen wurde. Ähnlich den Moros auf Mindanao sahen sich die Serben als die rechtmäßigen Erben ihres Landes, das sie einst selbst regiert hatten. Bei der Gründung Jugoslawiens hatten sie als größte ethnische Gruppe die meisten hochrangigen Positionen im jugoslawischen Militär und in der Bürokratie besetzt. Die Serben griffen erst in Kroatien, dann in Bosnien zu den Waffen, weil sie wussten, dass ihnen bei einer Abspaltung dieser Regionen ein erheblicher Machtverlust drohte. Die Sunniten begannen den Krieg im Irak, weil auch sie nach der amerikanischen Invasion ihre Macht verloren hatten. Die Moros, die Serben, die Sunniten – sie alle erlebten Zurücksetzung, und sie alle entschieden sich für die Gewalt.

Zurücksetzung ist eine ebenso psychologische wie politische und demographische Realität. Gruppen, die sich zurückgesetzt fühlen, können reich oder arm, christlich oder muslimisch, weiß oder schwarz sein. Entscheidend ist, dass ihre Mitglieder einen Statusverlust erleben, dass sie einen Anspruch zu haben glauben und verbittert sind. Immer wieder sind es Verbitterung und Empörung, die eine Gruppe in den Krieg treiben. Die Stanford-Wissenschaftler Fearon und Laitin stellten fest, dass die Absicht der Singhalesen in Sri Lanka, Singhalesisch zur offiziellen Landessprache zu erheben, »sofort heftigen Widerstand bei den Tamilen auslöste, die sich in ihrer Sprache, Kultur und wirtschaftlichen Stellung angegriffen fühlten«.[15] Fast immer ist ein Gefühl der Ungerechtigkeit im Spiel, die Überzeugung, dass die Machthaber unverdient und ohne Recht Positionen besetzen. Eine Zurücksetzung ist mehr als eine politische Niederlage, sie bringt eine Statusumkehr mit sich. Dominante Gruppen, die eben noch über die Landessprache, die Gesetze und die vorherrschende Kultur bestimmten, haben auf einmal nichts mehr zu sagen.

Menschen ist nichts so sehr zuwider wie der Verlust. Sie hassen es, Geld, ihren Arbeitsplatz, Respekt, Partner und nicht zuletzt auch ihren Status zu verlieren. Die Psychologen Daniel Kahneman und Amos Tversky wiesen dies in einer Reihe von Experimenten nach, in denen sie Versuchspersonen fragten, ob sie an einem Glücksspiel teilnehmen würden, bei dem sie mit einer Chance von 50 Prozent entweder 100 Dollar gewinnen oder verlieren konnten.[16] Die meisten Versuchsteilnehmer wollten sich nicht darauf einlassen. Der Grund dafür ist die dem Menschen eigene Verlustscheu. Er versucht eher, Verlorenes wiederzugewinnen, als Neues zu gewinnen. Menschen können klaglos jahrelange Armut, Arbeitslosigkeit und Diskriminierung ertragen. Sie halten miserable Schulen, schlechte Krankenhäuser und eine marode Infrastruktur aus. Aber eines wollen sie nicht tolerieren: den Verlust ihres Status an einem Ort, auf den sie ein Recht zu haben glauben. Im 21. Jahrhundert sind die gefährlichsten Faktionen einstmals dominante Gruppen, die mit ihrem Niedergang konfrontiert sind.

Die Volksgruppe der Abchasen in Georgien kann die Geschichte ihrer Region bis ins 6. Jahrhundert v. Chr. zurückverfolgen. Sie betrachten sich als die Ureinwohner des Kaukasus und haben keine Heimat außerhalb Georgiens. Das südlich von Sotschi gelegene Fleckchen Erde, auf dem sie leben, ist mit seinen Bergen, die sich aus dem smaragdgrünen Wasser des Schwarzen Meers erheben, von beeindruckender Schönheit. Die Abchasen haben Zeiten der Autonomie, aber auch immer wieder der Fremdherrschaft erfahren. Mal kamen sie unter das Joch des Römischen Reichs, dann unter das von Byzanz, mal herrschten dort die benachbarten Georgier, die Osmanen und schließlich die Sowjetunion. Unter all diesen Herren haben sich die Abchasen ihre eigene Kultur bewahrt. Sie beruht zum Teil auf einem ungeschriebenen Kodex ethnischer Überlieferungen namens *Apsuara* (»abchasisch sein«), der von Generation zu Generation weitergereicht wird.

Das 20. Jahrhundert versetzte ihrer Kultur beinahe den Todesstoß. Der erste Schlag kam, als Stalin versuchte, die ethnische abchasische Herrschaft auszulöschen, indem er die abchasische Elite hinrichten ließ, der Sprache der Einheimischen Elemente der georgischen Schrift aufzwang und Zehntausende von ethnischen Georgiern nach Abchasien umsiedelte. Ende der achtziger Jahre entstand mit dem Zerfall der Sowjetunion und dem Streben der Georgier nach Unabhängigkeit eine neue Bedrohung für die Abchasen. Wie die Moros auf den Philippinen fürchteten sie, dass die Georgier ihnen den

Status einer geschützten Minderheit entziehen würden, den sie nach Stalins Tod erhalten hatten.

Als sich diese Befürchtung bewahrheitete, griffen sie zu den Waffen. Im Juli 1992, etwas mehr als ein Jahr nach der Unabhängigkeit Georgiens, rebellierte das abchasische Volk gegen die Eingriffe in seine Kultur und Sprache, indem es seine Unabhängigkeit erklärte. Abchasische Kämpfer versuchten mit russischer Militärunterstützung, die Georgier aus der Region zu vertreiben. Tausende Georgier und Abchasen wurden getötet, viele verwundet und zur Flucht gezwungen.[17] Am Ende des Konflikts war der Anteil der Abchasen in der Region, der zuvor bei 19 Prozent gelegen hatte, wieder auf 50 Prozent angewachsen. Sie hatten die Kontrolle über ihr Gebiet zurückerlangt.

Gruppen wie die Abchasen sind das, was Experten als »Söhne der Scholle« bezeichnen, Menschen, die tief in ihrer Heimat verwurzelt sind, was man von vielen der ethnischen Gruppierungen, die in den Krieg ziehen, sagen könnte.[18] Sie sind Ureinwohner einer Region oder spielen eine zentrale Rolle in deren Geschichte, halten sich für deren legitime Erben und sind überzeugt, dass ihnen dort besondere Rechte und Privilegien zustehen. Diese Gruppen sind dominant, weil sie die Mehrheit stellen oder weil sie das Gebiet als Erste besiedelt oder erobert haben. Sie betrachten sich als die »Einheimischen«, alle anderen, die sich vielleicht ebenfalls dort niedergelassen haben oder die eine andere Sprache sprechen, werden zu »Außenseitern« erklärt. Laut einer Studie über Bürgerkriege seit 1800 rebellierten ethnische Gruppen, die tief in ihrer Heimat verwurzelt sind, zu 60 Prozent und damit etwa doppelt so oft wie jene, die nicht zu dieser Kategorie gehören.[19] Das Gefährliche an diesen Gruppen ist, dass sie es besser als andere verstehen, Widerstand zu organisieren, und besonders empfindlich auf Kränkungen reagieren. Beides sind wichtige Indikatoren, wenn es um die Frage geht, wer einen Bürgerkrieg auslöst.

Solange sie die dominante Gruppe der Gesellschaft sind, können die »Söhne der Scholle« leicht aus den Augen verlieren, dass sie

Privilegien genießen, so selbstverständlich und natürlich kommen ihnen diese vor. Ihre Oberhäupter sind die Führer des Landes oder ihrer Region, die politische Entscheidungen für die gesamte Bevölkerung treffen. Ihre Sprache ist die »offizielle« und oft auch einzige Landessprache. Sie geben kulturell den Ton an, ihre Feiertage sind als die maßgeblichen anerkannt, ihre konfessionellen Schulen genießen Vorzugsbehandlung. Doch wenn eine neue Gruppe in großer Zahl hinzukommt, geraten die Verhältnisse in Bewegung. Die Fremden bringen ihre eigene Kultur und ihre eigene Sprache mit, und mit der Zeit können sie die einheimische Bevölkerung verdrängen. Die Papua zum Beispiel lebten seit unvordenklichen Zeiten in den dichten Wäldern Westneuguineas und waren politisch und wirtschaftlich völlig unabhängig. All dies änderte sich, als sie gezwungen wurden, sich Indonesien anzuschließen, und Menschen von Java, Sulawesi und Bali zuwanderten. Im Jahr 1965 gründeten indigene Papua die Organisation für ein freies Papua (OPM) mit dem Ziel der Unabhängigkeit. Sechs Jahre später rief die Gruppe die »Republik Westpapua« aus und entwarf eine eigene Verfassung.[20] Schließlich begann sie 1977 mit vereinzelten Guerillaaktionen, die sich zunächst gegen die größte Kupfermine in ausländischem Besitz der Region richtete, sich dann aber auf Angriffe gegen das indonesische Militär und die Polizei sowie auf Zuwanderer ausweitete. Seit Beginn des Krieges sind schätzungsweise 100 000 Papua ums Leben gekommen.

Wer von Geburt an die offizielle Landessprache spricht, ist ökonomisch erheblich im Vorteil gegenüber Bürgern, deren Sprache vom Staat nicht offiziell anerkannt wird.[21] Franco, von 1939 bis 1975 Diktator von Spanien, begriff das sehr gut. Zu den Maßnahmen, mit denen er seine Macht sicherte, gehörte, dass er das Spanische zur alleinigen Amtssprache erhob. Den Bürgern wurde verboten, in der Öffentlichkeit Baskisch, Katalanisch oder Galizisch zu sprechen. Man durfte Kindern keine regional geprägten Namen geben, und der Unterricht in nichtspanischen Regionalsprachen wurde in den

Schulen verboten, ebenso der Gebrauch der Sprache im Geschäftsverkehr. Bekanntlich sind Sprachen Ausdruck der Identität einer Nation, sie verdeutlichen, wessen Kultur in einem Land dominiert. Zu den größten Ängsten der ethnischen Russen in der Region Donbas gehörte, die neue nationalistische Regierung könne Ukrainisch unter Ausschluss des Russischen zur offiziellen Landessprache erklären. Es ist schwierig, eine gut bezahlte Arbeit zu finden, wenn man nicht die Landessprache beherrscht. Eine andere Möglichkeit, eine ethnische Gruppierung anderen gegenüber zu bevorzugen, besteht in der Kontrolle des Zugangs zur Bildung. Dasselbe gilt für die Posten im Staatsdienst, die in jedem Land zu den sichersten und lukrativsten gehören. Der Verlust solcher Privilegien kann Menschen tief kränken und sie zum Widerstand motivieren.

In Demokratien ist es schlichtweg die Bevölkerungsentwicklung – die Kombination von Migration und unterschiedlicher Geburtenrate –, die in der Regel eine Zurücksetzung der »Söhne der Scholle« bewirkt. Da in demokratischen Wahlen letztlich nur festgestellt wird, wer mehr Anhänger aufbietet, sind »Zahlen ein Anhaltspunkt dafür, wem ein Land gehört«, wie Donald Horowitz anmerkt.[22]

In Assam, einer für ihre Teeplantagen bekannten Bergregion im Nordosten Indiens, erlebten die einheimischen Assamesen (überwiegend Hindus) ab 1901 die Einwanderung ethnischer Bengalen (überwiegend Muslime) aus dem benachbarten Bangladesch, deren Zahl über das gesamte 20. Jahrhundert anstieg. Die ersten Einwanderer wurden von der britischen Kolonialregierung mit der Absicht dort angesiedelt, das spärlich bevölkerte und landwirtschaftlich großenteils unentwickelte Land besser zu nutzen.[23] Großbritannien förderte vor allem den Zuzug von zwei Einwanderertypen: gering qualifizierte bengalische Bauern, überwiegend Muslime, und gebildete bengalische Hindus, die der britischen Regierung in der Verwaltung zur Hand gehen sollten. Die Einwanderung setzte sich allerdings auch dann noch fort, als Indien 1947 die Unabhängigkeit erlangte, was bei den Assamesen zunehmend Unmut hervorrief.[24] Zwischen 1971 und 1981 nahm die Region nicht weniger als 1,2 Millionen Migranten auf – bezogen auf die Einwohnerzahl der höchste Zuzug von Einwanderern in ganz Indien.

Unter den einheimischen Assamesen wuchs die Unruhe. Sie sorgten sich vor allem um den Bestand ihrer Kultur. Je mehr Einwanderer aus Bangladesch hinzukamen, desto mehr setzte sich Bengali als Standardsprache im Alltag, in der Wirtschaft und der Regierung durch, und damit drängte auch die bengalische Kultur immer mehr in den Vordergrund. Die Assamesen wollten nicht zur Sprachminorität in ihrer eigenen Heimat werden. Die zweite Sorge war politischer Natur. Die Assamesen hatten seit dem Abzug der Briten die Kontrolle über die Regionalregierung inne, und ihnen war klar, dass sie nur an der Macht bleiben konnten, wenn sie weiterhin die Mehrheit der Bevölkerung stellten. Durch den Zustrom von Einwanderern drohten sie aber zur Minderheit zu werden. Die dritte Sorge betraf die Wirtschaft. Assam war weit weniger dicht bevölkert als das benachbarte Bangladesch, und ein großer Teil des Landes eignete sich für Neuansiedlungen. Die zuwandernden Bauern machten dieses Land rasch urbar und bestellten es, während sich die besser ausgebildeten bengalischen Hindus begehrte Arbeitsplätze in der Bürokratie sicherten. Bald genossen diese Einwanderer einen höheren Lebensstandard als die einheimischen Assamesen.

Die Assamesen begannen sich als ethnische Interessengruppe zu organisieren und versuchten, ihren als rechtmäßig empfundenen Platz gegen die Bengalen und Muslime zu behaupten.[25] Die politische Führung Assams machte 1960 Assamesisch zur Amtssprache des Bundesstaats, was es den Bengalen erschwerte, eine Anstellung im öffentlichen Dienst zu bekommen. Mit der Festlegung von Assamesisch als Unterrichtssprache in den staatlichen Schulen schufen sie eine weitere Hürde für die bengalische Bevölkerung. Außerdem wurden die Assamesen bei der Besetzung von Stellen in der staatlichen Verwaltung bevorzugt behandelt. Trotzdem kamen mehr und mehr Migranten. Und als der Wahlkommissar von Assam vor den Parlamentswahlen 1979 einen unerwartet starken Anstieg neuer Namen in den Wählerverzeichnissen meldete (die meisten von ihnen Bengalen), sahen die Assamesen ihre schlimmsten Befürchtungen bestätigt: Die Regierung im fernen Delhi schien die Veränderungen in Assam billigend in Kauf zu nehmen, indem sie die Bengalen ins Land ließ und ihnen die Teilnahme an den Wahlen ermöglichte.

Der Anteil der Bengalen an der Bevölkerung Assams stieg in der Folge immer weiter an. In den größeren Städten waren die Bengalen bereits seit langem den Assamesen zahlenmäßig überlegen, dort wurde auch vorwiegend Bengali gesprochen. Myron Weiner, ehemals Professor am MIT und Experte für Anti-Einwanderungsbewegungen, sagte dazu: »Für die Assamesen sind die Städte Assams Zentren eines fremden Lebens und einer fremden Kultur geworden.«[26] Doch der Wandel war nun auch in den ländlichen Gebieten nicht mehr zu übersehen; kein Ort blieb davon unberührt.

Der enorme Zuwachs an neuen Wählern war ein klares Zeichen für die sich wandelnde Zusammensetzung der Bevölkerung und zugleich Vorbote einer sich wandelnden politischen Landschaft.[27] Die Assamesen betrachteten es als eines der Hauptprobleme, dass Ausländer so einfach Staatsbürger werden und damit das Wahlrecht erwerben konnten. Zu jener Zeit gewährte Indien drei Kategorien von Personen die Staatsbürgerschaft: Menschen, die im Land geboren waren, solchen, die mindestens einen in Indien geborenen Elternteil hatten, und allen, die mindestens sieben Jahre im Land gelebt hatten. Das bedeutete, dass auch illegal aus Bangladesch nach Assam eingewanderte Personen nach noch nicht einmal einem Jahrzehnt indische Staatsbürger werden konnten. Und die wichtigste Partei Indiens, die Kongresspartei, unterstützte sowohl den legalen als auch den illegalen Zuzug, da sie wusste, dass Einwanderer, auch die

Bengalen, meist ihre Partei wählten, die bei den Assamesen deutlich weniger Anklang fand.

Für die Assamesen gab es keine einfache Lösung dieses Problems. Die Regierung hatte kaum Möglichkeiten herauszufinden, wie viele im Ausland geborene Bengalen sich in Indien aufhielten, selbst wenn sie es versucht hätte. Indien stellte kein einheitliches Ausweisdokument aus, das den Status der Staatsbürgerschaft belegte, und unter der ärmeren Bevölkerung besaßen viele nicht einmal eine Geburtsurkunde. Ob ein Bengale sich legal oder illegal in Indien aufhielt, war einfach nicht festzustellen.

Vor diesem Hintergrund entschlossen sich die Assamesen zur Gründung einer Widerstandsbewegung.

1979 riefen Studentenführer aus der Mittelschicht Assams die All Assam Students' Union (AASU) ins Leben, die mit einer Reihe neuer Forderungen auftrat: Ausländische Staatsangehörige, die zwischen 1951 und 1961 eingereist waren, sollten die Staatsbürgerschaft erhalten.[28] Die vielen Einwanderer, die zwischen 1961 und 1971 gekommen waren, sollten in andere Teile Indiens umgesiedelt werden, aber keine Staatsbürgerschaft bekommen. Und alle, die nach 1971 eingereist waren, sollten ausgewiesen werden. Das war nichts anderes als der Versuch einer ethnischen Säuberung mit dem Ziel, den Assamesen die politische und kulturelle Vorherrschaft zu sichern. (Während es angeblich um die Ausweisung »illegaler Einwanderer« generell ging, richteten sich diese Maßnahmen gegen alle Bengalen, gleichgültig ob sie sich nun legal oder illegal im Land aufhielten.) Die Regierung ging jedoch nicht auf diese Forderungen ein, worauf sich eine noch radikalere Gruppe, die Vereinigte Befreiungsfront von Assam (United Liberation Front of Asom, ULFA) bildete, die eine Miliz aufstellte und Bombenanschläge und Attentate auf Beamte und Geschäftsleute verübte.[29] Die ULFA verfolgte sogar die Abspaltung des Bundesstaats von Indien. Die regierende Kongresspartei sah jedoch keine Veranlassung, Bengalen, die in der Regel ihre Kandidaten wählten, zu deportieren oder auch nur ihre Einwanderung zu beschränken. Und erst recht hatte sie kein Interesse daran, Assam die Unabhängigkeit zu gewähren.

Die Führer der AASU, die zumeist aus der gebildeten städtischen Mittelschicht stammten, schürten Angst und Fremdenfeindlichkeit, um die ländlichen Assamesen davon zu überzeugen, dass bengalische Einwanderer ihnen wertvolles Land und Arbeitsplätze wegnahmen, die Ressourcen übermäßig belasteten und die Ackerböden auslaugten.[30] Sie bezeichneten die Einwanderung als »Invasion« und stellten ihre Bewegung als kulturellen, politischen und demographischen Überlebenskampf dar. Es kursierten Verschwörungstheorien, denen zufolge Bangladesch die Zuwanderung forcierte, um sich schließlich Assam einzuverleiben.

Zunächst nahmen die bengalischen Einwanderer, Hindus und Muslime gleichermaßen, die Ablehnung der Assamesen gelassen hin und blieben trotz zunehmender Gewaltakte ruhig. Doch 1980 begannen sie sich ihrerseits zu organisieren, um sich der Abschiebung zu widersetzen. Die im Mai 1980 gegründete All Assam Minority Students' Union (AAMSU) forderte, allen Einwanderern, die vor 1971 nach Assam gekommen waren, die Staatsbürgerschaft zu verleihen und weitere Schikanen gegen Minderheiten einzustellen.[31] Es kam zu blutigen Zusammenstößen zwischen Anhängern der AASU und der AAMSU sowie Terroranschlägen auf Beamte und gegen staatliche Einrichtungen.

Ein kritischer Moment im Vorfeld einer weiteren Zuspitzung der organisierten Gewalt waren die Wahlen 1983. Ließ sich die Regierung auf einen Kompromiss mit der Widerstandsbewegung ein und strich die Einwanderer, die nach 1971 ins Land gekommen waren, aus den Wählerverzeichnissen, wie es die Assamesen forderten? Als die Regierung erklärte, dass die Wählerlisten der vorhergehenden Wahlen Bestand haben sollten, eskalierte die Gewalt. Assamesische Führer riefen zum Wahlboykott auf, es folgten Ausschreitungen. Laut Sanjib

Baruah, einem Assam-Experten, kam in der Gewalt die Überzeugung der Menschen zum Ausdruck, dass es in dieser Wahl für Assam »um alles oder nichts« ging.[32]

Manash Firaq Bhattacharjee, ein junger Bengale, der damals in der Stadt Maligaon in Zentralassam die Schule besuchte, erinnert sich noch gut an diese Zeit. Am Straßenrand gab es Gedenktafeln für die assamesischen »Märtyrer«, auf denen in Assamesisch stand: »Wir geben unser Blut, nicht unser Land.« Abends veranstalteten die Assamesen Fackelmärsche. »Wir saßen im Dunkeln und hörten, wie sie an unserem Haus vorbeizogen und ›Ausländer raus‹ skandierten.«[33]

Die Gewalt erreichte am 18. Februar 1983 ihren Höhepunkt.[34] Um 8 Uhr morgens umzingelten Bauern aus der Gegend um die Stadt Nellie mehrere muslimische Dörfer, schlugen auf Trommeln und riefen: »Lang lebe Assam!« Mit Macheten, Speeren und alten Gewehren massakrierten sie etwa 4000 bengalische Einwanderer.[35] Die meisten der Getöteten waren Frauen und Kinder, die im Unterschied zu den Männern ihren Angreifern nicht entkommen konnten. Hunderttausende weitere Menschen flohen, viele landeten in Flüchtlingslagern.

Das Nellie-Massaker, wie es genannt wurde, war die Verzweiflungstat einer deklassierten Bevölkerung, die sich durch eine neue demographische Realität bedroht fühlte.

Wirtschaftsfaktoren haben Forscher, die sich mit Bürgerkriegen befassen, lange Zeit in die Irre geführt. Frühe statistische Analysen schienen eine Korrelation zwischen Pro-Kopf-Einkommen und Bürgerkriegen zu bestätigen: In armen Ländern treten sie viel häufiger auf als in reichen. Als die Wissenschaftler jedoch weitere Faktoren wie gute Regierungsführung, Bürgerbeteiligung an den Entscheidungsprozessen, echten Wettbewerb bei den Wahlen und Beschränkungen der Macht der Exekutive einbezogen, verloren die wirtschaftlichen Variablen an Bedeutung. Einkommensungleichheit, von vielen als Warnsignal für einen möglichen Krieg betrachtet, verminderte im

Gegenteil eher die Bürgerkriegsgefahr. James Fearon schrieb 2010 in einem Bericht für die Weltbank: »Eine positive Korrelation zwischen Einkommensungleichheit und Konflikten gibt es nicht, im Gegenteil scheint es eher so, dass Länder mit einer gleichmäßigeren Einkommensverteilung geringfügig konfliktanfälliger sind.«[36]

Das bedeutet nicht, dass wirtschaftliche Faktoren irrelevant seien oder Einkommensungleichheit keine Rolle spiele. Immerhin hat die Wirtschaftslage große Bedeutung für die Frage, welche ethnischen Gruppen das Gefühl haben, ins Hintertreffen zu geraten oder benachteiligt zu werden. Wirtschaftliche Ungleichheiten verstärken vorhandenen Unmut und Ressentiments. Außerdem erleichtern sie es den Wohlhabenden, die Unbemittelten zu unterdrücken. Die Menschen in der ostukrainischen Donbas-Region verloren 2014 den von ihnen unterstützten Präsidenten und gleichzeitig Arbeitsplätze in der Industrie.[37] Sie waren nicht nur politisch ausgegrenzt, auch ihre wirtschaftliche Zukunft war ungewiss.[38] Die Assamesen erlebten, dass bessere Arbeitsplätze an Neuankömmlinge vergeben wurden. Auch die Moros erhoben sich erst, als die Regierung den Muslimen Land wegnahm und es katholischen Siedlern und ausländischen Unternehmen für ihre Großplantagen übertrug. Die einheimischen Muslime besaßen keinerlei politische Macht, sich dagegen zu wehren. »Holzfäller kamen, um unsere schönen Hügel und Berge zu plündern«, beklagte sich ein Moro-Führer im Jahr 1992. »Ihnen folgten die Siedler. Gemeinsam trieben sie uns [...] tief in den Wald.«[39]

Wirtschaftliche Diskriminierung muss nicht gezielt erfolgen, um Unmut zu erzeugen. Der Modernisierungsprozess, der ländliche traditionelle Gesellschaften in städtische säkulare verwandelt, begünstigt Menschen, deren Ausbildung und Fähigkeiten in einer industrialisierten Welt gefragt sind. Durch die Globalisierung gingen viele Arbeitsplätze der produzierenden Industrie an weniger entwickelte Länder verloren, während dienstleistungsorientierte Arbeitnehmer (überproportional Frauen) profitierten. Die »Söhne der Scholle« sind von diesen Umwälzungen unverhältnismäßig stark betroffen: Sie leben häufig in ländlichen Gebieten, weitab von den wirtschaftlichen, kulturellen und politischen Zentren. Zudem sind sie in der Regel ärmer und weniger gebildet und stehen damit stärker unter Konkurrenzdruck. Ihr ursprünglicher Vorteil, als Erste in einem Land gewesen zu sein, schwindet nicht nur, er wird zu einem Handicap. Je mehr sich die Welt ohne sie weiterentwickelt, desto mehr fühlen sie sich vergessen und ignoriert.

In der Zeit vor dem jugoslawischen Bürgerkrieg waren die Serben in Bosnien ärmer als die dort lebenden Kroaten und Bosniaken; der größere Wohlstand ihrer Landsleute in den Städten war ihnen seit langem ein Dorn im Auge. Man blickte auf die Serben als Hinterwäldler herab, obwohl sie in Jugoslawien als Ganzem die politisch und militärisch stärkere Volksgruppe waren. Die Moros litten nicht nur unter dem Verlust ihres Landes, sondern auch unter der Tatsache, dass sie mit den besser ausgebildeten Zuwanderern nicht konkurrieren konnten.

Einwanderung liefert häufig Zündstoff für Konflikte. Migranten kommen in ein Land und konkurrieren mit der ärmeren ländlicheren Bevölkerung – den »Söhnen der Scholle« –, was zu Fremdenfeindlichkeit und Gewaltbereitschaft unter diesen Gruppen führt. Es ist daher äußerst beunruhigend, dass sich, großenteils durch den Klimawandel bedingt, eine in der Weltgeschichte beispiellose Welle der Migration entwickelt. Mit dem Anstieg des Meeresspiegels, zunehmenden Dürren und veränderten Wetterbedingungen werden immer mehr Menschen gezwungen sein, in gemäßigtere Zonen umzusiedeln. Laut Prognose der Weltbank werden bis 2050 über 140 Millionen »Klimaflüchtlinge« aus Südostasien, Subsahara-Afrika und Lateinamerika fliehen.[40] Experten warnen zudem, dass der Klimawandel wahrscheinlich zu einer Verknappung der Ressourcen führen wird, was weitere Konflikte befürchten lässt. Der Krieg in Syrien ist ein Vorbote dieser Entwicklungen.[41] Zwischen 2006 und

2010 erlebte das Land eine verheerende Dürre, die in Verbindung mit der diskriminierenden Agrar- und Wassernutzungspolitik der Regierung erhebliche Ernteausfälle zur Folge hatte. Daraufhin zogen etwa 1,5 Millionen Menschen, überwiegend Sunniten, auf der Suche nach einer neuen Perspektive vom Land in die Städte. In der Hauptstadt Damaskus, dem Zentrum der christlichen Alawiten, wurden diese Sunniten argwöhnisch als Feinde von Präsident Bashar al-Assad betrachtet. Bald schon fühlten sie sich aufgrund ihrer Religion diskriminiert, was zu Unmut führte. Als die Regierung dann Wasser- und Brunnenrechte offenbar nach konfessionellen Gesichtspunkten zu vergeben begann, wurden die Menschen zornig, und das Land taumelte in den Bürgerkrieg.

Der Klimawandel wird wahrscheinlich zu einer größeren Anzahl von Naturkatastrophen führen, die insbesondere die ärmeren Menschen und die Landbevölkerung treffen und schwere wirtschaftliche Krisen auslösen werden. Wie nie zuvor werden die Bürger unter diskriminierenden politischen und wirtschaftlichen Maßnahmen und unfähigen Regierungen zu leiden haben. Eine 2016 in den *Proceedings of the National Academy of Sciences* veröffentlichte Studie kam zu dem Schluss, dass klimabedingte Katastrophen bewaffnete Konflikte in ethnisch zersplitterten Ländern wahrscheinlicher machen.[42] Zwischen 1980 und 2010 fielen Konflikte in fast einem Viertel dieser Länder mit klimatisch bedingten Krisen zusammen, die die Gefährdungslage noch verstärkten. Stand ein Land bereits an der Schwelle zum Bürgerkrieg, verschärften Naturkatastrophen in der Regel die Situation. In einer Welt, in der Dürren, Waldbrände, Wirbelstürme und Hitzeperioden häufiger und intensiver auftreten und zu größeren Migrationsbewegungen führen, haben die zurückgesetzten Menschen mehr Gründe denn je, sich zu erheben.

4

WENN DIE HOFFNUNG STIRBT

Die Katholiken in Nordirland kannten das Gefühl, auf der Verliererseite zu stehen. Die lange Geschichte ihrer Niederlagen begann im 12. Jahrhundert mit dem Einfall der Anglo-Normannen in ihr Land, setzte sich während der jahrhundertelangen britischen Kolonisierung fort und erreichte ihren Höhepunkt im 17. Jahrhundert, als Englands König schottische Protestanten über den Nordkanal zur Ansiedlung in Irland schickte. 1652 wurde alles Land in irisch-katholischem Besitz konfisziert, und 1690 stellten die Ulster-Schotten – wie die schottischen Protestanten damals genannt wurden – die Mehrheit der Bevölkerung im Norden.

Den bittersten Verlust erlitten die im Norden lebenden Katholiken im Jahr 1922, als sie nicht wie der Rest Irlands in die Unabhängigkeit entlassen wurden. Großbritannien akzeptierte zwar die Gründung des unabhängigen Irischen Freistaats, behielt aber sechs der neun Grafschaften im Norden unter britischer Oberhoheit. Schlimmer noch, Westminster änderte den Grenzverlauf von Nordirland dergestalt, dass die Protestanten – die sich als Briten verstanden – zwei Drittel der dortigen Bevölkerung ausmachten. Dadurch sollte sichergestellt werden, dass nicht die Katholiken, sondern die Protestanten die neue halb autonome Regierung der Region dominierten und im Bildungs- und Rechtswesen, in den sozialen Institutionen, der Industrie sowie der Landwirtschaft den Ton angaben. Und Westminster ließ der protestantischen Regierung weitgehend freie Hand, solange sie nur Recht und Ordnung aufrechterhielt. Somit waren die Katholiken im Norden nicht nur vom Rest Irlands abgeschnitten, sondern nun auch in ihrem eigenen Land eine Minderheit. Mit der Gründung Nordirlands als Teil des Vereinigten Königreichs war ihre »Eroberung« durch ausländische Eindringlinge endgültig besiegelt.

Die Protestanten erließen eine Reihe undemokratischer Gesetze, die darauf abzielten, die Katholiken von der Macht auszuschließen und ihnen die besten Arbeitsplätze, das beste Land und die besten Häuser vorzuenthalten.[1] Nordirland sei, so Sir James Craig, der erste nordirische Premierminister, »ein protestantischer Staat«, dessen Hauptziel darin bestand, den Interessen der Mehrheit in Ulster zu dienen. Das Prinzip »eine Person, eine Stimme« galt in Nordirland nicht. Um überhaupt an Kommunalwahlen teilnehmen zu können, musste man ein Haus besitzen, eine Regelung, von der die Protestanten unverhältnismäßig stark profitierten. Die protestantisch dominierten Stadträte entschieden über die Vergabe von Wohnraum; sie bevorzugten dabei Protestanten und ließen Katholiken jahrelang auf den Erwerb von Eigentum warten. Zudem kontrollierten die Stadträte die Vergabe von Arbeitsplätzen im öffentlichen Dienst; Katholiken mussten oft nur ihren Namen oder ihre Adresse nennen, um abgelehnt zu werden.[2] Der irische Katholik Gary Fleming erklärte das System so: »Es war im Grunde darauf ausgelegt, meine Eltern, mich, die übrige Familie und unsere künftigen Familien als Bürger zweiter Klasse zu behandeln.«[3] Während also die Katholiken im neuen unabhängigen irischen Freistaat im Süden Freiheit und gleiche Rechte vor dem Gesetz genossen, war dies für die Katholiken in Nordirland nicht der Fall. Stattdessen verschlechterten sich ihre Lebensumstände nach und nach, und entsprechend wuchs ihre Verbitterung.

Die Entscheidung Großbritanniens, die Protestanten in Nordirland nach Gutdünken regieren zu lassen, ermöglichte es ihnen, eine partielle Demokratie zu praktizieren, die ein Drittel der Bevölkerung ausschloss. Katholiken hatten nicht das gleiche Recht, um die Macht zu konkurrieren, wie Protestanten. Ihnen wurde nicht derselbe Schutz geboten, und sie hatten nicht den gleichen Zugang zu Ressourcen. Dieses System zeitigte aber noch gravierendere Folgen. Indem es die Protestanten privilegierte, schuf es zwei Superfaktionen, denn Katholiken und Protestanten in Nordirland waren auch politisch, wirtschaftlich und geographisch gespalten. Die Protestanten stimmten fast ausschließlich für unionistische Parteien, die für den Verbleib im Vereinigten Königreich eintraten. Katholiken hingegen votierten nahezu ausschließlich für nationalistische Parteien, die die Vereinigung mit Irland anstrebten. Während die Protestanten in der Berufs- und Geschäftswelt dominierten und die Mehrheit der Unternehmen sowie der großen landwirtschaftlichen Betriebe besaßen, mussten die Katholiken – meist ungelernte Arbeiter – in der Regel mit einer Tätigkeit in den Docks, auf dem Bau oder auf kleinen Bauernhöfen vorliebnehmen. Katholiken waren zumeist ärmer als Protestanten und lebten in den Städten wie in den ländlichen Regionen in regelrechten Ghettos, und die Angehörigen beider Gemeinschaften schickten ihre Kinder auf getrennte Schulen. Fragte man Protestanten, warum Katholiken ärmer waren, hieß es zumeist, es liege daran, dass Katholiken faul seien, keine Verantwortung übernehmen wollten und zu viele Kinder hätten. Dass systematische Diskriminierung daran schuld sein könne, kam ihnen nicht in den Sinn. Aber den Katholiken war bewusst, dass sie in einem Teufelskreis steckten.

Mitte des 20. Jahrhunderts waren in Nordirland alle Voraussetzungen für einen Bürgerkrieg gegeben: eine partielle Demokratie, konkurrierende identitätsbasierte Faktionen und eine tief verwurzelte einheimische Bevölkerung, die von der Politik ausgeschlossen war. Doch die Katholiken hatten die Diskriminierung und die Armut schon seit Jahren – genau gesagt seit 1922 – hingenommen und dennoch der Gewalt widerstanden. Nach wie vor glaubten und hofften sie, ihr Leben würde sich verbessern.

Das alles änderte sich im Sommer 1969. Am 12. August marschierten mehr als 10 000 Protestanten am Rande der Bogside entlang, einem übervölkerten katholischen Arbeiterviertel der Stadt Derry an der nordwestlichen Grenze Nordirlands. Normalerweise nahmen einige Hundert Protestanten an diesem alljährlichen Marsch teil, um des erfolgreichen Widerstandes der Bewohner von Derry gegen die Belagerung der Stadt durch den abgesetzten katholischen Monarchen James II. im Jahr 1689 zu gedenken. Der diesjährige Marsch war jedoch als bewusste Provokation geplant. Die Protestanten wollten die irischen Katholiken, die zunehmend gegen ihre Diskriminierung protestierten, auf ihren angestammten Platz verweisen. Die Demonstranten zogen durch das Viertel, beobachtet von den Männern, Frauen und Kindern der Bogside. Als die katholischen Schaulustigen mit Pennys beworfen wurden, flogen Steine auf die Protestanten. Es dauerte nicht lange, bis die protestantisch dominierte Royal Ulster Constabulary (RUC) anrückte und mit Schlagstöcken und gepanzerten Fahrzeugen in die Straßen der Bogside vordrang. Die Katholiken wehrten sich, zum Teil inspiriert durch die Bürgerrechtsproteste in den Vereinigten Staaten, und warfen weiterhin Steine auf Polizei und Demonstranten. Dann flogen die ersten Molotowcocktails von den Dächern, und es kam zu einem regelrechten Aufstand. Die Bewohner der Bogside waren nicht überrascht, als die RUC am nächsten Tag in Kampfmontur und mit Gasmasken ausgestattet zurückkehrte und das Viertel mit Tränengas überzog und schließlich die »B Specials« auftauchten – vermummte paramilitärische Kräfte, die ausschließlich aus Protestanten bestanden. Die Katholiken wussten, dass die protestantischen Führer zu allem bereit waren, wenn es um den Erhalt ihrer Macht ging.

Am dritten Tag der Unruhen trafen dreihundert britische Soldaten in Derry ein. Der protestantische Premierminister Nordirlands hatte sie angefordert, da er befürchtete, seine Polizei werde der Lage nicht mehr Herr. Dies war das erste Mal, dass London seit der Teilung der Insel direkt in Irland intervenierte, und die Katholiken der Bogside begrüßten die Soldaten begeistert, denn sie dachten, sie würden sie vor dem protestantischen Mob und den Polizeikräften schützen. Ein fataler Irrtum. Die Bürger der Bogside erkannten schon bald, dass die britischen Soldaten nur gekommen waren, um den Protestanten zu helfen, nicht aber den Katholiken. Die Soldaten gingen brutal gegen die Aufständischen vor, führten Razzien und Durchsuchungen in katholischen Häusern durch und verprügelten Demonstranten. Sie behandelten die Katholiken als Feinde und nicht als gleichberechtigte Bürger.

Als drei Tage später ein Waffenstillstand vereinbart wurde, waren bereits mehr als tausend Personen verletzt, Gebäude niedergebrannt und sechs Menschen bei Ausschreitungen in ganz Nordirland getötet worden (fünf in Belfast und einer in Armagh). Die Schlacht in der Bogside setzte dem Frieden in Nordirland ein Ende. Die Katholiken organisierten rasch Proteste in der gesamten Region, und auf beiden Seiten wuchsen Angst und Misstrauen gegenüber der jeweils anderen. Laut den Journalisten Patrick Bishop und Eamonn Mallie »waren die Katholiken davon überzeugt, dass die Protestanten ein Pogrom an ihnen verüben würden, und die Protestanten glaubten kurz vor einem Angriff der Irish Republican Army (IRA) zu stehen«.[4] Britische Truppen versuchten, katholische Stadtteile in Belfast zu entwaffnen, was die Unruhen noch mehr anheizte. Im Dezember 1969 spaltete sich die Provisional Irish Republican Army (PIRA) von der IRA ab; Ziel dieser paramilitärischen Organisation war zunächst die Verteidigung der katholischen Gebiete. Doch im Oktober 1970 ging sie in die Offensive. Zunächst zündete sie Bomben in Geschäften und Unternehmen, dann begann sie, britische Soldaten ins Visier zu nehmen. Sie wollte Großbritannien und seine Armee aus Irland vertreiben.

Am 30. Januar 1972, etwas mehr als zwei Jahre nach der ersten

Schlacht in der Bogside, drangen erneut britische Soldaten in das Viertel vor. Diesmal – an einem Tag, der als Bloody Sunday, als Blutsonntag, in die Geschichte Nordirlands einging – trafen ihre Kugeln sechsundzwanzig unbewaffnete Zivilisten, vierzehn davon tödlich. Irische Katholiken hatten friedlich gegen die Entscheidung der Regierung von Ulster protestiert, Katholiken ohne Gerichtsverfahren zu inhaftieren. Britische Soldaten schossen fliehenden Demonstranten in den Rücken. Die »Troubles«, wie der Bürgerkrieg später genannt wurde, hatten begonnen.

Die Katholiken hatten keinen Krieg gewollt. Jahrzehntelang hatten sie friedlich versucht, eine faire politische Vertretung und Gleichbehandlung in Nordirland zu erreichen. Sie hatten Briefe verfasst, Bürgerrechtsvereinigungen gegründet und auf den Straßen demonstriert, Versammlungen unter freiem Himmel und Sitzstreiks abgehalten und 1968 sogar das nordirische Parlament in Belfast besetzt. Im Januar 1969 organisierten sie einen »Langen Marsch« von Belfast nach Derry nach dem Vorbild des Marsches der Bürgerrechtler von Selma nach Montgomery in den Vereinigten Staaten im Jahr 1965. Aber die Protestanten hatten trotz alldem kein Interesse an einem Kompromiss gezeigt. Nichts hatte sich geändert.

Bis zum Eintreffen der britischen Truppen hatten die Katholiken noch gehofft, die Regierung in London würde die nordirischen Protestanten im Zaum halten und das Schlimmste verhindern. Ihnen war klar, dass die Protestanten sie um keinen Preis an der Macht teilhaben lassen wollten, aber sie glaubten, die britischen Regierungsvertreter seien besser und gerechter als ihre eigene hochgradig parteiische, pseudodemokratische Führung. Zwar galten die Briten nicht als die besten Verwalter – sie hatten Nordirland stets nur aus der Ferne regiert, viel mehr interessiert an den Problemen in anderen Teilen des Empire –, aber die Katholiken vertrauten darauf, dass sie sie letztlich beschützen würden.

Die aggressive Vorgehensweise der britischen Soldaten brachte jedoch die Wahrheit ans Licht, und an diesem Punkt verloren die Katholiken die Hoffnung. Als die britischen Truppen begannen, in der Bogside den Bewohnern die Köpfe einzuschlagen, war klar, dass friedliche Proteste keinen Zweck mehr hatten. Alle Versuche, das System zu ändern, »waren gescheitert«,[5] so Gerry Adams, der ehemalige Präsident der irisch-republikanischen Partei Sinn Féin, die sich unter seiner Führung zunehmend als politischer Arm der IRA verstehen sollte. Die Katholiken begriffen, dass die britischen Soldaten sie als andersartig ansahen – ganz zu schweigen von der Bedrohung, die sie schon aufgrund ihrer großen Zahl darstellten. Die Soldaten waren gekommen, um die Protestanten zu beschützen, relative Neuankömmlinge in einem Land, das die Iren schon seit Jahrtausenden besiedelten. Als Großbritannien sich auf die Seite der Protestanten stellte und die Katholiken unter Beschuss nahm, starb jede Hoffnung. Der Bloody Sunday war für die Katholiken die endgültige Bestätigung: Ohne Gewalt war ihr Schicksal besiegelt.

Forschungen haben gezeigt, wo die Gefahr von Bürgerkriegen entsteht und wer sie zumeist auslöst: zurückgesetzte Gruppen in Anokratien, die von ethnischen Faktionen beherrscht werden. Aber was ist der Auslöser? Was stürzt ein Land schließlich in einen Konflikt? Bürger können viel Schmerz ertragen. Sie nehmen jahrelange Diskriminierung und Armut hin, bleiben ruhig und finden sich sogar mit dem Leid der allmählichen Deklassierung ab. Was sie aber nicht verkraften, ist der Verlust jeder Hoffnung. Wenn eine Gruppe in die Zukunft blickt und nichts als weiteren Schmerz sieht, beginnt sie, den einzigen Ausweg in der Gewalt zu sehen.[6]

Menschen sind grundsätzlich hoffnungsvoll. Sie wollen daran glauben, dass ihr Leben, egal wie schlecht es ist, durch eigene Anstrengung besser werden kann. Hoffnung macht die Gegenwart erträglicher und motiviert selbst die Benachteiligten, innerhalb eines sie stiefmütterlich behandelnden Systems standzuhalten, anstatt es zu stürzen. Aber die Hoffnung setzt Ungewissheit voraus. Menschen sind gerade deshalb hoffnungsvoll, weil sie nicht wissen, wie sich die Zukunft entwickeln wird, und sich von ihr etwas Besseres erwarten. Die irischen Katholiken hatten Hoffnung, weil sie dachten, die britische Regierung würde ihnen letztlich beistehen. Doch als die Briten ihre Schlagstöcke schwangen, war alle Illusion dahin. Angesichts der unverhohlenen Brutalität einer Regierung schrumpft jegliche Hoffnung. Die Moros auf Mindanao verloren die Hoffnung auf ein besseres Leben, als Präsident Marcos das Kriegsrecht verhängte und ihnen mit Gewalt ihr Land und ihre Waffen wegnahm. Und die Katholiken in Nordirland verloren die Hoffnung auf friedliche Reformen, als britische Soldaten sie wie Eindringlinge auf ihrem eigenen Boden behandelten.

Wenn eine Gruppe den Glauben an das bestehende System verliert, treten oft Extremisten auf den Plan, die eine Alternative anzubieten scheinen. In Nordirland war dies die Provisional IRA. »Die Menschen befanden sich bis dahin in einer hoffnungslosen Situation«, sagte der einflussreiche irische Republikaner Danny Morrison, »und die IRA gab ihnen wieder Hoffnung.«[7]

Niemand in Syrien hatte mit einem Bürgerkrieg gerechnet. Die syrische Bevölkerung hatte still zugesehen, wie die Demonstranten des Arabischen Frühlings in Tunesien, Ägypten, Libyen, Bahrain und im Jemen auf die Straße gingen und Veränderungen forderten. Sie hatte erlebt, wie Tunesiens Präsident Zine el-Abidine Ben Ali Wochen nach Beginn der Proteste zurücktrat und Ägyptens langjähriger Diktator, Präsident Hosni Mubarak, angesichts der anhaltenden Proteste abdankte. Aber die Syrer schlossen sich ihnen nicht an, weil ihr eigener Präsident, Bashar al-Assad, ein äußerst geschicktes Regime unterhielt, das mittels Angst und Einschüchterung die syrische Bevölkerung gespalten hatte und abweichende Meinungen gnadenlos unterdrückte.

Und doch waren die Voraussetzungen für einen Aufstand gegeben. Assad hatte seinem Volk immer wieder Reformen versprochen, dies jedoch nicht eingehalten. Er zementierte die konfessionell ausgerichtete Politik, indem er seiner eigenen alawitischen Gemeinschaft gegenüber der sunnitischen Mehrheit Privilegien einräumte. Diese Ungleichheit - zwischen Alawiten und Sunniten, Arm und Reich, Stadt und Land – zeigte sich besonders drastisch während einer Dürreperiode zwischen 2006 und 2010. Die mehrheitlich sunnitischen Syrer lebten vor allem im ländlichen Osten des Landes, wurden aber von der wohlhabenden alawitischen Elite beherrscht, die hauptsächlich die Städte im Westen und entlang der Mittelmeerküste bevölkerte. Als nach der Dürre Hunderttausende Sunniten vom Land in die ärmeren Viertel der Städte strömten, unternahmen Assad und die Regierung wenig, um ihnen beizustehen. Die Sunniten in diesen neuen »Elendsgürteln« mussten mit ansehen, wie staatliche Dienstleistungen und Arbeitsplätze auf ihre Kosten in alawitische Stadtteile verlagert wurden.[8] Sie erlebten, wie die staatlichen Sicherheitskräfte jeden schikanierten, der aus der Reihe tanzte. In Daraa waren von den Aufständen in anderen arabischen Ländern inspirierte Jugendliche zusammengetrieben, gefoltert und getötet worden, nachdem sie an Hauswände Graffitis mit dem Slogan »Du bist dran, Doktor« gepinselt hatten. Dennoch machten die Revolten in den anderen arabischen Staaten den Sunniten Hoffnung. Wenn Tunesier, Ägypter und Libyer gegen ihre Diktatoren protestierten, warum sollten die Syrer das nicht auch können?

Als die Demonstrationen am 15. März 2011 begannen, waren die Syrer noch optimistisch. Sie glaubten, ihre Proteste würden genauso erfolgreich sein wie jene in Tunesien und Ägypten. Anfangs waren ihre Forderungen bescheiden. Sie wollten die Freiheit, ihre Meinung kundzutun und Oppositionsgruppen zu bilden, sowie Schutz vor willkürlichen Verhaftungen und Inhaftierungen. Doch die Forderungen wurden mit der Zeit weitreichender. Schon bald verlangten die Demonstranten auch bessere Bildung, das Ende der konfessionellen Diskriminierung im Berufsleben und der allgegenwärtigen Korruption in der Regierung.

Daraa, eine Stadt im Südwesten Syriens, etwa zehn Autominuten von Jordanien und eine halbe Stunde von Israel entfernt, bildete anfangs das Zentrum der Proteste, ausgelöst durch die Ermordung der jungen Graffiti-Künstler. Als sich die Eltern der Jugendlichen am Bahnhof nach deren Verbleib erkundigten, wurde ihnen gesagt: »Vergesst eure Kinder. Macht euch neue. Und wenn ihr nicht mehr wisst, wie das geht, bringt uns eure Frauen, dann zeigen wir es euch.« Am 18. März versammelten sich Sunniten, nachdem sie sich auf Facebook verabredet hatten, in einer Moschee, einem der wenigen Orte, die für den militärischen Geheimdienst tabu waren. »Hurrija, Hurrija!«, Freiheit, Freiheit, riefen sie und filmten die Szene mit ihren Mobiltelefonen. Niemand verbarg sein Gesicht, in der Moschee fühlten sie sich sicher. Als sie hinaustraten, wurden sie bereits von Tausenden Demonstranten erwartet, die sich ihnen anschlossen. Gemeinsam zogen sie durch die Straßen in Richtung des Sitzes der Regionalregierung. Zum ersten Mal verspürten sie das berauschende Gefühl von Freiheit.

Doch es dauerte nicht lange, und den Demonstranten stellten sich Assads Polizei- und zivile Sicherheitskräfte in den Weg, die Tränengas in die Menge schossen. Die Demonstranten antworteten mit Steinwürfen; so ging es hin und her. Am späten Nachmittag tauchten schließlich nicht identifizierbare schwarz gekleidete, vermummte Männer auf – Assads Elitetruppe der »Direktion für allgemeine Sicherheit«. Um die Menge zu zerstreuen, feuerten sie zunächst in die Luft, aber als das nichts bewirkte, begannen Scharfschützen, gezielt auf die Menschen zu schießen. Daraufhin flüchteten die Sunniten in eine nahe gelegene Moschee, die ihnen auch als Lazarett und Versammlungsort diente. Sie schrieben ihre Forderungen auf weiße Bettlaken, die sie vor das Gebäude hängten, immer noch in der Hoffnung, Assad wäre zu Verhandlungen bereit.

In der Nacht des 23. März, fünf Tage nach Beginn der Proteste, gingen in Daraa plötzlich die Lichter aus, und der Mobilfunkempfang wurde unterbrochen. Mit Sturmgewehren bewaffnete Soldaten stürmten die Moschee und eröffneten das Feuer auf die friedlichen Demonstranten. Dutzende wurden getötet. Auch ein Arzt und ein Sanitäter, die in einem Krankenwagen herbeigeeilt waren, starben durch die Kugeln der vor der Moschee postierten Scharfschützen. Sunniten in ganz Syrien reagierten auf den Angriff mit Protestaktionen. »Wir haben nur auf der Straße Sprechchöre gerufen«, sagte ein Mann in Aleppo. »Wir hätten unser ganzes Leben lang rufen können, und kein Mensch hätte uns beachtet. Aber als das Regime anfing, uns anzugreifen, schlossen sich viele Menschen, die zuerst abseits gestanden hatten, uns an und protestierten ebenfalls. Wegen des Blutvergießens. Blut lässt niemanden kalt.«[9]

Aber schon bald verloren die Sunniten die Hoffnung. Die Syrer wussten nicht, wie Präsident Assad auf die Proteste reagieren würde, aber sie glaubten, er sei für Reformen offen. Schließlich galt er als Mann der leisen Töne, er war gebildet, hatte unter anderem in Großbritannien studiert und behauptete von sich, eine neue Art von reformorientiertem arabischem Führer zu sein. Man konnte davon ausgehen, dass er kompromissbereit sei. Doch Assads Reaktion ließ keinen Zweifel an seinen Absichten.[10] Eine Woche später, am 30. März, sprach er im Fernsehen zum ersten Mal seit den Demonstrationen zu den Syrern. Ein Arzt namens Jamal verfolgte mit einer Gruppe von Kollegen und Krankenschwestern in einem Krankenhaus in Hama Assads Rede im Fernsehen, erfüllt von einer Mischung aus Besorgnis und Hoffnung. Berater des Präsidenten hatten durchblicken lassen, Assad würde Reformen ankündigen und die inhaftierten Demonstranten aus Daraa freilassen. Stattdessen machte Assad »Terroristen« mit extremistischen Motiven für den Aufstand verantwortlich, die von den Feinden Syriens unterstützt würden. Er bot keinerlei Zugeständnisse an. »Wenn sie Krieg wollen«, sagte er und blickte dabei direkt in die Kamera, »sind wir zum Krieg bereit.« Jamal und seine Kollegen, selbst jene, die Assad damals unterstützten, waren schockiert. »Wir konnten nicht glauben, was wir da hörten«, erzählte er.[11]

Assads aggressive Reaktion löste eine noch größere Welle von Protesten aus. Nach Ansicht des Nahostexperten David W. Lesch führte diese Rede Syrien »direkt auf den Weg in einen katastrophalen Krieg«.[12] Die Demonstrationen nahmen an Zahl, Stärke und Vehemenz zu, während Polizei und Sicherheitskräfte immer gewalttätiger vorgingen, Protestierende zusammenschlugen, mit scharfer Munition feuerten und Zehntausende verhafteten. Ende April wurde Daraa als eine der ersten Städte von der syrischen Armee abgeriegelt. Panzer rollten heran, und Scharfschützen bezogen auf den Dächern Stellung. Sicherheitskräfte beschlagnahmten Lebensmittel und kappten die Stromversorgung. Daraufhin griffen die Demonstranten zu den Waffen. Im Juni liefen erstmals Offiziere der Sicherheitstruppen über, weil sie keine Zivilisten töten wollten, und Ende Juli verkündete eine Gruppe dieser Offiziere die Gründung der Freien Syrischen Armee (FSA). Im September 2011 mussten die Regierungstruppen wiederholt Angriffe der Rebellenmiliz abwehren. Die Sunniten hatten gehofft, dass ihre Proteste zu einem besseren Leben führen würden. Doch Assads Ansprache und sein brutales Vorgehen gegen sunnitische Bürger zerstörten ihren Glauben an die Zukunft.

Proteste führen nicht per se zu einem Bürgerkrieg. Im Grunde geht es bei Protesten vor allem um Hoffnung. Einfache Bürger wagen sich mit Transparenten und Plakaten auf die Straße und skandieren Parolen, weil sie hoffen, dass ihre Regierung ihre Forderungen zur Kenntnis nehmen und sich ihr Leben verbessern werde. Würden die Menschen denken, dass die Regierung auf sie schießen lasse, würden sie entweder aus Angst zu Hause bleiben oder bewaffnet losziehen. Nur mit einem Mobiltelefon ausgestattet auf der Straße zu protestieren ist ein Akt des Optimismus. Es bedeutet, dass die Bürger nach wie vor daran glauben, das System werde sich selbst korrigieren. Hätte Assad angesichts der Proteste Reformen eingeleitet, wären die Sunniten mit eingerollten Transparenten friedlich nach Hause gegangen.

Es ist das Scheitern der Proteste, das die Hoffnung zunichtemacht und zur Gewalt motiviert. In einem solchen Moment erkennen die Bürger schließlich, dass ihr Glaube an das System verfehlt war. In Israel protestierten die Palästinenser jahrelang gewaltlos – mit Massendemonstrationen, Arbeitsniederlegungen, Streiks und Boykotten –, erreichten damit aber keine Fortschritte bei den Verhandlungen mit der Regierung. Das Ergebnis? »Die Leute sind explodiert«, erzählt der palästinensische Journalist Radwan Abu Ayjasch.[13] Das erklärt, warum nach gescheiterten Protesten die Gewalt zu eskalieren droht.[14] Proteste sind ein letzter Versuch, das System zu reparieren – ein Verzweiflungsakt von Optimisten, die einen friedlichen Wandel anstreben –, bevor die Extremisten die Sache in die Hand nehmen.

Deshalb gehen Bürgerkriegen oft jahrelange friedliche Proteste voraus.[15] Demonstranten verwandeln sich nicht von selbst in Soldaten. Irgendwann gelangen die militanteren Mitglieder einer unzufriedenen Gruppe zu der Überzeugung, dass es keine andere Wahl mehr als den bewaffneten Widerstand gibt. »Seit Hunderten von Jahren«, so Brendan Hughes, Mitglied der Provisional IRA, »ist das irische Volk wegen seiner gerechten Ziele auf die Straße gegangen, hat sich an Wahlen beteiligt und jede erdenkliche Methode ausprobiert. Und jedes Mal haben die Briten mit Gewalt geantwortet.«[16] Erst als der friedliche Protest zu nichts führte, konnten die extremeren Mitglieder der Faktion die Oberhand gewinnen. Dann begannen die Entführungen, Ermordungen und Bombenanschläge. Die gewalttätigste Phase des arabisch-israelischen Konflikts – die zweite Intifada – begann erst nach dem Scheitern der Camp-David-Gespräche zwischen dem israelischen Premierminister Ehud Barak und Palästinenserführer Jassir Arafat im Jahr 2000. Die Algerier wiederum hatten sich lange an Generalstreiks, Boykotten und Protesten gegen die systematische Diskriminierung durch die Franzosen beteiligt, bevor militantere Bürger sich dem Terror zuwandten. Wirkungslose Proteste sind ein Zeichen dafür, dass die Gemäßigten und ihre Methoden an Boden verlieren.

Sowohl Demokratien als auch Autokratien kommen mit Protesten relativ mühelos zurecht. Als 1989 auf dem Platz des Himmlischen Friedens Demonstrationen stattfanden, war die chinesische Regierung genauestens über die Vorhaben der Studentenführer informiert, sie hörte ihre Versammlungen ab und konnte jeden, der an den Protesten teilnahm, identifizieren, festnehmen und bestrafen. Zudem war die Regierung in der Lage, das Kriegsrecht zu verhängen und an die 250 000 Soldaten nach Peking zu schicken. Angesichts einer derart massiven autoritären Macht haben es Proteste sehr schwer, Wirkung zu entfalten. In funktionierenden Demokratien kommt es auch deshalb seltener zum Scheitern solcher Proteste, weil Kompromiss und Nachgiebigkeit bereits ins System selbst eingebaut sind.

Gerade in Anokratien können Proteste aber sehr destabilisierend wirken, da sie institutionell oft zu schwach sind, um extreme Elemente auszuschalten und maßvoll zu reagieren, und zugleich zu fragil und instabil, um echte politische Reformen zu gewährleisten. Länder in dieser mittleren Zone bieten die perfekten Bedingungen für die Entstehung gewalttätiger extremistischer Gruppen.

Auch in Ländern, deren Bevölkerung faktionalisiert ist, verursachen Proteste mitunter Probleme. Laut Erica Chenoweth, einer in Harvard lehrenden Expertin für gewaltlosen Widerstand, sind Regierungen eher bereit zu verhandeln – und weniger geneigt, hart durchzugreifen –, wenn eine Protestgruppe ein breites Spektrum der Bevölkerung des Landes repräsentiert. Je größer und vielfältiger eine Protestgruppe, desto wahrscheinlicher, dass sie bei den Politikern Gehör findet. Ethnische oder religiöse Gruppierungen, insbesondere Superfaktionen, haben nur eine geringe Diversität – sie repräsentieren nur einen Teil der Gesellschaft und bieten der Regierung daher weniger Anreize für Kompromisse. Einer der Gründe für den Erfolg der Bürgerrechtsbewegung in den Vereinigten Staaten war, dass sie ein echtes Bündnis darstellte. Sie verfügte über mächtige Verbündete in der Regierung, darunter Präsident John F. Kennedy und Justizminister Robert Kennedy, ebenso gehörten ihr weiße Liberale im ganzen Land an. Die Black Panther Party hingegen konnte nicht auf derartige Unterstützung zählen; sie wurde vom FBI unter anderem auch deshalb so entschieden verfolgt, weil sie eine rein afroamerikanische Organisation war. Ethnisch exklusive Faktionen, die keine Macht innehaben, sind politisch leicht zu ignorieren. Und auch leichter zu bestrafen.

Proteste sind Warnzeichen. Sie zeigen an, dass Bürger zwar noch daran glauben, dass ihr System funktioniere, es aber für verbesserungswürdig halten. Seit 2010 hat die Zahl der Proteste weltweit zugenommen.[17] In den letzten zehn Jahren gab es mehr als je zuvor seit Beginn der diesbezüglichen Datenerfassung im Jahr 1900. Allein 2019 fanden politische Proteste auf allen Kontinenten und in 114 Ländern statt, darunter Chile, der Libanon, Iran, Irak, Indien, Bolivien, China, Spanien, Russland, die Tschechische Republik, Algerien, der Sudan und Kasachstan.[18] Am stärksten nahmen die Proteste in jenen Ländern zu, die von dem gemeinnützigen Forschungsinstitut Freedom House als »frei« eingestuft werden, darunter die liberalen Demokratien Westeuropas und die Vereinigten Staaten.

Beunruhigend ist, dass diese Proteste so häufig scheitern wie nie zuvor. In den neunziger Jahren hatten friedliche Proteste eine Erfolgsquote von 65 Prozent, was hier bedeutet, dass sie zum Sturz einer Regierung oder zur Erlangung der Unabhängigkeit führten.[19] Doch seit 2010 sank die Erfolgsquote auf 34 Prozent. »Da hat sich wirklich etwas verschoben«, räumte Chenoweth ein.[20] Und das macht die ältesten und freiesten Demokratien zunehmend angreifbar.

Gescheiterte Proteste in einem Land, das bereits reif für einen Bürgerkrieg ist, schaffen eine gefährliche Lage. Denselben Effekt können aber auch Wahlen haben. Der Übergang der Elfenbeinküste zur Demokratie und eine Reihe von vorgezogenen Wahlen in den neunziger Jahren sind hierfür ein gutes Beispiel. Nachdem die Elfenbeinküste 1960 ihre Unabhängigkeit von Frankreich erlangt hatte, wurde sie bis 1993 von Präsident Félix Houphouët-Boigny regiert. Papa Houphouët, wie er auch genannt wurde, förderte die Entwicklung der Kaffee- und Kakaoindustrie. Außerdem führte er ein Quotensystem ein, das verhindern sollte, dass eine bestimmte ethnische Gruppe die anderen politisch dominierte. Das Ergebnis war ein wirtschaftlich florierendes und politisch stabiles Land.

All dies änderte sich, als 1990 die ersten Mehrparteienwahlen stattfanden und Politiker, darunter auch Präsident Houphouët-Boigny, begannen, mit dem Thema ethnische Identität um politische Unterstützung zu werben. Der Präsident trat gegen den Oppositionsführer Laurent Gbagbo an, der Houphouët-Boigny vorwarf, die Interessen seiner Volksgruppe, der Baule, zu begünstigen. Die Baule sind eine der größten ethnischen Gruppen der Elfenbeinküste und leben hauptsächlich im Süden des Landes. Die Partei von Houphouët-Boigny beschuldigte ihrerseits Gbagbos Partei, die Interessen von Ausländern und ethnischen Gruppen aus dem Norden zu vertreten. Die Wahlen von 1995 waren stark von ethnischer Faktionalisierung geprägt, und die Opposition boykottierte sie schließlich sogar. Mitglieder der konkurrierenden Faktion wurden aus der Regierung ausgeschlossen, was die Spaltung des Landes in Nord und Süd weiter vertiefte. Schließlich, im September 2002, rebellierte die Bevölkerung des Nordens, hauptsächlich weil man ihr die Teilhabe an der Macht verwehrte.

Wahlen sind potenziell destabilisierende Ereignisse in stark faktionalisierten Anokratien, vor allem dann, wenn eine zurückgesetzte Gruppe unterliegt. In einer Studie über weltweite Konflikte zwischen 1960 und 2000 fanden Forscher heraus, dass ethnische Gruppen nach einer Wahlniederlage eher zu Gewalt greifen.[21] Dem Bürgerkrieg in Burundi im Jahr 1993 gingen Wahlen voraus: Als die Minderheit der

Tutsi – die den größten Teil des burundischen Militärs kontrollierte – bei den ersten Mehrparteienwahlen für das Präsidentenamt und das Parlament eine Niederlage erlitt, kam es zur Revolte. Auch der Krieg in der Ukraine begann unmittelbar, nachdem Petro Poroschenko 2014 eine vorgezogene Wahl gewonnen hatte; er trat die Nachfolge des bisherigen Präsidenten Janukowitsch an, der angesichts von Massenprotesten zum Rücktritt gezwungen worden war. Janukowitschs russischstämmige Anhänger in der Ostukraine riefen daraufhin die Unabhängigkeit aus und griffen zu den Waffen. Und in den Vereinigten Staaten brachte die Wahl von Präsident Abraham Lincoln, der als erster Präsident ohne die Unterstützung der Demokraten in den Südstaaten an die Macht gekommen war, die Südstaaten auf den Weg zur Abspaltung von den USA.

Wie Proteste sind auch Wahlen an sich nicht gefährlich. Die meisten Menschen nehmen bereitwillig an Wahlen teil, da sie sie als Kernbestandteil der Demokratie betrachten. In der Elfenbeinküste beteiligten sich über 80 Prozent der Stimmberechtigten an den Wahlen, die dem Bürgerkrieg vorausgingen. Dasselbe gilt für Burundi, wo 1993 mehr als 93 Prozent der registrierten Wähler zu den Urnen gingen. Wahlen geben den Menschen Hoffnung,[22] denn sie zeigen, dass das Spiel noch längst nicht zu Ende ist: Selbst wer heute verliert, kann beim nächsten Mal gewinnen. Und je hoffnungsvoller Bürger in die Zukunft blicken, desto eher fügen sie sich friedlich in das System ein.

Glaubt die Verliererseite jedoch, dass sie niemals die Macht erlangen oder zurückgewinnen wird, schwindet die Hoffnung. Die amerikanischen Wahlen von 1860 waren für die Demokraten im Süden deshalb so verheerend, weil ein Kandidat ins Weiße Haus einzog, ohne dass er dafür eine einzige Stimme aus dem einst so mächtigen Süden benötigt hatte. Die Republikaner, zu deren Wahlprogramm damals die Abschaffung der Sklaverei gehörte, brauchten die Südstaatler nicht mehr, um sich das Präsidentenamt zu sichern.

Wahlen liefern wichtige Informationen über die Zukunft und verringern so die Ungewissheiten. Erstens geben sie Aufschluss über das Vermögen einer Gruppe, im Wettbewerb zu bestehen. Zwei aufeinanderfolgende Niederlagen zeigen, dass einer Partei die Regierungsfähigkeit nicht zugetraut wird und sie daher wahrscheinlich von der Macht ausgeschlossen bleibt. Wahlen können besonders in reinen Mehrheitswahlsystemen destabilisierend wirken. Insbesondere die Kombination aus Präsidialsystem und Mehrheitswahlrecht ist stark zugunsten der Mehrheitsgruppe in einem Land ausgerichtet; erzielt eine Partei oder Faktion nicht die Stimmenmehrheit, kommt sie niemals an die Macht. In der Elfenbeinküste gilt dasselbe Präsidialsystem wie in den Vereinigten Staaten; Präsident wird, wer die meisten Stimmen erhält. Diese Person fungiert dann nicht nur als Staatsoberhaupt, sondern auch als Regierungschef und Oberbefehlshaber der Streitkräfte. Ein Wahlsieg in einem solchen System ist besonders folgenreich. Afghanistan, Angola, Brasilien, Burundi, Indonesien, Nigeria, die Philippinen, Ruanda und Venezuela verfügen ebenfalls über diese Art von Präsidialsystem, und all diese Länder haben ein hohes Maß an politischer Gewalt erlebt. Aus einer Untersuchung geht hervor, dass sämtliche Demokratien, in denen zwischen 1960 und 1995 ein Bürgerkrieg tobte, das Mehrheitswahlrecht oder das Präsidialsystem praktizierten.[23] In keinem gab es das Verhältniswahlrecht.

Ethnische Faktionalisierung in Mehrheitswahlsystemen belastet Wahlen noch mehr. Wenn eine ethnische Faktion von vielen Bürgern unterstützt wird, ist vorherzusehen, für wen sie bei Wahlen votieren werden. Anhand der demographischen Gegebenheiten des Landes lässt sich sodann einschätzen, welchen Ausgang die Wahlen nehmen werden. Sofern sich die demographischen Verhältnisse und das politische System nicht ändern oder die Faktion nicht integrativer wird, besteht wenig Grund zur Hoffnung, dass die politischen Ergebnisse anders ausfallen werden.

Wahlen geben auch Aufschluss über die Bereitschaft der regierenden Partei, fair zu handeln. Sie zeigen, ob sich jene, denen die Macht verliehen wurde, wirklich der Demokratie verpflichtet fühlen. Wenn eine Seite das Wahlergebnis manipulieren kann und die demokratischen Kontrollmechanismen zu schwach sind, um eine friedliche Machtübergabe zu garantieren, ist die Hoffnung auf einen fairen Wettbewerb vergebens. Die Wahlen zu einem neuen Parlament in Algerien im Jahr 1948 wurden von den französischen Siedlern so massiv und offen zu ihren Gunsten beeinflusst, dass der Ausdruck *élection algérienne* zum Synonym für manipulierte Wahlen wurde. Eine gefälschte Wahl zeigt den übervorteilten Gruppen, dass sie über keine konventionellen Mittel verfügen, um jetzt oder in Zukunft Zugang zur Macht zu bekommen oder wiederzuerlangen. Die Möglichkeit, eine Wahl zu manipulieren, macht jegliche Hoffnung zur Farce.

Wahlen selbst können zu einer Faktionalisierung führen und Politiker dazu veranlassen, die »ethnische Karte« auszuspielen – eine Strategie, mit der sie gezielt an das Gefühl von Ethnonationalismus und Missgunst appellieren, um die Unterstützung zu mobilisieren, die sie für den Griff nach der Macht benötigen. Der jeder Abstimmung unvermeidlich vorausgehende Wahlkampf sorgt für die unerlässliche Organisationsstruktur jeder Rebellion, die stets auch versuchen muss, weniger politisch engagierte Bürger zur Teilnahme an einer breiteren Bewegung zu motivieren. Der Wahlkampf um ein politisches Amt hat stets auch den Zweck, Menschen im Zeichen einer bestimmten politischen Überzeugung zusammenzuschließen. In gewisser Weise ist er die friedliche Vorstufe zur bewaffneten Mobilisierung. Durch Wahlen gewinnen Parteiführer eine feste Basis von Anhängern, unter denen einige sogar bereit sein mögen, zu den Waffen zu greifen.[24] Der Grat zwischen einer organisierten politischen und einer bewaffneten Gruppierung kann gefährlich schmal sein – insbesondere in Ländern, in denen Waffen leicht zugänglich und weit verbreitet sind.

Wahlen können ein Land stärken, indem sie die Menschen in einem bedeutsamen Akt der Bürgerpflicht zusammenführen. Sie können das Vertrauen in die Institutionen erneuern und zeigen, dass die

Stimme jedes Einzelnen zählt. Aber sie können auch der schmerzhafte Beweis für den abnehmenden Status einer Gruppe sein, was dazu führt, dass deren Mitglieder die Hoffnung auf eine zukünftige Vertretung ihrer Interessen verlieren – und sie davon überzeugen, dass sie nichts zu verlieren haben, wenn sie kämpfen.

Bürgerkriege werden zuweilen auf ein singuläres Ereignis, auf einen bestimmten Auslöser, zurückgeführt. Manchmal ist dies eine Wahl, ein gescheiterter Protest oder eine Naturkatastrophe. Auf den Philippinen war es das Massaker an muslimischen Armeerekruten durch andere Militärangehörige, im Libanon die Ermordung eines Christen auf dem Weg zur Hochzeit seines Sohnes. Der Bürgerkrieg in Guatemala eskalierte zum Teil auch deshalb, weil ein verheerendes Erdbeben die Unfähigkeit und Korruption der Regierung bloßgestellt hatte. Doch auch wenn es solche auslösenden Momente gibt, ist die Vorgeschichte meist lang. In der Regel beginnen Bürgerkriege mit kleinen Gruppen von Extremisten – Studenten, im Exil lebenden Dissidenten, ehemaligen Militärs –, denen politische Macht wichtiger ist als dem Durchschnittsbürger.

Die Männer, Frauen und Kinder, die in der Bogside rebellierten, haben den irischen Bürgerkrieg nicht verursacht. Der Krieg wurde von den Radikalen begonnen, die die Provisional Irish Republican Army ins Leben riefen. Die Gründer dieser paramilitärischen Organisation, darunter Seán Mac Stíofáin, Seamus Twomey und Joe Cahill, hatten bereits seit Jahrzehnten zusammengearbeitet, als sie ihre ersten Gewaltaktionen planten. In den Vereinigten Staaten entstanden bereits in den 1830er Jahren, also lange vor Ausbruch des Bürgerkriegs, überall im Süden als »Minutemen« bezeichnete Milizen, die sich die Patrioten des Unabhängigkeitskriegs zum Vorbild nahmen.[25] Diese Milizen bestanden aus kleinen Gruppen radikaler Sezessionisten, bei denen es sich fast ausschließlich um weiße Plantagenbesitzer handelte, die nach Unterstützung für die Unabhängigkeit des Südens suchten. Es dauerte Jahre, bis sie die Schicht der weißen Arbeiter für ihre Sache gewinnen konnten. Selbst in Syrien – dessen verheerender Bürgerkrieg zumeist auf die Proteste des Arabischen Frühlings zurückgeführt wird – war es so, dass sich die Organisatoren der Freien Syrischen Armee fast ein halbes Jahr lang in der Türkei trafen, bevor sie den Kampf eröffneten. Es dauert stets eine Weile, bis die einfachen Bürger merken, dass sich eine militante Gruppierung formiert, und wenn sie dann in Erscheinung tritt, ist sie oft schon überraschend stark.

Regierungen führen zuweilen ungewollt militanten Gruppen neue Mitglieder zu. Mehrere Untersuchungen zeigen, dass eine Regierung, die mit brutaler Gewalt auf die erste Mobilisierung einer extremistischen Gruppe reagiert, die lokale Unterstützung selbst für unpopuläre Gruppen erhöht.[26] Geht der Staat gewaltsam gegen die eigenen Bürger vor, riskiert er, dass sich der Mann auf der Straße in einen Radikalen verwandelt. Abu Tha'ir, ein Ingenieur im Südwesten Syriens, beschrieb, wie genau dies in Daraa geschah. Nachdem in der Stadt der Strom abgeschaltet worden war, stürmten Regierungstruppen die Al-Omari-Moschee und töteten dabei Dutzende Syrer. Bewohner aus den umliegenden Dörfern hörten die Schüsse und eilten nach Daraa, um dort um Frieden zu bitten. Doch anstatt sie zu ignorieren oder mit ihnen zu reden, eröffneten die Sicherheitskräfte das Feuer und töteten Zivilisten aus allen Dörfern der Region. »Wenn ich jemals ein Buch darüber schreibe«, sagte Abu Tha'ir, »werde ich es *Wie man innerhalb von nur einer Woche eine Revolution auslöst* betiteln.«[27]

Erfahrene Militante wissen natürlich, dass der von der Regierung verursachte Tod von Zivilisten einen Konflikt in einen ausgewachsenen Krieg verwandeln kann; um sich diese Chance nicht entgehen zu lassen, wenn die Regierung harte Maßnahmen ergreift, planen sie entsprechend voraus. Deshalb lagert die Hamas Waffen in Schulen, Moscheen und Wohnvierteln und provoziert das israelische Militär, diese zu bombardieren.[28] Der brasilianische marxistische Revolutionär Carlos Marighella forderte seine Mitstreiter auf, Regierungskräfte anzugreifen, um eine gewaltsame Reaktion auszulösen.[29] Marighella glaubte, die Brasilianer würden sich gegen die Regierung erheben, wenn diese ihre Repressionen verschärfte, unschuldige Menschen verhaftete und das Leben in der Stadt unerträglich machte. IRA-Mitglied Tommy Gorman bezeichnete die britische Armee und Regierung aufgrund ihrer harten Taktik als »unsere erfolgreichsten Rekrutierer«.[30] Und ein Experte für den Konflikt im Baskenland meint zu dem Thema: »Nichts radikalisiert ein Volk schneller als undisziplinierte Sicherheitskräfte in seinen Städten und Dörfern.«[31] Aus diesem Grund scheinen Bürgerkriege wie aus dem Nichts zu entflammen, sobald Regierungen beschließen, mit harten Bandagen zu kämpfen. Zu diesem Zeitpunkt haben sich Extremisten bereits der Militanz verschrieben. Was sich von da an ändert, ist, dass auch einfache Bürger zu der Überzeugung kommen, es könne in ihrem Interesse liegen, dies ebenfalls zu tun.

Gewalttätige Extremisten nutzen mitunter auch friedliche Protestbewegungen, um Chaos zu stiften. Erica Chenoweth bezeichnet sie als »Konfliktentrepreneure« (*conflict entrepreneurs*).[32] Sie versuchen, eine soziale Bewegung zu kapern, indem sie zu Gewalt anstacheln. Zum Teil wollen sie damit einen harten Gegenschlag der Regierung provozieren, zum Teil aber auch Angst und Unsicherheit unter den Protestierern erzeugen, um auch die Gemäßigteren unter ihnen zu radikalisieren. So kommt es, dass sich plötzlich sogar Durchschnittsbürger den Extremisten zuwenden, weil sie sicher sind, dass jene, die friedliche Mittel anwenden, sie nicht mehr schützen können. Politische Führer sind sich möglicherweise nicht einmal bewusst, dass sie dieses Gefühl der Zwangslage verursachen. Als Tuđman die Serben als Minderheit innerhalb Kroatiens definierte und von ihnen verlangte, einen Treueeid abzulegen, war ihm wahrscheinlich nicht klar, wie sehr dies die Serben verängstigte und sie in die Arme Miloševićs trieb. Aufgrund solcher Ängste erringen oft die radikaleren Mitglieder einer Gruppe die Oberhand.

Warum also geben Regierungen, insbesondere demokratische Regierungen, den Forderungen von Protestierern nicht nach, wenn damit ein Krieg zu verhindern wäre? Eine mögliche Antwort darauf lautet, dass manche Regierungen ihr eigenes Überleben auf dem Spiel stehen sehen. Aus Assads Sicht hätte die Einführung der Demokratie in Syrien den Weg für eine sunnitische Herrschaft geebnet und ihn und seine alawitischen Anhänger zu Parias gemacht, ihnen vielleicht sogar ein noch schlimmeres Schicksal beschert. Assad wusste, welches Ende Saddam Hussein im Irak und Muammar al-Gaddafi in Libyen gefunden hatten, als sie ihre Macht verloren. Er hatte nicht vor, es zu teilen.

Andere Führer multiethnischer Länder sind sogar davon überzeugt, dass nur Konflikte ihr Land zusammenhalten. In einer Studie über Selbstbestimmungsbewegungen zwischen 1955 und 2002 fand ich heraus, dass die politisch Mächtigen in Ländern mit mehreren potenziellen Separatistengruppen weniger zu Verhandlungen und eher zum gewaltsamen Vorgehen neigten.[33] Wenn die Staatsführung zu der Ansicht gelangte, dass ein Nachgeben gegenüber der einen Gruppe andere ermutige, ebenfalls die Unabhängigkeit zu fordern – und somit eine Kettenreaktion in Gang setzen könnte –, griff sie zumeist als Präventionsmaßnahme brutal durch. Die harte Reaktion Indonesiens auf die Unabhängigkeitserklärung Osttimors, die schätzungsweise 25 Prozent der dortigen Bevölkerung das Leben kostete, diente zum Teil dazu, die vielen anderen ethnischen Gruppen Indonesiens davon abzuhalten, dem Beispiel Osttimors zu folgen.

Entscheidende Stützen einer Regierung – die herrschende Elite, treu ergebene Anhänger, die Militärführung – stürzen mitunter ebenfalls ein Land in einen Konflikt. Führende Politiker, die einer dieser Stützen oder ihnen allen zugleich verpflichtet sind, könnten den Eindruck gewinnen, dass sie eher Befehle entgegennehmen, anstatt sie zu erteilen. Die französische Regierung entschied sich, Algerien nicht in die Unabhängigkeit zu entlassen, ohne vorher einen Krieg zu führen, weil die politisch einflussreichen französischen Siedler in Algerien mit Unterstützung französischer Armeeoffiziere einen Kompromiss ablehnten. (Algerienfranzosen kontrollierten das Innenministerium, dem wiederum die Polizei unterstand.) Der Chef der Kommunistischen Partei Chinas, Zhao Ziyang, hatte Zugeständnisse an die Demonstranten auf dem Platz des Himmlischen Friedens befürwortet, doch die Hardliner in der Partei entfernten ihn aus dem Amt – mit der Behauptung, er sei zu weich – und setzten stattdessen auf eine militärische Lösung.

Auch Unwissenheit führt manchmal dazu, dass Regierungen überreagieren und dadurch einen größeren Konflikt auslösen. Untersuchungen belegen, dass Regierungen besonders häufig in Regionen zu überzogenen Maßnahmen greifen, in denen sie aufgrund ihrer schwachen Präsenz wenig Kontakt und Einfluss haben.[34] Laut Jonathan Powell, dem britischen Chefunterhändler für Nordirland, hatten die Briten »wirklich keine Ahnung, was in Nordirland vor sich ging. […] Ihre Geheimdienstinformationen waren veraltet. Sie sperrten die falschen Leute ein.«[35] Doch mit ihrer Gewaltanwendung zerstörten die Briten nicht nur den Glauben der Katholiken an die Möglichkeit von Reformen, sie trieben sie auch in die Arme der Provisional IRA.

Es ist nie vorherzusagen, wie eine Regierung auf anhaltende Proteste reagieren wird. Wenn Emotionen hochkochen, kommt es oft zu unerwarteten Ereignissen. Unnachgiebigkeit und Angst machen sich breit. Menschen auf beiden Seiten fordern und suchen Rache. Deshalb sind die ersten Terrorakte von Mitgliedern einer zurückgesetzten Gruppe oft gefährlicher, als die Menschen ahnen. Die »Konfliktentrepreneure« hingegen denken immer einige Züge voraus. Und seit dem 21. Jahrhundert steht diesen Extremisten, die auf Krieg setzen, eine außerordentlich mächtige neue Waffe zur Verfügung. Sie ist billig, sie ist schnell, und sie ist bemerkenswert gut dafür geeignet, Wut und Ressentiments zu schüren. Doch die meisten Menschen sind sich ihrer Gefährlichkeit immer noch nicht voll bewusst: die sozialen Medien.

5

DER BRANDBESCHLEUNIGER

Nach einer Stunde Fahrt merkten wir, dass wir verfolgt wurden. Der graue Wagen hätte uns jederzeit anhalten können. Mit unserem kleinen Toyota konnten wir angesichts all der Schlaglöcher, Radfahrer und Fußgänger nicht schneller als 50 Stundenkilometer fahren. Am Ziel angekommen, einer alten Kolonialstadt nördlich von Mandalay, bekannt für ihre prächtigen Gärten, kühle Bergluft und einen Militärstützpunkt, empfing uns ein Mann in Uniform. »Wie heißen Sie? Woher kommen Sie? Was wollen Sie hier?«

Mein Mann, meine kleine Tochter und ich waren in Myanmar, um uns ein Bild davon zu machen, ob das Land tatsächlich, wie viele glaubten, den Aufbruch in eine neue Zeit erlebte. Wir schrieben das Jahr 2011, und die Militärjunta, die das Land jahrzehntelang mit eiserner Faust regiert hatte, war im Begriff, die Macht an eine zivile Regierung abzugeben. Die herrschenden Generäle hatten Wahlen und der Freilassung der weltbekannten Oppositionsführerin Aung San Suu Kyi zugestimmt. Ging alles glatt, würde sich das Leben in diesem schönen Land von Grund auf ändern. Ihm winkten Freiheit, größerer Wohlstand und menschenfreundlichere Verhältnisse.

Doch wir befürchteten auch, dass Myanmar eine politische Krise bevorstand. Kam es tatsächlich zu freien Wahlen und sollte Aung San Suu Kyi die Führung des Landes übernehmen, stand zu erwarten, dass sich Myanmar ziemlich schnell zu einer Anokratie entwickelte. Der größte Verlierer des Übergangs war das Militär, das seine diktatorische Kontrolle über das Land und die Verfügung über die Staatskassen würde aufgeben müssen. Auch Splittergruppen machten mir Sorgen, darunter besonders eine buddhistische. Myanmar (früher Birma) hat eine lange Geschichte ethnischer Konflikte, die sich häufig zwischen der buddhistischen Bevölkerungsmehrheit und der muslimischen Minderheit entwickelten. Die angespannte Beziehung der beiden Glaubensgemeinschaften geht auf die britische Besatzung des Landes zurück, die von 1826 bis 1948 dauerte. Die Engländer hatten die Einwanderung indischer und muslimischer Arbeitskräfte veranlasst, die sie in den von ihnen kontrollierten Industrien benötigten. Viele buddhistische Einheimische – Myanmars »Söhne der Scholle« – fühlten sich an den Rand gedrängt, insbesondere in Regionen mit hoher Einwanderung. Die Buddhisten blieben weitgehend von der modernen Industriewelt ausgeschlossen und mussten sich mit schlecht bezahlter Arbeit in der Landwirtschaft begnügen. In den dreißiger Jahren begannen radikale buddhistische Nationalisten, gegen Muslime zu hetzen und sich unter der Parole »Birma den Birmanen« zu sammeln.[1] Seitdem werden indische Muslime und die Rohingya – Muslime aus der Region Arakan – benachteiligt, ihnen wird die Staatsbürgerschaft aberkannt, sie erhalten keinen Rechtsbeistand, und sie werden in Arbeitslager eingewiesen.[2] Protest und Widerstand von Rebellengruppen lieferten der Regierung stets nur neue Vorwände, ihr hartes Durchgreifen zu rechtfertigen.[3] Es stand zu befürchten, dass eine Liberalisierung und stärkerer politischer Wettbewerb nun dazu führen würden, dass die Buddhisten ihre politischen Muskeln spielen ließen und die Spaltung der Gesellschaft für sich zu nutzen versuchten.

Ein Jahr nach unserem Besuch schien es um die Demokratie in Myanmar allerdings recht gut bestellt. Die Regierung hatte einen Waffenstillstand mit den Separatisten der ethnischen Gruppe der

Karen vereinbart, Hunderte von politischen Gefangenen freigelassen, und die Partei von Aung San Suu Kyi gewann die Parlamentswahlen mit klarer Mehrheit. Sogar die Zensur war gelockert worden.

Während der gesamten Reise hatte ich lediglich in einem alten Hotel aus der Kolonialzeit im Zentrum von Yangon Internetzugang, wenn auch recht instabilen. Zeigte ich jemandem mein iPhone, erntete ich meist nur verständnislose Blicke. Doch im Jahr 2011 hob die neue Regierung die Internetbeschränkungen weitgehend auf. Innerhalb kürzester Zeit war auch hier Facebook populär. Im Jahr 2016, als Aung San Suu Kyi die faktische Regierungschefin wurde, hatten schon 22 Prozent der Einwohner Internetzugang, 2012 war es lediglich ein Prozent gewesen; damals hatte Myanmar in dieser Hinsicht zusammen mit Nordkorea das Schlusslicht gebildet. Nun sah es so aus, als hätte das Land einen großen Sprung nach vorne gemacht.

Wie sich herausstellen sollte, befand es sich eher auf dem Weg in die Katastrophe. Schon 2012 begannen buddhistische Ultranationalisten, darunter viele Mönche, in ganz Myanmar gegen die muslimische Bevölkerung zu hetzen.[4] Sie bezichtigten sie der Gewalt und sprachen von ihnen als Invasoren, die eine Bedrohung der buddhistischen Mehrheit darstellten. Gehässige Kommentare wie »Werft sie den Schweinen zum Fraß vor« machten die Runde.[5] Es wurde zu Demonstrationen aufgerufen, um der Forderung nach einer Deportation der Rohingya Nachdruck zu verleihen. Gerade in dieser Zeit stieg der Internetgigant Facebook zur bekanntesten Plattform der sozialen Medien und wichtigsten digitalen Nachrichtenquelle auf. Es sollte nicht lange dauern, bis die Militärführer von Myanmar die sozialen Medien zur Verbreitung von Hetze und Falschinformationen nutzten; durch das Schüren von Ängsten versuchten sie, sich ihren Einfluss und ihre Macht zu erhalten.[6] Regierungsvertreter, die es sich mit dem Militär nicht verderben wollten, unterstützten sie dabei. Über Tausende unter falschem Namen angemeldete Accounts verbreiteten sie ebenfalls Falschinformationen und bezichtigten die

»Bengalen«, wie sie die von ihnen als illegale Einwanderer betrachteten Rohingya nannten, aller möglichen Untaten.

Zum ersten Ausbruch von Gewalt kam es im Juni 2012 im Rakhaing-Staat, einer der fünfzehn Verwaltungseinheiten von Myanmar, wo 80 000 Muslime vor den Übergriffen flohen. Es dauerte kein Jahr, und die Welt hörte Berichte über Vertreibungen von Rohingya.[7] Die Gewalt ging offenbar ursprünglich von buddhistischen Mobs aus, denen die Sicherheitskräfte der Regierung tatenlos zusahen. Buddhistische Männer aus dem Rakhaing-Staat überfielen in der gesamten Region Dörfer mit Molotowcocktails, Macheten und allem, was ihnen gerade in die Hände fiel. Hier und da beteiligten sich auch Soldaten. Obwohl es keinen Zweifel daran geben konnte, dass die Gewalt durch über Facebook verbreitete Lügen geschürt worden war, weigerte sich die Regierung, die Existenz der Rohingya-Muslime überhaupt nur zur Kenntnis zu nehmen. Journalisten, die über ethnische Säuberungen und Verbrechen des Militärs berichteten, wurden ins Gefängnis geworfen. Wer versuchte, Facebook zu bewegen, etwas zu unternehmen, wurde abgeblockt. Aela Callan, eine australische Dokumentarfilmstudentin, die Gewaltszenen gefilmt hatte, versuchte 2013 Elliot Schrage, den Vizekommunikationschef von Facebook, auf das Problem aufmerksam zu machen. Sie präsentierte ihm ihr Material, das den Zusammenhang zwischen der Hetze und dem Völkermord an den Rohingya belegte, doch bei Facebook wollte man davon nichts hören. Ein Jahr später stieg eine norwegische Telefongesellschaft namens Telenor in den Mobilfunkmarkt von Myanmar ein, die ihre Kunden damit lockte, die Facebook-Nutzung nicht auf das Datenvolumen anzurechnen. Die Reichweite der Plattform steigerte sich dadurch noch einmal enorm.

In den folgenden Jahren versuchten Dutzende Journalisten, Unternehmen, Menschenrechtsorganisationen, ausländische Regierungen und sogar Bürger von Myanmar, Facebook auf die ungehinderte Verbreitung von Hetze und Fake News über die Plattform aufmerksam zu machen.[8] Doch Facebook schwieg zu alldem und ignorierte das Problem schlichtweg. Die Situation eskalierte, als das Militär im Oktober 2016 seine Kampagne gegen die Rohingya intensivierte.[9] Morde, Vergewaltigungen, Brandstiftungen und Verhaftungen waren an der Tagesordnung. Bis Dezember 2016 gab es Hunderte Todesopfer, Tausende ergriffen die Flucht. Im August 2017 wuchs sich die Gewalt zum Völkermord aus; das Militär von Myanmar war im Verein mit dem buddhistischen Mob an zahlreichen Morden, Deportationen und Vergewaltigungen beteiligt. Bis Januar 2018 wurden schätzungsweise 24 000 Rohingya ermordet, 18 000 Frauen und Kinder der Rohingya wurden sexuell missbraucht und vergewaltigt.[10] 116 000 Menschen waren geschlagen, 36 000 ins Feuer geworfen, annähernd 700 000 der auf ungefähr eine Million geschätzten Rohingya vertrieben worden. Es war die größte Fluchtwelle in Asien seit dem Vietnamkrieg.

Die Welt blickte auf die Nobelpreisträgerin Aung San Suu Kyi, die sich für die Demokratie starkgemacht hatte, und erwartete eine Reaktion. Aber sie schwieg zu den Gewaltexzessen und behauptete sogar, die Bilder von den Rohingya, die aus dem Westen von Myanmar flohen, seien Fälschungen. Auf Facebook schrieb sie: »Wir wissen selbst besser als viele andere, was es heißt, wenn einem die Menschenrechte und der demokratische Schutz entzogen werden.«[11] Alle Menschen in Myanmar, so erklärte sie in einem Telefongespräch mit dem türkischen Präsidenten Erdoğan, hätten ein Recht auf Schutz. Die Probleme der Rohingya, fuhr sie fort, seien eher das Resultat »eines riesigen Eisbergs von Fehlinformationen« als etwas Reales.

Seit 2010 erleben mehr Länder eine Herabstufung im Demokratieranking als eine Hochstufung.[12] Dieser negative Trend ist nicht nur in jungen Demokratien zu beobachten, sondern auch in wohlhabenden, liberalen Ländern, deren Demokratietradition eigentlich als gefestigt gilt. Manche gewählte Staatsführer greifen die Meinungsfreiheit an und erweitern ihre Machtbefugnisse durch Verfassungsänderungen. Andere versuchen, unabhängige Wahlen zu untergraben. Üblicherweise versuchen die Regierungschefs dieser Länder, ihren Bürgern autokratische Maßnahmen als alternativlos zu verkaufen. Das schwedische Forschungsinstitut V-Dem wertet detailliert Daten über die verschiedenen Formen von Demokratien auf der ganzen Welt aus und bewertet sie auf einer Skala von 100 (perfekt demokratisch) bis 0 (absolut undemokratisch). Nach Angaben des Instituts hat Spanien einen der schwersten Demokratierückschritte in Westeuropa erlitten, gefolgt von Griechenland, Deutschland, Frankreich, dem Vereinigten Königreich, Irland und Österreich. Auch die skandinavischen Länder, die liberalsten der Welt, sind seit 2010 zurückgefallen: Dänemark, das in den letzten hundert Jahren fast immer auf Platz eins der Demokratierangliste stand, verlor 10 Punkte auf der V-Dem-Skala; Schweden wurde gar um 35 Punkte zurückgestuft. Der Verfall der Demokratie in der Welt ist so dramatisch, dass V-Dem im Jahr 2020 zum ersten Mal »Autokratisierungsalarm« schlug.

Afrika fügt sich allerdings nicht in diesen Trend.[13] Im vergangenen Jahrzehnt war Subsahara-Afrika so ziemlich die einzige Weltregion, in der die Demokratie eher zu- als abnahm. Burkina Faso erlebte 2015 nach siebenundzwanzig Jahren ununterbrochener semiautoritärer Herrschaft zum ersten Mal einen Übergang zur Demokratie. In Sierra Leone fand der Übergang zur Demokratie 2018 statt, als die Regierungspartei nach verlorenen Wahlen die Macht abgab. In der Elfenbeinküste wurden 2015 unter internationaler Beobachtung die ersten weitgehend allen Bürgern zugänglichen Wahlen der postkolonialen Zeit abgehalten. Und nach zwei Jahrzehnten der Militärherrschaft ging auch Gambia 2017 zur Demokratie über.

Noch in einer anderen Hinsicht bildet Afrika eine Ausnahme: Im betrachteten Zeitraum gab es in den dortigen Ländern die geringste Internetverbreitung weltweit.[14] Sieht man von Nordkorea ab, das 2016 in dieser Hinsicht das Schlusslicht bildete, lagen die nächsten zwölf

Länder – darunter Eritrea, Somalia, Niger, die Zentralafrikanische Republik, Burundi, der Tschad und die Demokratische Republik Kongo – allesamt in Afrika. Erst seit 2014 begann die Zahl der Internetnutzer auch in Afrika zu steigen, womit die sozialen Medien auch hier zu einem wichtigen Kommunikationsmittel wurden. Facebook, YouTube und Twitter traten ab 2015 in Subsahara-Afrika ihren Siegeszug an, womit auch dort die Konflikte zunahmen. In Äthiopien beispielsweise spitzten sich im Jahr 2019 die seit langem bestehenden Spannungen zwischen den Tigray und Oromo zu, als gefälschte Videos zu kursieren begannen, in denen behauptet wurde, Regierungsvertreter würden junge Männer bewaffnen.[15] Der Konflikt brodelte schon seit 2018, als in Äthiopien der Übergang zur Demokratie einsetzte. Zeitgleich gab es einen »rapiden Anstieg des Internetzugangs, wobei Facebook bei der Nutzung dominierte«.[16] Und in der Zentralafrikanischen Republik verschärfte die Hetze, die über soziale Medien verbreitet wurde, die Spaltung zwischen Muslimen und Christen. Im Jahr 2019 begannen die Demokratie-Ratings auf V-Dem für Subsahara-Afrika, dem allgemeinen Trend folgend, wieder zu sinken.

Es ist sicherlich kein Zufall, dass die weltweite Abkehr von der Demokratie mit der Verbreitung des Internets, der Einführung von Smartphones und der zunehmenden Nutzung sozialer Medien zusammenfällt.[17] Die radikal neue Informationswelt, in der wir leben, ist vielleicht die größte kulturelle und technologische Veränderung der letzten hundert Jahre. Anfangs verbanden sich gerade mit Facebook große Hoffnungen auf eine Förderung der Demokratie. Die Erwartung war, dass die Plattform die Menschen miteinander verbinden, den freien Austausch von Ideen und Meinungen fördern und es den Bürgern ermöglichen würde, selbst und unabhängig von den Medien Nachrichten zu verbreiten. Facebook schien das ideale Instrument zu sein, die Macht in die Hände des Volkes zu legen. Dissidenten hatten nun eine neue Möglichkeit, sich zu organisieren und miteinander zu kommunizieren, wovon man sich den Beginn einer neuen Ära der Freiheit und der Reformen versprach. Im Jahr 2009 wurde Facebook zur weltweit beliebtesten Plattform. Auch YouTube, Twitter, WhatsApp und Instagram waren 2010 sehr beliebt und wuchsen weiter. Im Jahr 2013 bezogen 23 Prozent der Amerikaner zumindest einen Teil ihrer politischen Informationen über soziale Medien.[18] Im Jahr 2016 taten dies bereits über 62 Prozent, inzwischen sind es mehr als 70 Prozent.

Doch mit den sozialen Medien scheint sich die Büchse der Pandora geöffnet zu haben. Das Zeitalter des Informationsaustauschs hat der Verbreitung von irrtümlichen oder absichtlichen Falschinformationen völlig neue, jeglicher Kontrolle entzogene Wege eröffnet. Scharlatane, Verschwörungstheoretiker, Trolle, Demagogen und Gegner der Demokratie, denen die Medien zuvor keine Stimme geliehen hatten oder die zumindest das breite Publikum kaum erreichen konnten, hatten auf einmal leichtes Spiel. Kate Starbird, Mitbegründerin des Center for an Informed Public und Professorin an der University of Washington, meint dazu: »2009 war das Problem der Falschinformationen noch relativ klein. ›Ach, alles kein Grund zur Sorge. Die meisten Informationen, die verbreitet werden, sind wahr und stammen von Menschen mit guten Absichten‹, beruhigten wir uns.«[19] Doch es dauerte nur ein halbes Jahrzehnt, und die Zahl der Falschinformationen in den sozialen Medien stieg sprunghaft an. Je größer die Reichweite der sozialen Medien wurde und je mehr sie die Aufmerksamkeit der Menschen auf sich zogen, desto deutlicher zeichnete sich ein immer gleiches Muster ab: Ethnische Spannungen verstärkten sich, die soziale Spaltung wurde größer, Fremdenfeindlichkeit nahm zu, dreiste Populisten gewannen Wahlen, und die Gewalt stieg an. Die offenen, unregulierten Plattformen der sozialen Medien erwiesen sich als Brandbeschleuniger für Bürgerkriegsbedingungen.

Das Problem liegt im Geschäftsmodell der sozialen Medien.[20] Technologieunternehmen wie Facebook, YouTube, Google und

Twitter müssen die Nutzer so lange wie möglich auf ihrer Plattform halten – anders ausgedrückt, sie müssen sie »fesseln«. Je länger die Nutzer online bleiben, auf Links zu Katzenbildern klicken, Geschichten über Prominente retweeten oder Videos teilen, desto stärker sprudeln die Werbeeinnahmen. Und je länger sich die Nutzer auf den Seiten aufhalten, desto mehr Daten können über sie gesammelt werden, was gezielte Werbung erleichtert und noch mehr Geld einbringt. Im Jahr 2009 führte Facebook den Like-Button ein, der dem Unternehmen sagt, welche Beiträge bei den Nutzern am besten ankommen. Noch im selben Jahr, mithin genau zu der Zeit, in der sich das Klima für Demokratien verschlechterte, gab es eine weitere Neuerung bei Facebook: einen Algorithmus, der Nutzern auf der Grundlage ihrer bisherigen Likes weitere Beiträge zur Ansicht vorschlug. Kurz danach übernahm auch Google, die Muttergesellschaft von YouTube, dieses Prinzip.

Wie sich herausstellte, mögen viele Menschen eher aufwühlende Nachrichten als beruhigende, sie glauben eher Lügen als der Wahrheit und empören sich lieber, als dass sie Mitgefühl empfinden. Die Nutzer liken weitaus eher einen hitzigen als einen wohlüberlegten Beitrag – ein Anreiz, Postings in provokantem Ton zu verfassen, da sie sich dann leichter verbreiten. Mit der Einführung des Like-Buttons wurden Facebook-Nutzer plötzlich dafür belohnt, ihren negativen Gefühlen freien Lauf zu lassen – wie sie es dabei mit der Wahrheit hielten, war zweitrangig. Inzwischen ist durch Studien belegt, dass Menschen am meisten Informationen beschäftigen, die ihre Wut und Gewaltbereitschaft anstacheln. William J. Brady und seine Kollegen von der New York University kamen durch die Analyse einer halben Million Tweets zu dem Schluss, dass jeder Ausdruck mit stark moralisierendem oder emotionalem Charakter zu einem zwanzigprozentigen Anstieg der Retweets führt.[21] Eine andere Studie des Pew Research Centers ergab, dass Beiträge, die »empörten Widerspruch« zum Ausdruck brachten, fast doppelt so viele Likes bekamen und doppelt so oft geteilt wurden wie andere.[22] Tristan Harris, ein amerikanischer Informatiker und ehemaliger Design-Ethiker von Google, erklärte die Anreize in einem Interview mit der *New York Times* im Jahr 2019 so: »Wenn ich YouTube wäre und wollte, dass du mehr schaust, würde ich dir immer mehr extremes und verrücktes Zeug präsentieren.«[23]

Schlimmer noch: Die Algorithmen, die das Nutzerverhalten analysieren, begannen, sich selbst verstärkende, immer abseitigere Echokammern zu schaffen, in denen sich Nutzer auf gefährlichen Pfaden in Verschwörungstheorien, Halbwahrheiten und extremistischem Gedankengut verloren. Diese Empfehlungsmaschinen, wie man sie auch nennt, sorgten dafür, dass die Nutzer auf immer beschränktere und extremere Informationen gelenkt wurden.[24] Wenn jemand beispielsweise nach der Lektüre der Geschichte eines Polizisten, der ein Kätzchen gerettet hatte, auf den Like-Button klickte, empfahl Facebook Beiträge über Wohltätigkeitsorganisationen der Polizei, dann Geschichten, in denen die Polizei positiv dargestellt wurde, und schließlich zunehmend extremistisches Material. Walter Quattrociocchi, Informatiker an der Sapienza Università di Roma, nahm vier Jahre lang 54 Millionen Kommentare in verschiedenen Facebook-Gruppen unter die Lupe.[25] Sein Fazit: Die Kommentare fallen umso extremer aus, je länger eine Diskussion dauert. Eine Studie ergab, dass YouTube-Nutzer, die »gemäßigte« rechtsgerichtete Inhalte wie *The Joe Rogan Experience* des provokativen gleichnamigen Podcasters konsumieren, dessen Sendung regelmäßig von zehn bis zwölf Millionen verfolgt wird, sich im Anschluss zu deutlich radikaleren rechtsgerichteten Inhalten hingezogen fühlen. Die Studie kam zu dem Schluss, YouTube sei »ein Wegbereiter für Radikalisierung«.[26]

Dieses Geschäftsmodell, das auf die Verstärkung von Tendenzen setzt, lässt die sozialen Medien für alle, die sich mit Bürgerkriegen beschäftigen, so beängstigend erscheinen. Es schert sich nicht um die Wahrheit der verbreiteten Informationen, es bewertet sie allein danach, ob sie viele Leute ansprechen. Und die großen Technologieunternehmen, die längst die Gatekeeper für Nachrichten und Informationen aller Art geworden sind, haben kein Interesse daran, die Nutzung ihrer Plattformen oder die Verbreitung von Inhalten zu beschränken. Ganz im Gegenteil ist es im Sinn ihrer Aktionäre, die Reichweite attraktiver Informationen zu erhöhen.

Für Extremisten auf der Suche nach Anhängern sind die sozialen Medien das perfekte Vehikel. So war es in Myanmar, wo Leute wie der radikale buddhistische Mönch Ashin Wirathu ein aufnahmebereites Publikum für ihre Hetze gegen die Rohingya fanden. Wirathu, der während der Militärherrschaft wegen seiner extremen Ansichten im Gefängnis saß, entwickelte sich nach 2013 zu einem radikalen Sektenführer, der innerhalb und außerhalb religiöser Gemeinschaften Tausende von Anhängern um sich scharte.[27] Er »predigte« im ganzen Land gegen die Muslime in Myanmar und forderte ein stärkeres Eingreifen des Militärs. (Im Jahr 2019 wurde er wegen Aufwiegelei angeklagt, weil er behauptet hatte, Aung San Suu Kyi gehe nicht hart genug gegen die muslimischen »Invasoren« vor.)

Im Jahr 2018 räumte Facebook schließlich Mitverantwortung für die Gewaltausbrüche in Myanmar ein, nachdem eine Reihe von öffentlichkeitswirksamen Berichten und Schilderungen die Plattform direkt mit dem Völkermord von 2017 in Verbindung gebracht hatte.[28] CEO Mark Zuckerberg versprach, alles in seiner Macht Stehende zu tun, um den unablässigen Strom von Hetze und Falschinformationen zu stoppen. Das Unternehmen stellte drei birmanischsprachige Mitarbeiter ein, und schließlich wurden 484 Seiten, 157 Accounts und 17 Gruppen geschlossen. Den meisten Aktivisten und Menschenrechtsgruppen ging das nicht weit genug.[29]

Letztlich war es ohnehin zu spät, der Dammbruch war bereits geschehen. Militärs, die bei Facebook gesperrt wurden, wechselten zu Twitter, wo sich die islamfeindlichen, gegen die Rohingya gerichteten Tweets vermehrten.[30] In einem von Hunderten neuen Twitter-Konten, die Reuters im Sommer 2017 entdeckte, drückte jemand die allgemeine Stimmung so aus: »Es gibt keine Rohingya in Myanmar, das sind nur illegale Einwanderer und Terroristen.«[31] Twitter weigerte sich in der Mehrzahl der Fälle, derartige Beiträge zu löschen. Fest steht, dass keine der sozialen Plattformen auch nur annähernd genug unternommen hat, die Aufrufe zum Völkermord an einer Minderheit in Myanmar zu unterbinden.

Das brutale Vorgehen des Militärs gegen die Rohingya war kein Bürgerkrieg. Die Rohingya hatten keine Möglichkeit, sich zu organisieren oder zu wehren. Es handelte sich um einen Angriff der Regierung und buddhistischer Bürger auf eine Minderheit. Dies war eine Form der ethnischen Säuberung und ein extremes Beispiel für die Art von Konflikten, die überall auf der Welt entstehen, unterstützt durch das Megaphon, das »ethnische Entrepreneure« mit den sozialen Medien in die Hand bekommen haben, um Angst und Gewalt zu schüren. Im Frühjahr 2018 war die Dominanz von Facebook im gesellschaftlichen Diskurs Myanmars so groß, dass Präsident Htin Kyaw seinen Rücktritt nicht über Fernsehen oder Radio, sondern auf Facebook mitteilte.[32]

Allerdings ist auch die Gefahr eines echten Bürgerkriegs in Myanmar keineswegs gebannt. Nur wenige Monate nachdem die Partei von Aung San Suu Kyi bei den Wahlen im November 2020 einen überwältigenden Sieg errungen hatte, putschte das Militär und setzte sie und andere Oppositionsführer unter dem Vorwurf des Wahlbetrugs ab. Im Frühjahr 2021 kam es auf den Straßen zu Zusammenstößen zwischen Demonstranten und der Polizei, angeheizt durch die von den sozialen Medien ausgelöste jahrelange Spaltung des Landes. Das Militär ging mit dem Schlagstock und scharfer Munition gegen die friedlichen Demonstranten vor, warf Menschen ins Gefängnis und holte ihre Anführer nachts aus ihren Häusern. Zwar schloss Facebook das Militär Myanmars von seiner Plattform aus und blockierte auch Werbeanzeigen von Unternehmen, die sich im

Besitz des Militärs befanden, doch die Generäle verbreiteten über ihre persönlichen Seiten weiterhin Unmengen an Propaganda zur Rechtfertigung des Staatsstreichs und zur Mobilisierung der Staatsdiener.[33]

Das letzte Wochenende im März 2021 war das bisher blutigste. Einer der lokalen Anführer des Protests, Soe Naing Win (ein Pseudonym), der am Rande der Stadt Yangon lebt, konnte in einem Interview mit einem amerikanischen Journalisten seine Tränen nicht zurückhalten.[34] Gewaltloser Protest führe zu nichts, sagte er dem Reporter. »Wenn die Diplomatie versagt und das Morden weitergeht, wird das Volk von Myanmar gezwungen sein, sich selbst zu verteidigen.« Wie Soe Naing Win verriet, hatte er bereits mit dem Training für diesen Kampf begonnen. Der Bürgerkrieg, sagte er, sei unausweichlich.

Rodrigo Duterte, Bürgermeister einer Stadt auf der Insel Mindanao, bekannt als der »Obstkorb der Philippinen«, war eine kleine Nummer, als er 2015 beschloss, für das Präsidentenamt zu kandidieren. Er hatte keinerlei nennenswerte finanzielle oder politische Unterstützung. Aber er war so klug, Nic Gabunada, einen Marketingfachmann, mit der Organisation einer Kampagne in den sozialen Medien zur Unterstützung seiner Kandidatur zu betrauen. Gabunada heuerte dem Vernehmen nach Hunderte von Influencern dafür an, Dutertes Loblied zu singen und seine Gegner zu kritisieren. Schmissige Hashtags sorgten für die erwünschte Aufmerksamkeit.

Duterte nutzte die Plattformen, um die bestehende Unzufriedenheit mit der philippinischen Regierung auszubeuten und zu verstärken. Er kritisierte die Medien als Sprachrohr der politischen Elite, stellte die Institutionen infrage und brandmarkte das politische Establishment als korrupt. Er schürte die Ängste der Bürger vor der Verbreitung von Drogen und plädierte für ein hartes Durchgreifen der Polizei. Facebook war entscheidend für Dutertes Wahlsieg im Jahr 2016: Mehr als 97 Prozent der Philippiner mit Zugang zum

Internet nutzen diese Plattform. Nicht ohne Grund bezeichnete die Bloomberg-Journalistin Lauren Etter die Philippinen als »erstklassiges Facebook-Land«.[35]

Zu Beginn seiner Kampagne war Duterte der einzige Kandidat, der sich an einem Diskussionsforum für studentische Wähler beteiligte, das Maria Ressa eingerichtet hatte, eine renommierte philippinische Journalistin und Gründerin von *Rappler*, dem größten Online-Nachrichtenportal der Philippinen; 2021 erhielt sie den Friedensnobelpreis.[36] Sofort konzentrierte sich Duterte hauptsächlich darauf, junge Menschen über deren wichtigste Plattform, Facebook, anzusprechen. Er richtete seine Kampagne neu aus, indem er gezielt Fake News und Gerüchte über seine Gegner aufgriff.

Die Strategie ging auf. Duterte gewann die Mehrheit der Stimmen im Großraum Manila, in Regionen im Süden, in denen Cebuano gesprochen wird, und auf Mindanao, der Heimat der seit langem unzufriedenen Moros.[37] Nachwahlbefragungen zeigten, dass er vor allem die Unterstützung junger, gut ausgebildeter Menschen gewonnen hatte, die mit der allgemeinen Lage und der korrupten politischen Elite unzufrieden waren.[38] So schaffte es Duterte 2016, zum sechzehnten Präsidenten der Philippinen gewählt zu werden, obwohl er über ein viel kleineres Wahlkampfbudget als seine Gegner verfügte.[39]

Inzwischen hat sich ein Muster herausgeschält: Soziale Medien sind das bevorzugte Vehikel politischer Außenseiter mit autokratischen Ambitionen, die eine populistische Welle ins Ziel trägt. Erdoğan in der Türkei und Modi in Indien sind hierfür Beispiele, auch Mariano Rajoy in Spanien könnte man hier nennen. Sie alle waren in den sozialen Medien versierte Überraschungssieger. Rajoy gewann 2016 unerwartet die Wahlen in Spanien, nachdem er gezielt Facebook-Nutzer angesprochen hatte, die zuvor für seinen Gegner gestimmt hatten. Soziale Medien bieten solchen Kandidaten nicht nur ein unreguliertes Umfeld, sondern gleich mehrere Plattformen (YouTube,

Twitter, Facebook), über die sie mit ihren Informationen und ihrer Propaganda unterschiedliche Zielgruppen erreichen können. Wenn ein Politiker in der Vergangenheit Einfluss auf die Wähler nehmen wollte, musste er erst an den Gatekeepern seiner eigenen Partei, der Rundfunkanstalten und Zeitungen vorbei. Die sozialen Medien ermöglichen es jedem Kandidaten und jeder politischen Gruppierung, ganz gleich wie unbedeutend, diese Zugangskontrollen zu umgehen.

Aber es geht nicht allein um Sichtbarkeit. Die von den sozialen Medien verwendeten Algorithmen haben zur Folge, dass Außenseiter die wirksamsten Mittel zur Erzeugung von Aufmerksamkeit, nämlich Ängste und Empörung, nutzen können, um Lügen über ihre Gegner und die Institutionen eines Landes unter einem Massenpublikum zu verbreiten. Einem Bericht von Freedom House aus dem Jahr 2017 zufolge beeinflussten in diesem Jahr Desinformationskampagnen Wahlen in mindestens siebzehn Ländern.[40] Die sudanesische Regierung richtete innerhalb ihres Nachrichten- und Sicherheitsdienstes eine eigene Abteilung für sogenannte »Cyber-Dschihadisten« ein, die über gefälschte Nutzerkonten beliebte Gruppen auf Facebook und WhatsApp infiltrierten. Sie schrieben positiv über die Politik der Regierung und fielen gleichzeitig über jeden regimekritischen Journalisten her. »Regierungsvertreter in Venezuela«, hieß es in dem Bericht, »nutzten regelmäßig manipuliertes Filmmaterial, um Lügen über oppositionelle Demonstranten in den sozialen Medien zu verbreiten, Verwirrung zu stiften und die Glaubwürdigkeit der Oppositionsbewegung im Vorfeld von Wahlen zu untergraben. In Kenia teilten Nutzer vor dem Urnengang im August 2017 arglos Fake News und Videos mit den Logos von allgemein als seriös anerkannten Sendern wie CNN, BBC und NTV Kenia in sozialen Medien und Messaging-Apps.«[41]

Es ist nicht das erste Mal in der jüngeren Geschichte, dass Populisten mit antidemokratischen Neigungen an die Macht kommen. Es ist auch nicht das erste Mal, dass Demokratien scheitern. Geändert hat sich allerdings, wie es dazu kommt: Früher kamen Autokraten in der Regel durch einen Militärputsch an die Macht. Heute holen die Wähler sie sich selbst ins Haus.

Dies liegt zum großen Teil auch daran, dass die sozialen Medien es Politikern so leicht machen, Zweifel an der Demokratie als Regierungsform zu säen oder auszunutzen. Mit Desinformationskampagnen werden Institutionen attackiert und das Vertrauen der Menschen in eine repräsentative Regierung, die freie Presse und eine unabhängige Justiz untergraben. Toleranz und die Bejahung einer pluralistischen Gesellschaft gehen verloren. Häufig werden auch Ängste geschürt, was rechtsextremen Law-and-Order-Kandidaten Stimmen einträgt. Schließlich können solche Kampagnen dazu führen, dass die Bürger die Wahlergebnisse anzweifeln. Durch den Vorwurf des Wahlbetrugs lassen sich zumindest einige Wähler davon überzeugen, dass ihrer Seite der Sieg gestohlen wurde. Die Wähler können in einer Demokratie nur dann eine vernünftige Wahlentscheidung treffen, wenn sie über gute Informationen verfügen, doch die sozialen Medien überschütten sie mit miserablen Informationen. Haben die Menschen dann erst einmal das Vertrauen in den demokratischen Prozess verloren, neigen sie dazu, ein alternatives System gutzuheißen und die Macht in die Hände charismatischer Personen zu legen, die ihnen Schutz und eine sichere Zukunft versprechen.

Nach diesem Muster verfuhr auch Duterte, der nahezu sämtliche demokratischen Normen seines Landes missachtete. Nicht anders Bolsonaro. Auch ihm traute niemand zu, die Präsidentschaft zu gewinnen. Laut einer Umfrage des Aktivisten und Wahlkampfleiters Fadi Quran unter brasilianischen Wählern im Jahr 2014 hatten 66 Prozent nicht vor, ihm ihre Stimme zu geben.[42] Man hielt ihn für einen rechten und noch dazu unerfahrenen Außenseiter. Doch Bolsonaro nutzte seine bescheidenen finanziellen Mittel, um Anzeigen auf Facebook und YouTube zu schalten.[43] Damit war er der erste brasilianische Kandidat, der seinen Wahlkampf hauptsächlich über die sozialen Medien führte. Seine ersten YouTube-Videos und Facebook-Posts waren hemmungslose Angriffe auf seine Gegner.[44] Die ehemalige Präsidentin Dilma Rousseff verglich er mit den Bombenlegern des Boston-Marathons. Er ließ ein Video produzieren, in dem er die absurde Behauptung aufstellte, Rousseffs Ministerin für Frauenpolitik, Eleonora Menicucci, sei sowohl Kommunistin als auch Nazi und eine Schande für das Land. In einigen Videos forderte er für den Staat das Recht, extreme Foltermethoden anzuwenden, in anderen die Rückkehr zur Militärdiktatur.

Langsam, aber sicher erhielten seine Videobotschaften mehr Likes und erzielten mehr Aufrufe. Zunächst wurden simple Verschwörungstheorien verbreitet, doch mit der Zeit griffen sie die Themen der globalen Alt-Right-Bewegung auf. Wie bei populistischen Führern üblich, positionierte sich Bolsonaro als Außenseiter, der im Namen des Volkes den Kampf gegen eine korrupte politische Elite auf sich nimmt.[45] Je stärker Bolsonaro von den traditionellen Medien, die er als korrupt und verlogen brandmarkte, unter die Lupe genommen wurde, desto mehr verlegte er sich darauf, mit den einfachen Brasilianern über die sozialen Medien zu kommunizieren.[46] Sechs Monate nach Beginn seiner Kampagne in den sozialen Medien gewann er die Präsidentschaft. Fast 90 Prozent der Menschen, die für Bolsonaro stimmten, hatten seine Geschichten gelesen und geglaubt. Auch heute noch kommuniziert er häufig mit seinen Anhängern über WhatsApp und Twitter, oft in Großbuchstaben. In den letzten Jahren trat Bolsonaro für seine zehn Millionen Follower wöchentlich auf YouTube und Facebook in Livestreams auf.

Man könnte nun denken, ihre Demokratiefeindlichkeit müsste solche Politiker unbeliebt machen. Doch in der Konsolidierungsphase ihrer Macht wissen sie ihr bevorzugtes Kommunikationsmittel, die sozialen Medien, längst so perfekt zu nutzen, dass ihre Wähler ihnen abnehmen, Frieden und Wohlstand im Land ließen sich allein mit antidemokratischen Maßnahmen bewahren. Duterte hat Hunderte

Leute angeheuert, viele davon aus China (er ist ein Bewunderer der dortigen Verhältnisse), um gefälschte Konten in den sozialen Medien einzurichten. Ihre Aufgabe besteht darin, Kritiker zu attackieren und dem Präsidenten zu huldigen.[47] Schätzungen zufolge stecken hinter 20 Prozent aller Twitter-Konten, die Duterte erwähnen, in Wirklichkeit Bots.[48] Im Oktober 2020 lag Dutertes Zustimmungsrate bei 91 Prozent.

Ähnlich lief es in Ungarn, wo Präsident Viktor Orbán im Laufe der Zeit nicht weniger, sondern mehr Zuspruch erhalten hat. In Europa gewannen rechtsgerichtete, einwanderungsfeindliche Parteien wie die Alternative für Deutschland, die Lega Nord in Italien, die Vlaams Belang in Belgien, der Rassemblement National (ehemals Front National) in Frankreich und die Freiheitliche Partei Österreichs in den letzten Jahren allesamt an Zustimmung. Die sozialen Medien sind darwinistisch strukturiert, dort überlebt, wer am besten angepasst ist, und das heißt, wer am aggressivsten und unverschämtesten auftritt und alle anderen übertönt. Im Wettstreit zwischen liberalen Demokratien und autoritären Regimen fördern die sozialen Medien ungewollt den Sieg der Autokraten.

Die sozialen Medien beeinträchtigen nicht nur häufig die Qualität der Demokratie. Sie verstärken auch ethnische, soziale, religiöse und geographische Spaltungen, die oft der erste Schritt zur Bildung von Faktionen sind. Schweden zum Beispiel war bislang nie ein Land, das mit rechtsextremer, nationalistischer Politik von sich reden machte. Den Wohlfahrtsstaat zeichnet eher seine progressive politische Kultur aus. Die schwedische Bevölkerung ist von jeher stolz auf das, was sie als den »schwedischen Exzeptionalismus« bezeichnet, bei dem Werte wie Gemeinschaft, Gleichheit und gegenseitige Rücksichtnahme im Mittelpunkt stehen. Die Schweden haben sogar einen Namen dafür – *folkhemmet*, was so viel wie »Volksheim« bedeutet.

Doch am 9. September 2014 wurde eine aus einer rassistischen, rechtsextremen Bewegung hervorgegangene Partei zur drittstärksten Kraft im schwedischen Parlament. Dass dies ausgerechnet in Schweden passierte, war für Jo Becker, Journalist der *New York Times*, Anlass zu einer monatelangen Recherche.[49] Die Partei, die unter dem Namen Schwedendemokraten (Sverigedemokraterna, SD) bekannt ist, wurde 1988 von einem Chemiker mitbegründet, der sich im Zweiten Weltkrieg zur SS gemeldet hatte. Im Jahr 2005 machte sich der Parteivorsitzende Jimmie Åkesson daran, der Partei ein seriöseres Image zu geben. Er tauschte Hakenkreuze und Springerstiefel gegen Anzüge und Krawatten und richtete die Gruppe neu aus: weg vom nationalsozialistischen Gedankengut hin zum Populismus. (Die Mitglieder dürfen nun bei Parteiversammlungen keine Naziuniformen mehr tragen.) Aber die Partei hatte ein Problem: Schwedische Zeitungen, Fernsehsender und Radiosendungen weigerten sich, ihre Anzeigen zu schalten. Die Post lehnte es oft ab, ihre Wurfsendungen zuzustellen. Die Partei stagnierte. Die meisten Bürger hatten noch nie von ihr gehört.

Das änderte sich mit dem Internet. Wie Becker herausfand, begann Åkesson, ein ehemaliger Webdesigner, von 2009 an mit dem Aufbau einer Online-Präsenz. Er richtete mehrere Facebook-Seiten ein, die es ihm und anderen Parteiführern ermöglichten, direkt mit ihren Anhängern zu kommunizieren. Dazu kamen zwei Online-Zeitungen, *Samhällsnytt* (Nachrichten aus der Gesellschaft) und *Nyheter Idag* (Nachrichten heute), die das Tagesgeschehen aus rechtsextremer Perspektive kommentierten. Sie fanden rasch ihr Publikum, auch wenn viele der Informationen, etwa über Einwanderer und über die extreme Linke, grob irreführend waren. Becker stellte fest, dass 2018 85 Prozent der Junk-News rund um die schwedischen Wahlen von diesen beiden Websites und einer dritten namens *Fria Tider* (Freie Zeiten) stammten. Mehr als eine Million Schweden konsumierte wöchentlich diese Online-Publikationen – etwa so viele wie die Leserschaft der beiden größten Tageszeitungen Schwedens zusammengenommen.[50] Im Jahr 2010, nur ein Jahr nach der Umstellung auf eine Online-Kampagne, errang die Partei zum ersten Mal Sitze im schwedischen Parlament.[51] Im Jahr 2014 war sie dort die drittstärkste Partei. Neun Jahre hatten ihr dafür genügt.

Die Schwedendemokraten verwahren sich gegen den Vorwurf, Neonazis zu sein. Ihre Anführer gerieren sich als ganz normale Leute aus der Arbeiterklasse, denen die gesellschaftlichen Entwicklungen in Schweden Sorge bereiten. Sie treten stets sehr seriös in adretten Anzügen auf. Aber die Sprache, die sie im Internet benutzen, entlarvt sie. Es handelt sich um eine identitäre Gruppierung, die ihre historischen Privilegien gefährdet sieht. Sie zeichnet sich durch die Geringschätzung »anderer« aus, die sie aus dem *folkhemmet* ausschließen will. Auf ihren Websites findet man Geschichten über muslimische Migranten, die Straftaten begehen, Tiere quälen oder sich weigern, die westlichen Gesetze anzuerkennen. Dort liest man, dass schon wieder ein »ausländischer Einbrecher nach dem Hinweis eines aufmerksamen Nachbarn gefasst wurde«, begleitet von einem eindeutig inszenierten Foto. Die Partei hält es für das Gebot der Stunde, Schweden in eine einfachere und glücklichere Zeit zurückzuführen. Ihr Ziel ist die Wiederherstellung des »Volksheims«.[52]

Soziale Medien sind der Traum eines jeden »ethnischen Entrepreneurs«. Algorithmen ermöglichen es diesen nationalistischen Extremisten, durch die Verbreitung aufwühlender Inhalte die Vorurteile der Menschen über »die anderen« zu prägen – ein ideales Mittel, um ethnische Minderheiten zu dämonisieren, sie ins Visier zu nehmen und die Spaltung der Gesellschaft voranzutreiben. »Ethnische Entrepreneure« nutzen dies, um ein gemeinsames Narrativ zu schaffen, eine Geschichte, hinter der die Menschen stehen können, und sie verführen ihre Anhänger, sich immer tiefer in dieser Gedankenwelt zu verlieren.[53] Schwedische YouTuber wie Vedad Odobasic, der sich »Angry Foreigner« nennt (er stammt ursprünglich aus Bosnien-Herzegowina), produzieren radikale Videos gegen Migranten.

Eines davon heißt »Interviews: Opfer des Multikulturalismus«. Ein anderes trägt den Titel »Touristen sind in Schweden nicht sicher«. Seine Videos erzielten insgesamt mehr als 33 Millionen Aufrufe. Ein weiterer schwedischer YouTuber ist Lennart Matikainen,[54] er verbreitet rechtsextremes politisches Gedankengut und Verschwörungstheorien über Swebbtv. YouTube sperrte die Plattform im Jahr 2020 wegen Verstoßes gegen seine Richtlinien. Matikainens persönlicher Account hat dennoch über sechs Millionen Aufrufe erzielt.

In den letzten zehn Jahren erschienen überall auf der Welt »ethnische Entrepreneure« und wurden mit Hilfe der sozialen Medien groß. In Indien hat Modi sich sämtlicher Instrumente aus ihrer Trickkiste bedient, um gegen Nichthindus zu hetzen. Er tut dies in direkter Kommunikation mit seinen über 47 Millionen Followern auf Twitter, Facebook und YouTube. (Im März 2020 war Modi der Politiker mit der weltweit dritthöchsten Zahl von Twitter-Followern, direkt hinter dem ehemaligen Präsidenten Barack Obama und dem damaligen Präsidenten Donald Trump.)[55] Er nutzt die sozialen Medien häufig, um »Hindutva« zu propagieren, eine Bewegung, die für den Vorrang hinduistischer Lehren in der indischen Kultur kämpft. Modi wurde bei seinen Bemühungen von kleineren, ebenfalls medienversierten »ethnischen Entrepreneuren« unterstützt. Der Fernsehmoderator Arnab Goswami stand Modi mit Fehlinformationen und Hetze zur Seite.[56] Unterdessen nutzte der prominente Yogi Baba Ramdev seine Plattform, um die hindu-nationalistische Basis anzustacheln – und seine Ayurveda-Produkte zu verkaufen.[57]

In Brasilien hält der YouTuber Nando Moura seine drei Millionen Follower bei Laune, indem er Bolsonaro mit Verschwörungstheorien und paranoiden rechtsextremen Tiraden assistiert.[58] Im Vereinigten Königreich beschuldigt der YouTuber und Influencer Paul Joseph Watson, dessen Gefolgschaft 1,9 Millionen zählt, den Islam, sexuelle Übergriffe zu verherrlichen, und behauptet, Flüchtlinge würden »parasitäre Krankheiten« übertragen.[59]

Milošević, wäre er noch am Leben, würde sicherlich die sozialen Medien lieben und seinen Mythos von Großserbien über Twitter und Facebook verbreiten. Er würde inszenierte Videos liken, auf denen Albaner angeblich Unruhen anzetteln, Geschichten über Kroaten teilen, die den Serben ihre Jobs wegnehmen, und Verschwörungstheorien über den Missbrauch serbischer Kinder durch Bosniaken retweeten. Er würde ein Team von Trollen anheuern, um seine Aufrufe zur »Einheit« und Desinformationen über seine Gegner unters Volk zu bringen. Und die Algorithmen der sozialen Medien würden ihn dafür belohnen: mit mehr Followern, mehr Likes und vielleicht sogar mehr Geld.

In den Demokratien der Welt, in denen die Grundsätze der freien Meinungsäußerung und der repräsentativen Vertretung historisch gesehen der Demagogie entgegenwirken und einen vernunftgeleiteten öffentlichen Diskurs fördern, finden die heutigen »ethnischen Entrepreneure« überraschend viel Gehör. Dass die sozialen Medien ihnen dabei geholfen haben, lässt sich am Beispiel einer Demokratie wie Frankreich beobachten. Dort wurde der Front National, dessen Begründer Jean-Marie Le Pen mit plumper Rhetorik über Migranten und die Vorherrschaft der französischen Kultur hausieren ging, einst als Randbewegung abgetan. Heute, unter der Führung von Le Pens Tochter Marine, verbreitet die inzwischen in Rassemblement National umbenannte Partei ihre Botschaft, die ethnische Spannungen ausnutzt und schürt, mit der ausgefeiltesten Nutzung der sozialen Medien aller großen politischen Parteien Frankreichs. (Marine Le Pen hat fünfzehn fest angestellte Mitarbeiter, die recherchieren, Memes erstellen und die Kampagnen der Partei zur Diskreditierung ihrer Gegner in den sozialen Medien koordinieren.)[60] Obwohl sie 2017 und erneut 2022 die Stichwahl für das Präsidentenamt verlor und gegen sie wegen Missbrauchs von EU-Geldern ermittelt wurde, konnte Le Pen 2019 zweiundzwanzig Sitze für ihre Partei im EU-Parlament erringen, einen mehr als die Parteienkoalition von Macron,[61] und die acht Mandate, die sie 2017 in der französischen Nationalversammlung errang, konnte sie 2022 auf neunundachtzig steigern.

Früher hatten rechtsextreme Parteien in liberalen Demokratien schlechte Chancen. Aber die von »ethnischen Entrepreneuren« geschürte Angst und Wut, die Mythen und Verluste der »Söhne der Scholle« erwiesen sich als überaus erfolgreich bei Menschen, die im Bann der sozialen Medien lebten. »Rechtspopulismus hat immer die größere Zugkraft«, heißt es dazu aus dem Facebook-Management.[62] Populismus, so ließ das Unternehmen erklären, löse »unglaublich starke« und »primitive« Reaktionen aus, indem er an emotional aufgeladene Themen wie »Nation, Schutz, das andere, Wut, Angst« appelliere. In Schweden war die Berichterstattung von *Samhällsnytt* und *Nyheter Idag* ganz darauf ausgerichtet, Angst um die Sicherheit der Schweden, ihrer Familien, ihrer Kultur und Gesellschaft zu schüren. Nutzt man diese Websites als Hauptnachrichtenquelle, nachdem sie einem durch Algorithmen zur Kenntnis gebracht oder verstärkt präsentiert wurden, kommt man schnell zu der Überzeugung, dass Schweden am Rande des Abgrunds steht und daran Migranten und die extreme Linke schuld sind. Wer das einmal verinnerlicht hat, ist kaum noch davon abzubringen.

Den meisten Menschen ist nicht bewusst, wie anfällig westliche Demokratien für gewalttätige Konflikte sind. Sie gehen ganz selbstverständlich von deren Unerschütterlichkeit, Widerstandskraft und Krisenfestigkeit aus. Aber dieses Vertrauen stammt aus der Zeit, in der es noch keine sozialen Medien gab, die ein Einfallstor für die Feinde der Demokratie geschaffen haben, über das sie die Gesellschaft leicht von innen heraus destabilisieren können. Das Internet hat gezeigt, auf welch tönernen Füßen eine vom Volk gewählte Regierung stehen kann.

Es fiel Shane Bauer, einem dreiunddreißigjährigen Berkeley-Absolventen mit zotteligem Bart, nicht schwer, einer der größten amerikanischen Milizgruppen beizutreten.[63] Er brauchte nur auf Facebook einige der vielen Seiten von Milizen zu liken, die sich dort tummeln. Bauer suchte die Mitgliedschaft in einer solchen Miliz nicht, um Schutz für sich selbst oder seine Familie zu finden. Er ist ein preisgekrönter Journalist – und im Jahr 2016 war es sein Projekt, einen Blick hinter die Kulissen all dieser Milizen zu werfen, die sich überall in den USA formierten.

Bauer likte drei verschiedene Gruppen: die Three Percenter Nation, die Patriotic Warriors und die Arizona State Militia. Facebook schlug ihm daraufhin automatisch weitere Seiten von Milizen vor. (Als ich auf Facebook die Schlagworte »Arizona state militia« in die Suche eingab, bekam ich fünf Empfehlungen für solche Gruppierungen in diesem Bundesstaat.) Facebook leistet ganze Arbeit, wenn es gilt, seine Nutzer mit Leuten zu verknüpfen, die ähnliche Interessen haben – und seien sie noch so extrem.

Bauer likte schließlich all diese Seiten. Aber um auch tatsächlich in die geschlossenen Facebook-Gruppen aufgenommen zu werden, musste er deren Betreiber von der Ernsthaftigkeit seines Interesses überzeugen. Also eröffnete er selbst ein Facebook-Konto und begann, über Barack Obama zu schimpfen und Memes mit der amerikanischen Flagge zu posten. Er schrieb Blogbeiträge über die Bedrohung durch Syrer, die via Mexiko in die USA einzureisen versuchen. Dann schickte er Dutzende von Freundschaftsanfragen an Personen, die auf den Facebook-Seiten verschiedener Milizen aktiv waren. »Innerhalb von ein paar Tagen hatte ich mehr als 100 Freunde«, berichtet er. Kurz darauf stieß Bauer auf die private Facebook-Gruppe der Three Percenters mit dem Namen »Operation Spring Break«. Nachdem er dort Zugang erhalten hatte, erfuhr er von einer geplanten Patrouille der Gruppe entlang der Grenze zwischen Arizona und Mexiko. Um teilnehmen zu können, brauchte Bauer nur mit seinen eigenen Schusswaffen, einer Erste-Hilfe-Ausrüstung und einer Bodycam aufzutauchen. Und genau das tat er.

Die sozialen Medien machen es Menschen heute sehr einfach, sich zu organisieren, noch dazu, wenn sich diese Menschen gekränkt oder bedroht fühlen. Auf diese Weise verabredeten sich die Demonstranten des Arabischen Frühlings 2011, so kam der Women's March 2017 zustande, auch die Black-Lives-Matter-Bewegung nahm dadurch Fahrt auf. Aber wenn diese Fähigkeit, Gleichgesinnte zusammenzubringen, sich mit extremistischen Narrativen der Empörung und Gewaltbereitschaft verbindet, entsteht ein Pulverfass. Mitglieder neu entstehender Bewegungen nutzen das Internet, um einander zu finden, sich zu formieren, friedliche Proteste zu stören und sich Ausrüstung zu beschaffen. Sie können nun problemlos Informationen über den Bau von Bomben austauschen und über sichere Online-Chats Kontakt zu ausländischen Militärberatern mit Kampferfahrung aufnehmen.[64] Darüber hinaus beherbergt Facebook »ausgedehnte Online-Waffenbasare, auf denen von Handfeuerwaffen und Granaten bis hin zu schweren Maschinengewehren und Lenkraketen alles zu haben ist«.[65] J. M. Berger, Experte auf dem Gebiet des gewaltbereiten Extremismus, verfolgt die Entwicklung der weißen nationalistischen Gruppen in den sozialen Medien seit 2012. Damals hatten sie in der Regel noch wenige Anhänger, doch innerhalb von nur vier Jahren konnten die meisten von ihnen die Zahl ihrer Mitglieder um mehr als 600 Prozent steigern. Und 2018, so Berger, »überschwemmten Hunderttausende von neuen und alten rassistischen Extremisten die Plattform«.[66] Seit 2018 ist die Zahl der weißen nationalistischen Gruppen etwas gesunken, die Summe ihrer Mitglieder aber offenbar nicht, was darauf hindeutet, dass eine Art Konsolidierung stattfindet: Kleinere Gruppen gehen in populäreren wie den Proud Boys auf.[67]

Die Welt erlebte das Organisationsvermögen der sozialen Medien beim Aufstieg des Islamischen Staates, der über Websites, Chatrooms, Twitter und dergleichen die Propaganda frei Haus liefert. So konnte der Islamische Staat mindestens 30 000 Personen aus etwa hundert verschiedenen Ländern dafür gewinnen, sich seinem

Kampf in Syrien anzuschließen. Aufgrund der hohen Bedeutung der sozialen Medien in diesem Zusammenhang werden die Kräfte, die sich um sie kümmern, gut bezahlt, wie ein Überläufer des Islamischen Staates erklärte: »Die Medienleute sind wichtiger als die Soldaten. [...] Ihr monatliches Einkommen ist höher. Sie haben bessere Autos. Sie haben es in der Hand, die Anhänger zum Kampf zu motivieren, und sie können neue Rekruten für den Islamischen Staat gewinnen.«[68]

Früher war die Geldbeschaffung eines der größten Probleme für gewaltbereite extremistische Gruppen, vor allem wenn sie kein Territorium kontrollierten. Aber Apps ermöglichen heutzutage unmittelbaren Geldtransfer auch über Ländergrenzen hinweg, was auch kleinen Randgruppen eine Chance gibt. Vera Mironova, eine russisch-amerikanische Wissenschaftlerin, fragte einen der Gründer von Mahgerin al-Allah, einer 2011 in Syrien neu gegründeten Rebellengruppe, nach deren Finanzierung. »Als Erstes habe ich ein Video für YouTube über die Gruppe gemacht. Ich ließ die Anführer so viele Leute wie möglich zusammentrommeln [...], um zu demonstrieren, wie groß die Gruppe ist. Sie sollten auch sämtliche Waffen und Autos mitbringen [...], um die gute Ausrüstung vorzuführen, außerdem sollten sie Uniformen tragen und in militärischer Formation antreten. Ich musste eben zeigen, wie professionell das Ganze ist.«[69] Finanzielle Unterstützung erhielt die Gruppe von einem wohlhabenden Syrer, der am Persischen Golf lebt.

Sind die Menschen erst einmal organisiert und radikalisiert, liefern die sozialen Medien auch noch das Zündholz für das bereitgestellte Pulverfass. Die kollektive Angst und das Bedrohungsgefühl, die durch extremistische Videos und Rhetorik angeheizt werden, geben Gewaltbereiten große Macht an die Hand. Erica Chenoweth zufolge versuchen solche »ethnischen Entrepreneure« fast immer, gewaltfreie Widerstandsbewegungen zu unterwandern und sie zum Extremismus zu treiben – und der einfachste Weg dorthin führt über die sozialen Medien, in denen sich wirkungsvoll agitieren und provozieren lässt. So ist es allem Anschein nach auch bei der Protestbewegung der Gelbwesten in Frankreich gewesen, in deren Facebook-Gruppen von außen hinzugekommene Radikale und Aufwiegler die Bereitschaft zur Gewalt schürten. Laut Renée DiResta, einer Expertin für den Missbrauch von Informationstechnologien, handelt es sich dabei um »Leute, die dazu neigen, Öl ins Feuer zu gießen«.[70]

Letztlich sind es aber die Algorithmen der sozialen Medien selbst, die als Brandbeschleuniger der Gewaltausbreitung dienen. Sie schüren das Gefühl einer nicht endenden Krise und verstärken damit die Verzweiflung der Menschen. Von Extremisten verbreitete Desinformationen diskreditieren friedliche Demonstranten, überzeugen die Bürger davon, dass Gegenangriffe von Oppositionsgruppen wahrscheinlich sind, und schaffen ein oft trügerisches Gefühl, dass die Gemäßigten innerhalb der eigenen Bewegung nicht genug zum Schutz der Bevölkerung tun oder im Vergleich zur Opposition unwirksam und schwach sind. Der Gewaltausbruch erfolgt, wenn die Bürger die Hoffnung verlieren, ihre Probleme mit herkömmlichen Mitteln lösen zu können.

Aufgestachelt durch die sozialen Medien kommen sie zu dem Schluss, dass es keine Möglichkeit mehr für einen Kompromiss gibt.

6

STEHT DER BÜRGERKRIEG VOR DER TÜR?

Gehüllt in dicke Winterjacken, die MAGA-Kappen fest auf dem Kopf, versammelte sich die Menge der Trump-Anhänger am frühen Morgen des 6. Januar 2021 in dem The Ellipse genannten Park südlich des Weißen Hauses.[1] Sie waren aus allen Regionen der USA nach Washington gekommen. Während sie auf das Eintreffen des Präsidenten warteten, schweiften ihre Blicke über diese altehrwürdige Stätte mit dem Washington Monument im Süden, dem Lincoln Memorial im Westen und dem Kapitol im Osten. Der Rasen, auf dem sie standen, hatte einst den Unionstruppen als Lagerplatz gedient. Dies erschien passend, denn auch sie hielten sich für Patrioten. Sie liebten ihr Land zu sehr, um es sich einfach wegnehmen zu lassen.

Bis zum Mittag, als Präsident Trump zu ihnen sprach, war die Kundgebung, die unter dem Motto »Save America« stand, auf mehrere Tausend Teilnehmer angewachsen. Die Menge war unruhig. Schon seit den Präsidentschaftswahlen im November verweigerte Trump das Eingeständnis, dass er gegen den Demokraten Joe Biden verloren habe. Stattdessen beharrte er darauf, er sei durch massiven Wahlbetrug um seinen rechtmäßigen Sieg – gar einen Erdrutschsieg – betrogen worden. Die Demokraten hätten hinter den Kulissen, Bundesstaat für Bundesstaat, die Wahlergebnisse gefälscht, um ihm eine Niederlage zu bereiten. Trump hatte nicht nur ein Heer von Anwälten aufgeboten, um das Wahlergebnis anzufechten, sondern auch Gouverneure und Wahlbeamte unter Druck gesetzt, die Stimmenauszählung zu ändern. Außerdem hatte er fälschlicherweise behauptet, Vizepräsident Mike Pence habe die Befugnis, die Stimmen des Wahlleutekollegiums für nichtig zu erklären. Doch all seine Bemühungen waren erfolglos geblieben, und an diesem Morgen, als er vor seinen Anhängern stand, versammelten sich die Abgeordneten im Kapitol, um Bidens Sieg offiziell zu bestätigen.

Das dürfe nicht geschehen, erklärte Trump seinen Anhängern. Auf einem Podium, umgeben von amerikanischen Flaggen, erklärte er der Menge, er werde nicht aufgeben. Die Republikaner im Kongress könnten die Abstimmung noch kippen, behauptete er. Mehr als eine Stunde lang hörten seine Anhänger mit einer Mischung aus Bewunderung und Stolz zu, und ihre Wut wuchs mit jedem seiner Worte. Sie schwenkten Fahnen mit seinem Namen und Plakate mit seinem Schlachtruf »Stoppt den Diebstahl!«. Wenn er kurz innehielt, skandierte die Menge: »USA! USA! USA!«

Trump war begeistert. Basisgruppen, republikanische Geldgeber und Parteifunktionäre hatten bei der Organisation der Kundgebung geholfen, und Trump hatte seinen Teil dazu beigetragen, eine hohe Teilnehmerzahl zu erreichen.[2] Am 19. Dezember twitterte er: »Riesenprotest in D. C. am 6. Januar. Kommt, es wird phantastisch!«[3] Am ersten Tag des neuen Jahres hatte er erneut getwittert: »GROSSE Protestkundgebung in Washington, D.C., am 6. Januar um 11 Uhr. Details zum Ort folgen. StopTheSteal!« Trump wurde noch nachdrücklicher, als Vizepräsident Pence durchblicken ließ, er werde nichts gegen Bidens Bestätigung unternehmen. Am 4. Januar, bei einer Kundgebung in Georgia, erklärte Trump: »Wenn die liberalen Demokraten den Senat und das Weiße Haus kapern wollen – aber dieses Weiße Haus werden sie nicht kriegen –, dann werden wir kämpfen wie die Teufel. […] Wir werden es uns zurückholen!«[4]

»Heute ist noch nicht das Ende!«, rief der Präsident den Menschen im Park zu. »Das ist erst der Anfang!«[5] Die Menge war bunt gemischt: Veteranen, Geschäftsleute, Immobilienmakler, Großväter, Mütter, ein Abgeordneter, ein ehemaliger Olympionike, Mitglieder der Proud Boys mit orangefarbenen Mützen. In der Mehrzahl waren es weiße Männer. Einige trugen T-Shirts mit der Aufschrift »God, Guns, and Trump«. Andere hielten Bibeln in der Hand. Bei einer Kundgebung am Abend zuvor hatte Pastor Greg Locke den Zuhörern verkündet, Gott werde »eine Armee von Patrioten« aufstellen.[6] Unter dem zustimmenden Gebrüll seiner Anhänger forderte Trump sie auf, zum Kapitol zu marschieren und die Abgeordneten zu zwingen, das zu tun, was richtig sei. »Wir werden versuchen, ihnen die Art von Stolz und Mut zu geben, die sie brauchen, um unser Land zurückzuerobern«, sagte er. Und dann versprach er, sich ihnen anzuschließen.

Stattdessen kehrte er ins Weiße Haus zurück. Aber seine Anhänger wussten, was zu tun war: Seit Wochen hatten sie sich, angespornt durch Trumps Tweets auf Twitter, seine Posts auf Facebook und Parler (einem rechtsgerichteten sozialen Netzwerk), auf diesen Moment vorbereitet. Dort hatten sie ihre Anreise nach Washington koordiniert und ihre Wut über die »gestohlene« Wahl ausgelassen. Sie hatten ausgetüftelt, auf welchen Straßen zum Kapitol man am besten der Polizei ausweichen konnte, und gaben sich gegenseitig Ratschläge, welche Ausrüstung und welche Werkzeuge nötig seien, um in das Gebäude einzudringen. Einige der extremeren Stimmen im Internet forderten die Verhaftung von Pence, der Sprecherin des Repräsentantenhauses Nancy Pelosi und anderen Abgeordneten. Viele kamen bewaffnet, trugen kugelsichere Westen und Gasmasken und hatten Kabelbinder als Ersatz für Handschellen sowie geladene Handfeuerwaffen dabei.[7]

Politische Gewalt hielt ihr Idol schon seit langem für legitim, bereits 2016 skandierte er in seinem Wahlkampf gegen Hillary Clinton »Sperrt sie ein!«. Während des Wahlkampfs hatte Trump gemerkt, dass sich seine Zuhörer von seiner Streitlust mitreißen ließen. Monate vor der Abstimmung 2016 versprach Trump in Cedar Rapids seinen Anhängern, er werde ihre Anwaltskosten übernehmen, wenn sie Störern eine handfeste Lektion erteilten.[8] Als im gleichen Monat eine seiner Kundgebungen in Las Vegas von einem Zwischenrufer gestört wurde, krakeelte Trump: »Ich würde ihm gern ins Gesicht schlagen, das kann ich euch sagen.«[9] Später schockierte er das Land mit der Andeutung, Waffenbesitzer hätten die nötigen Mittel, um Hillary Clinton davon abzuhalten, Präsidentin zu werden. »Dass sie ihre Richter auswählt, könnt ihr nicht verhindern. Aber die Anhänger des Zweiten Verfassungszusatzes – vielleicht können die was machen, ich weiß es nicht.«[10]

Das Präsidentenamt bestärkte ihn noch in seiner Unverfrorenheit. Ein halbes Jahr nach Amtsantritt, als sich weiße nationalistische Demonstranten in Charlottesville versammelten, wobei eine Gegendemonstrantin getötet wurde, tat Trump die Gewalttat mit einem Achselzucken ab und verkündete, es gebe auf beiden Seiten »sehr anständige Leute«.[11] Und während er die Ausschreitungen in Städten wie Minneapolis und Portland bei den Black-Lives-Matter-Protesten im Jahr 2020 lautstark verdammt hatte, heizte er selbst die Spannungen noch weiter an, indem er die Demonstranten als »Terroristen« denunzierte und drohte, die Nationalgarde gegen sie einzusetzen. In jenem Frühjahr, als sich manche Bundesstaaten infolge der Coronapandemie gezwungen sahen, über Geschäfte und Unternehmen einen Lockdown zu verhängen, rief er die »Patrioten« dazu auf, »Michigan zu befreien«: Sie sollten vor das Parlamentsgebäude des Bundesstaats ziehen und von Gouverneurin Gretchen Whitmer, einer Demokratin, die Aufhebung aller Beschränkungen fordern. Als im Internet Fotos von schwer bewaffneten Demonstranten auftauchten, die von der Galerie des Senatssaals auf die Abgeordneten hinabstarrten, lobte Trump sie auf Twitter als »sehr gute Leute«.[12]

Trumps Unterstützer in den höheren Rängen – republikanische Abgeordnete, evangelikale Führer und Vertreter konservativer Medieneliten – hatten seine Ausdrucksweise jahrelang damit entschuldigt, er sei eben eine übersprudelnde, charismatische Führungspersönlichkeit. Aber für die Menge, die an diesem Januarmorgen in dem Park zusammenkam, waren die Worte des Präsidenten keine reine Rhetorik. Er trug ihnen eine Mission auf: die Unversehrtheit ihrer glorreichen Republik zu retten. »Wenn ihr nicht kämpft wie die Teufel«, sagte er zu ihnen, »ist das Land verloren.«[13]

Noch bevor er seine Rede beendet hatte, zogen sie in Scharen zum Kapitol. Sie nahmen keine Nebenstraßen, sondern marschierten geradewegs die Pennsylvania Avenue, die Constitution Avenue und die Mall entlang, machten dabei Selfies und filmten einander. In der Nacht zuvor hatte jemand Rohrbomben an den nahe gelegenen Parteizentralen der Republikaner und der Demokraten deponiert. Die Menge strömte vor dem Kapitol zusammen, umzingelte das Gebäude und suchte nach einer Möglichkeit, einzudringen und die Auszählung der Wahlleutestimmen zu unterbrechen. Einige waren mit militärischer Schutzkleidung ausgestattet, andere mit automatischen Waffen. Konföderiertenflaggen und amerikanische Nationalfahnen wurden geschwungen, Fahnen mit dem Aufdruck »Fight for Trump« und »Veterans for Trump«, daneben auch »Jesus rettet dich«-Transparente. Es wurde sogar symbolisch ein Galgen aufgestellt.

Auf der Westseite überrannte die Meute kurzerhand die Absperrungen und lieferte sich ein Handgemenge mit Polizeibeamten. Einige kletterten auf Mauern. Andere versprühten Tränengas und warfen Fenster ein. Wieder andere drangen über ein Gerüst zum Fensterputzen in den zweiten Stock ein. Auf der Ostseite durchbrachen sie die größte Sperre. Zehn Minuten nachdem Vizepräsident Pence und die übrigen Senatsangehörigen rasch aus dem Senatssaal in sichere Räume gebracht worden waren, twitterte Trump: »Mike Pence hatte nicht den Mumm, das zu tun, was nötig gewesen wäre, um unser Land und unsere Verfassung zu schützen.«[14] Davon angestachelt, brachen die Demonstranten schließlich den Haupteingang auf der

Westseite auf, stürmten in die Rotunde und skandierten die Namen derjenigen, auf die sie es abgesehen hatten: Pelosi, Schumer, Pence.

Während die Polizei den Plenarsaal verbarrikadierte und Kongressmitglieder in Sicherheit brachte, strömten die Randalierer durch die Gänge und machten weiter Selfies. Sie gaben sich selbstsicher und zeigten keinerlei Angst. So als gehörten sie hierher, durch Recht und Gesetz geschützt, marschierten sie durch das Kapitol. Sie hatten nichts zu verbergen, nichts zu befürchten. Sie durchwühlten Büros, zerschlugen Möbel, stahlen ein Rednerpult mit dem Siegel der Parlamentssprecherin, Laptops und ein gerahmtes Foto des Dalai Lama. Sie verunstalteten Statuen und rissen chinesische Kunstwerke von den Wänden. Sie sandten per Livestream Videos von sich in die ganze Welt hinaus: wie sie in den Plenarsaal einbrachen, vom Podium des Senats aus Gott beschworen und neben einer lebensgroßen Statue von Gerald Ford posierten, der sie eine rote MAGA-Kappe aufgesetzt und eine Flagge mit der Aufschrift »Trump 2020 No More Bullshit« angeheftet hatten. Sie jubilierten. Sie waren die wahren amerikanischen Patrioten, die die Republik vor einer gestohlenen Wahl retteten.

Gegen 15 Uhr twitterte Trump: »Keine Gewalt!«[15] Doch da war es schon zu spät. Eine Randaliererin war bereits erschossen, eine andere vom Mob zu Tode getrampelt worden. Zahlreiche Polizeibeamte hatten Verletzungen davongetragen. Die Belagerung dauerte mehr als vier Stunden und forderte fünf Menschenleben. Um 16:17 Uhr versandte Trump nach mehrfachen Bitten seiner Mitarbeiter und des designierten Präsidenten Biden per Twitter ein Video. Er hatte die Belagerung im Fernsehen vom Esszimmer neben dem Oval Office aus verfolgt. »Es war ein Erdrutschsieg, und jeder weiß das«, verkündete er. Aber jetzt sei es an der Zeit, nach Hause zu gehen, erklärte er den Randalierern. »Wir lieben euch, ihr seid etwas ganz Besonderes.«[16]

Ein paar Stunden später twitterte er erneut. Diesmal entschuldigte er den Aufruhr mit der Behauptung, er sei die natürliche Konsequenz eines Wahlsiegs, der »großen Patrioten« entrissen worden sei, die man lange Zeit schlecht behandelt habe. »Behaltet diesen Tag für immer im Gedächtnis!«[17]

Wie alle Amerikaner war ich entsetzt über die Ereignisse des 6. Januar. Gleichzeitig erschienen sie mir vertraut. Die Trotzhaltung von Präsident Trump nach der Niederlage 2020 erinnerte mich an andere Präsidenten – von Nicolás Maduro, der in den Monaten vor der Wahl in Venezuela 2015 erklärte, er werde sein Amt nicht aufgeben, egal wie das Ergebnis ausfalle, bis hin zu Laurent Gbagbo, der sich weigerte, nach den Wahlen in der Elfenbeinküste 2010 seine Schlappe anzuerkennen, und stattdessen behauptete, der Sieg sei ihm gestohlen worden. Venezuela rutschte in Richtung Autoritarismus ab, die Elfenbeinküste versank im Bürgerkrieg. Ich sperrte mich dagegen, die Tragweite dessen, was ich sah, zu akzeptieren. Ich dachte an Daris aus Sarajevo, der selbst Jahre später immer noch damit rang zu verstehen, warum die Menschen in seinem multikulturellen, lebendigen Land gewaltsam aufeinander losgegangen waren. *Aber das hier ist Amerika*, dachte ich. *Wir sind doch für unsere Toleranz und unsere Wertschätzung der Demokratie bekannt.*

Genau hier kann die Politikwissenschaft mit ihrer strukturierten Methode zur Analyse geschichtlicher Abläufe sehr hilfreich sein. Niemand will glauben, dass seine hochgeschätzte Demokratie im Niedergang begriffen sei oder auf einen Krieg zusteuere; der Verfall vollzieht sich oft so schleichend, dass die Menschen ihn gar nicht wahrnehmen oder verstehen, selbst während sie ihn erleben. Wären Sie ein ausländischer Beobachter, der die Ereignisse in den Vereinigten Staaten verfolgt – so wie Sie die Ereignisse in der Ukraine, der Elfenbeinküste oder Venezuela verfolgen würden –, könnten Sie anhand einer Checkliste die Umstände bewerten, die einen Bürgerkrieg wahrscheinlich machen. Und Sie würden feststellen, dass die

Vereinigten Staaten, eine Demokratie, die vor mehr als zwei Jahrhunderten gegründet wurde, ein gefährliches Stadium erreicht haben.

Die erste Bedingung – wie nahe wir der Anokratie sind – lässt sich am besten anhand des Polity-Index ermessen, der, wie Sie sich erinnern, Länder auf einer Skala von -10 bis +10 von völlig autokratisch bis umfassend demokratisch einordnet.[18] Der mittlere Bereich liegt zwischen -5 und +5. Polity-Daten werden für die Vereinigten Staaten ab 1776 ermittelt. Letztmals war Amerika zwischen 1797 und 1800 eine Anokratie, als das Land mit dem Wert +5 eingestuft wurde, hauptsächlich aufgrund eines eingeschränkten politischen Wettbewerbs (die Föderalisten hatten seit der Gründung ihrer Partei in den 1790er Jahren ununterbrochen die Regierung gestellt).[19] Die USA erreichten auf der politischen Rangliste den Wert +6, als im März 1801 der Demokrat-Republikaner Thomas Jefferson das Präsidentenamt übernahm, und stiegen 1829 mit dem Amtsantritt des Demokraten Andrew Jackson weiter auf +10.

In seiner weiteren Geschichte erlebte das Land nur noch zwei große Einbrüche im Politikranking. Der erste ereignete sich 1850, als die Demokraten in den Südstaaten gegenüber den Republikanern im Norden bereits Jahre vor dem Bürgerkrieg eine Politik der aggressiven Kompromisslosigkeit betrieben; in dieser Zeit sank der Wert auf +8. Er erholte sich erst 1877, nachdem der Konflikt um die heftig umstrittene Wahl von 1876 beigelegt war. Der zweite Einbruch geschah in der Zeit der Bürgerrechtsbewegung in den sechziger und frühen siebziger Jahren, als immer mehr Massendemonstrationen stattfanden, Martin Luther King und Robert F. Kennedy ermordet wurden, Präsident Richard Nixon zu rücksichtslosen Taktiken griff und die Regierung Gewalt gegen die eigene Bevölkerung einsetzte. Wieder einmal wurde die amerikanische Demokratie auf +8 herabgestuft. Die Bürgerrechtsgesetze, die Watergate-Untersuchung und Nixons Rücktritt brachten sie auf +10 zurück.

Doch dann fiel der Wert erneut: Nach den Präsidentschaftswahlen

2016 sank er auf +8. Es gibt vier entscheidende Faktoren, die das Polity Project zur Bewertung der Demokratie heranzieht: Wie offen ist der Wettbewerb um die Regierungsmacht? Inwieweit ist die Macht der Exekutive eingeschränkt? Wie offen und inwieweit institutionalisiert ist die politische Partizipation? Gibt es echten Wettbewerb um das Präsidentenamt? Zwar stuften internationale Beobachter die Wahl 2016 als frei, aber nicht als gänzlich fair ein: Die Wahlregeln waren aufgrund parteiischer Interessen geändert worden, und das Wahlrecht war nicht für alle Bürgerinnen und Bürger gewährleistet. Darüber hinaus wiesen US-Geheimdienste detailliert nach, dass russische Agenten mittels einer Online-Kampagne systematisch in die Wahl eingegriffen hatten.

Innerhalb weniger Monate nach seinem Amtsantritt begannen Trump und die Republikanische Partei, die der Exekutive auferlegten Beschränkungen aufzuweichen. Trump entließ eigenmächtig Regierungsmitarbeiter, die ihm illoyal erschienen, und machte sich bürokratische Abläufe zur eigenen Machterweiterung und zur Abrechnung mit Gegnern zunutze. Im weiteren Verlauf seiner Amtszeit versuchte er, die Befugnisse der Exekutive auszuweiten, außerdem weigerte er sich, seine Steuererklärungen zu veröffentlichen, erließ eine Reihe von Durchführungsverordnungen und begnadigte strafrechtlich verurteilte Freunde. Die USA hatten sich zu einer »imperialen Präsidentschaft« entwickelt. So hat es der Präsidentschaftshistoriker Arthur M. Schlesinger einmal im Hinblick auf eine Demokratie formuliert, in der der Präsident durch Präsidialerlasse regiert, anstatt sich mit dem Kongress abzustimmen.[20]

Nach Trumps Weigerung, mit dem Kongress zu kooperieren, insbesondere bei den Ermittlungen zur Amtsenthebung, sank 2019 der Demokratieindex der USA auf den Wert von +7. Der Kongress verfügt über das Recht, das Handeln der Exekutive zu prüfen und zu beaufsichtigen; William P. Marshall, Juraprofessor an der University of North Carolina, erklärt hierzu: »Unser System beruht auf Gewaltenteilung, und eine der wichtigsten Kontrollen, die der Kongress gegenüber der Exekutive hat, ist sein Recht, die Exekutive zu überwachen.«[21] Doch das Weiße Haus verweigerte die Herausgabe von Informationen, klagte gegen Zwangsvorladungen und wies Beamte an, diese gegebenenfalls zu ignorieren. Die Republikaner sowohl im Repräsentantenhaus als auch im Senat unterwarfen sich bereitwillig den Anweisungen des Präsidenten und ließen zu, dass sich die Exekutive rücksichtslos über die Legislative hinwegsetzte.

Das Jahr 2020 brachte Krisen mit sich, die selbst die robusteste Demokratie erschüttert hätten: eine globale Pandemie, ein wirtschaftlicher Einbruch und Unruhen auf den Straßen als Protest gegen den systemischen Rassismus, der sich insbesondere daran entzündete, dass immer wieder schwarze Bürger beim Kontakt mit Polizisten starben. Doch anstatt das Vertrauen der Bürger in die Institutionen ihres Landes zu stärken, untergrub Trump es vorsätzlich. Er attackierte Gouverneure, die versuchten, die Ausbreitung von Corona einzudämmen, indem er deren Maßnahmen zu einem Politikum machte. Im April 2020 twitterte er: »BEFREIT MICHIGAN! BEFREIT MINNESOTA! BEFREIT VIRGINIA! und rettet euren großartigen 2. Zusatzartikel. Er ist in Gefahr!«[22] Als die Proteste im Zusammenhang mit Black Lives Matter das Land in Aufruhr versetzten, beschimpfte er die Bürgermeister der betroffenen Städte als untauglich und drohte mit staatlicher Gewalt gegen Demonstranten. Dann setzte er diese für seine eigenen Zwecke ein: Am 1. Juni ließ Trump Polizeibeamte ein Reizmittel (vermutlich Tränengas) versprühen, um Hunderte friedliche Demonstranten vom Lafayette Square zu vertreiben, wo er sich den Kameras der Presse zeigen wollte.[23] »Wenn eine Stadt oder ein Bundesstaat sich weigert, Maßnahmen zu ergreifen, die notwendig sind, um das Leben und das Eigentum der Einwohner zu schützen«, erklärte er vor Journalisten, »dann werde ich das Militär der Vereinigten Staaten in Marsch setzen und das Problem umgehend für sie lösen.«[24] Gegen Ende seiner

Amtszeit schürte er Zweifel am korrekten Ablauf der Wahlen und behauptete, die Möglichkeit der Briefwahl würde generell der Wahlfälschung Tür und Tor öffnen. Dann stellte er die friedliche Machtübergabe infrage, einen Eckpfeiler der amerikanischen Demokratie, und versuchte, sich über das Ergebnis der Wahl hinwegzusetzen. Das führte dazu, dass der Polity-Wert der USA von +7 auf +5 sank, der niedrigste Stand seit dem Jahr 1800.

Die Vereinigten Staaten wurden zum ersten Mal seit über zweihundert Jahren zu einer Anokratie.[25] Lassen Sie das einmal auf sich wirken. Wir sind nicht mehr die am längsten bestehende Demokratie der Welt. Diese Ehre wird nun der Schweiz zuteil, gefolgt von Neuseeland und Kanada. Wir sind nicht mehr auf Augenhöhe mit Nationen wie Kanada, Costa Rica und Japan, die alle mit +10 auf dem Polity-Index stehen.

Es gibt aber auch gute Nachrichten. Einige der Leitplanken, die die Demokratie schützen, blieben trotz aller Anfechtungen stabil. Trump und die Republikanische Partei reichten zwar mehr als sechzig Klagen wegen Wahlbetrugs in den Swing States ein, in jenen Staaten also, in denen üblicherweise keine der beiden Parteien so eindeutig dominiert, dass der Ausgang praktisch vorhersehbar ist. Aber über fünfzig davon wurden abgewiesen oder verworfen (die wenigen, die zunächst durchkamen, wurden in höheren Instanzen abgeschmettert).[26] Der Oberste Gerichtshof, zwar mehrheitlich mit konservativen Richtern besetzt, wies Trumps Wahlanfechtung ebenfalls zurück. Selbst republikanische Vertreter von Bundesstaaten, auf die der Präsident Druck ausübte, blieben standhaft. So der Gouverneur von Arizona, der das Wahlergebnis bestätigte und dem Trump drohte, ihn aus dem Amt zu jagen, oder der Innenminister von Georgia, von dem er verlangte, gefälligst die Stimmen »zu finden«, die er für einen Sieg benötige.[27]

Das Gleiche gilt für das Militär. Während seiner gesamten Amtszeit bediente Trump die Wünsche der Generäle, doch anstatt seine

Machtansprüche zu unterstützen, distanzierten sie sich in entscheidenden Momenten von seiner Agenda. 2020 weigerte sich Verteidigungsminister Mark Esper, Truppen gegen die Demonstranten von Black Lives Matter einzusetzen – und wurde später entlassen.[28] Und am 3. Januar 2021 veröffentlichten die zehn noch lebenden ehemaligen Verteidigungsminister, darunter James Mattis, Mark Esper, Dick Cheney und Donald Rumsfeld, in der *Washington Post* eine Erklärung, in der sie klarstellten, dass sie die Verfassung verteidigen würden, nicht den Präsidenten.[29] Damit stimmten sie mit einer Stellungnahme überein, die Monate zuvor General Mark Milley, Vorsitzender des Vereinigten Generalstabs, abgegeben hatte: »Das US-Militär hat keinerlei Anteil an der Bestimmung des Ergebnisses einer US-Wahl.«

Es gibt noch weitere Gründe zur Hoffnung. Als am 6. Januar das Kapitol wieder sicher war, machten sich die Kongressmitglieder sofort erneut an die Arbeit. Sie bestätigten das Wahlergebnis und sorgten so für eine friedliche Machtübergabe und die Wahrung der Rechtsstaatlichkeit. Das FBI leitete umgehend Ermittlungen gegen die Aufrührer ein und erhob gegen den Anführer der rechtsradikalen Miliz Oath Keepers Anklage wegen Verschwörung.[30] Außerdem wurden die Nationalgardisten, die für die Sicherheit bei der Amtseinführung vorgesehen waren, genauestens überprüft, und das Pentagon verstärkte seine Bemühungen, den Rechtsextremismus in den eigenen Reihen zu unterbinden. Biden und seine Vizepräsidentin Kamala Harris konnten ihren Amtseid in friedlicher Atmosphäre ablegen. Dieser friedlichen Machtübergabe und der anschließenden Achtung der Rechtsstaatlichkeit durch die neue Regierung ist es zu verdanken, dass der Polity-Wert der USA wieder auf +8 gestiegen ist.

Dennoch lassen sich die Geschehnisse und das Tempo, in dem sie sich vollzogen haben, nicht ignorieren. Wir Amerikaner halten unsere Demokratie gern für die beste der Welt – schließlich haben sich manche Länder Osteuropas und Lateinamerikas unsere Verfassung zum Vorbild genommen –, aber dennoch verwandelten wir uns in einem Zeitraum von nur fünf Jahren von einer vollständigen Demokratie in eine Anokratie. Das ist nicht ganz so schnell wie in Ländern, in denen ein Bürgerkrieg ausbricht (dort sinkt in der Regel der Polity-Wert innerhalb von drei Jahren um sechs oder mehr Punkte), kommt dem aber schon recht nahe.[31] »Ein Rückgang um fünf Punkte wird als grenzwertig angesehen«, erklärte Monty Marshall, denn er signalisiere einen möglichen »Regimewechsel«.[32] Nach Ansicht von Anna Lührmann, stellvertretende Direktorin des V-Dem Institute, habe sich der demokratische Verfall in den Vereinigten Staaten »schlagartig« vollzogen und sei, zumindest für die USA, »beispiellos«.[33]

In einer partiellen Demokratie ist die Gefahr eines Bürgerkriegs dreimal so hoch wie in einer voll ausgebildeten. Auch sei daran erinnert, dass das Risiko eines Bürgerkriegs für eine zerfallende Demokratie deutlich ansteigt, sobald sie in die Zone der Anokratie steuert. Ein Land, das an dieser Schwelle steht – wie die Vereinigten Staaten –, kann durch eine Kombination aus schlechter Regierungsführung und zunehmend undemokratischen Maßnahmen, die seine Institutionen weiter schwächen, leicht in die Konfliktzone geraten.[34] Von nun an lautet die Frage, die sich für die USA stellt, ob die Wähler davon überzeugt werden können, dass ihre Demokratie noch funktioniert und ihnen Sicherheit garantiert, und ob die führenden Köpfe bereit sind, die Leitplanken der Demokratie wieder zu festigen.

James Madison und Alexander Hamilton waren sich sicher: Sollte die amerikanische Demokratie untergehen, dann nur durch die Schuld einer Faktion. Nicht äußere Feinde seien die größte Bedrohung für die Republik, schrieben die Verfasser der *Federalist Papers*, sondern das Machtstreben interner Gruppierungen. Wenn sich den Wortführern einer solchen Faktion die Möglichkeit biete, würden sie – »im Widerspruch zu den Rechten anderer Bürger oder dem dauerhaften und allgemeinen Interesse der Gemeinschaft« – ihre Macht konsolidieren und ihre eigenen Interessen über das Gemeinwohl stellen.[35] Die größte Gefahr sahen die Gründerväter in der Ausbildung einer Faktion durch eine Gesellschaftsklasse; sie befürchteten, die Landbesitzer würden versuchen, die politische Macht an sich zu ziehen, um ihren Reichtum zu schützen und dessen Umverteilung zu verhindern. Das Madison'sche Modell der Gewaltentrennung in Exekutive, Legislative und Judikative war darauf angelegt, diese Gefahr zu bannen.

Die amerikanischen Gründerväter konnten natürlich nicht ahnen, dass die von ihnen befürchtete Faktionalisierung nicht entlang der sozialen Klassenzugehörigkeit, sondern der ethnischen Identität stattfinden würde. Das hatte einen einfachen Grund: Im Jahr 1789 waren, zumindest auf Bundesebene, alle amerikanischen Wähler ausschließlich weiß und männlichen Geschlechts. Heutzutage ist die ethnische Zugehörigkeit der aussagekräftigste Faktor für eine Prognose des Wahlverhaltens.[36] Zwei Drittel oder mehr der schwarzen, lateinamerikanischen und asiatischen Amerikaner wählen regelmäßig die Demokraten, während etwa 60 Prozent der weißen Amerikaner für die Republikaner votieren.[37] Dies ist eine dramatische Veränderung gegenüber Mitte des letzten Jahrhunderts, als die Stimmen der ethnischen Minderheiten ungefähr auf beide Parteien gleich verteilt waren und die Mehrzahl der weißen Amerikaner aus der Arbeiterklasse eher die Demokraten wählte. Noch 2007 – ein Jahr vor der Wahl Barack Obamas zum Präsidenten – wählten Weiße mit nahezu gleicher Wahrscheinlichkeit Demokraten oder Republikaner.[38] Heute besteht die Wählerschaft der Republikaner zu 90 Prozent aus Weißen.

Der Wandel hin zu einer identitätsbasierten Politik begann Mitte der sechziger Jahre, als Lyndon B. Johnson – der derbe, engstirnige und politisch gerissene Texaner – die weißen Südstaatler düpierte, indem er den Civil Rights Act unterstützte. Die Wähler in den elf ehemals Konföderierten Staaten waren seit über hundert Jahren treue Anhänger der Demokraten und immer noch erbost, dass der republikanische Präsident Abraham Lincoln sich geweigert hatte, ihre Abspaltung hinzunehmen. Aber Johnsons Bürgerrechtsgesetz von 1964 führte zu einem radikalen Bruch. (»Ich glaube, wir haben gerade den Süden für lange Zeit der Republikanischen Partei überlassen«, sagte Johnson zu dem damaligen Pressesprecher des Weißen Hauses Bill Moyers.) Obwohl die Demokraten in jenem Jahr die Präsidentschaft mit einem Erdrutschsieg gewannen, wurde Johnsons republikanischer Konkurrent Barry Goldwater – der das Bürgerrechtsgesetz scharf ablehnte – der erste republikanische Kandidat seit der Reconstruction, dem Wiederaufbau der Südstaaten nach dem Bürgerkrieg, der alle Wahlleutestimmen der Südstaaten auf sich vereinigen konnte.[39] Richard Nixon, der 1960 selbst für das Präsidentenamt kandidiert und die Wahl gegen John F. Kennedy knapp verloren hatte, ahnte bereits, welche Folgen das haben würde. Einem Reporter der sich an die afroamerikanische Leserschaft wendenden Zeitschrift *Ebony* diktierte er 1962 ins Notizbuch: »Wenn Goldwater den Kampf gewinnt, wäre unsere Partei schließlich die erste große politische Partei, die rein weiß wäre. Und das ist nicht gut.«[40]

Es dauerte jedoch nicht lange, bis Nixon seine Meinung änderte. Als er 1968 für das Präsidentenamt kandidierte, beschloss er, aus den rassistischen Ressentiments Kapital zu schlagen, und nutzte die Angst der Weißen mit Aufrufen zu »Recht und Ordnung«. Diese sogenannte Südstaatenstrategie half der Republikanischen Partei, die Präsidentschaft zu gewinnen und 1981 den Senat zurückzuerobern, nachdem sie dort fast dreißig Jahre lang nicht mehr an der Macht gewesen war. Spätere republikanische Kandidaten setzten bei ihrem Präsidentschaftswahlkampf auf ähnliche Appelle, wenngleich stets mit codierter Rhetorik, ob es nun Ronald Reagan war, der über (schwarze) »Sozialschmarotzer« herzog, oder George H. W. Bush, der seinem Gegner Michael Dukakis im Wahlkampf die Verantwortung für die Verbrechen in die Schuhe schob, die der Afroamerikaner Willie Horton während eines Hafturlaubs beging. Im Wahlkampf von George W. Bush wurde gezielt das Gerücht gestreut, John McCain könnte Vater eines unehelichen schwarzen Kindes sein.

Im Laufe der folgenden Jahrzehnte wurden auch andere Identitätsmerkmale politisiert. Als Nächstes kam die Religion an die Reihe. Darum bemüht, sich die Unterstützung der evangelikalen Führer und ihrer zunehmend mobilisierten Anhängerschaft zu sichern, setzten die republikanischen Eliten immer stärker darauf, sich als Abtreibungsgegner zu positionieren. Leute wie der fundamentalistische Baptistenprediger Jerry Falwell, Wortführer der Moral Majority, einer mit der christlichen Rechten verbundenen politischen Organisation, wurden immer mächtiger. Die Demokraten hingegen, die die Chance witterten, mehr Atheisten, Agnostiker und kulturell liberale Wähler für sich zu gewinnen, machten sich zunehmend für die Rechte der Frauen und das Recht auf Abtreibung stark. Zu Beginn des 21. Jahrhunderts hatte man als Christ oder Evangelikaler kaum eine andere Wahl, als für die Republikaner zu votieren. Bezogen die Parteien zunächst konträre Positionen beim Thema Abtreibung, so setzte sich dies später bei dem Thema der Rechte von Homosexuellen und schließlich der Rechte von Transgender-Personen fort. Wohlhabende Republikaner nutzten diese Themen zum Stimmenfang in der weißen Arbeiterschaft, was ihnen auch durchaus gelang, obwohl die Politik der Republikaner eher selten im wirtschaftlichen Interesse der Arbeiter lag. Moralische Gebote und kulturelle Identitäten bestimmten nun mehr denn je das Wahlverhalten. Die Republikanische Partei besteht inzwischen zu zwei Dritteln aus weißen Evangelikalen. Im Gegensatz dazu setzt sich die Demokratische Partei zur Hälfte aus Nichtchristen zusammen, darunter Agnostiker, Juden und Muslime.[41]

Indem sie mit ihren politischen Kernthemen wie dem Recht auf Waffenbesitz an die Wähler appellierten und deren Angst vor Immigranten und der sich verändernden ethnischen Zusammensetzung der Bevölkerung beschworen (Prognosen zufolge wird in den USA der Anteil der Weißen von 2045 an unter 50 Prozent liegen), gewannen die Republikaner immer größere Teile der weißen ländlichen Wählerschaft für sich. Hingegen ist die Demokratische Partei mehr und mehr zu einer urbanen Partei geworden, indem sie im Grunde die gegenteiligen Positionen vertrat – Eindämmung von Gewalt durch Beschränkungen beim Waffenbesitz und Offenheit für die ethnische Vielfalt, die dem urbanen Amerika ein neues Gesicht gibt. Die heutige Kluft zwischen Stadt und Land ist genau genommen eine Spaltung zwischen national denkenden und global orientierten Bürgern.

Als Obama sein Amt antrat, war die politische Spaltung eng mit einer Vielzahl ethnischer und sozialer Identitäten verwoben. Die Verbundenheit mit einer bestimmten Gruppe – wen man mochte und wen nicht – wurde politisch viel bedeutsamer als die Frage, was man überhaupt von der Politik erwartete und ob man zum Beispiel höhere oder niedrigere Steuern oder die freie Schulwahl befürwortete. Dieses Phänomen zeigte sich exemplarisch an dem übertriebenen Interesse, das nicht Obamas politischen Positionen galt, sondern der Identität seiner Person, etwa der Frage, ob er Muslim sei (ist er nicht) oder überhaupt Staatsbürger der USA (ist er sehr wohl). So bildeten sich zwei politische Lager, die zunehmend bei nahezu jedem Thema über Kreuz lagen – und immer weniger Skrupel zeigten, insbesondere auf republikanischer Seite, für einen Sieg selbst die Demokratie zu untergraben.

All dies wurde durch die sozialen Medien noch verstärkt. Gerade als die beiden Parteien hinsichtlich ethnischer Identitäten auseinanderzuklaffen begannen, erfuhr Twitter einen explosionsartigen Zuwachs, entwickelte sich Facebook zum Mainstream-Medium und wurden die sozialen Medien insgesamt allgegenwärtiger Teil unseres Lebens. Fatal dabei war, dass ein Netzwerk zynischer »ethnischer Entrepreneure« entstand, die die Chance witterten, durch die Betonung dieser Spaltung ihre Einschaltquoten und ihren Einfluss zu erhöhen. Mediengiganten, die mit jedem Klick von Usern ihre Gewinne steigerten, fütterten uns mit mehr und mehr polarisierenden Inhalten. Gerissene Fernsehmoderatoren wie Tucker Carlson und Sean Hannity waren nur zu gern bereit, mit der Verbreitung von Verschwörungstheorien, Hetze und spalterischen Ansichten ihre Einschaltquoten hochzutreiben. Ihnen schloss sich der Verschwörungstheoretiker Alex Jones an, der Misstrauen gegenüber dem politischen System als Ganzem schürte; 2010 hatte die *Alex Jones Show* zwei Millionen Zuhörer pro Woche.[42] Keith Olbermann heizte seinerseits die linke Wählerschaft an.

In diesem politischen Sumpf tummelte sich bald auch der größte »ethnische Entrepreneur« von allen: Donald Trump. Und bei seinem Griff nach der Macht erkannte er schnell, dass Appelle an die Identität seine politische Basis aufzurütteln vermochten. Er hatte sich bereits in der Vergangenheit an dem rassistischen Kreuzzug beteiligt, der infrage stellte, ob Obama tatsächlich gebürtiger Amerikaner sei. Jetzt machte er sich die Identitätspolitik gezielt und mit aller Gewalt zunutze. Er stellte Afroamerikaner als arm und gewalttätig dar und diffamierte Mexikaner samt und sonders als Kriminelle. Er schwafelte von christlichen Werten, obwohl es gegen ihn zahlreiche Anschuldigungen wegen sexueller Übergriffe gab, und verhöhnte Frauen mal als »Pferdegesicht«, mal als »fett« und »hässlich«. Nach seiner Vereidigung verhängte er umgehend ein Einreiseverbot für Muslime und titulierte Haiti, El Salvador und afrikanische Länder als »Dreckslöcher«. Seine Politik war auf Nativismus, auf die Verhinderung von Zuwanderung, ausgerichtet: So ordnete er den Bau einer »großen, schönen Mauer« entlang der Grenze zu Mexiko an, kündigte internationale Abkommen auf und begann einen Handelskrieg gegen China. Über Twitter verbreitete er das Video eines Rentners in Florida, der »White Power« skandierte.[43] Und er drohte damit, sein Veto gegen ein Gesetz über Verteidigungsausgaben einzulegen, sollte die Umbenennung von Stützpunkten der US-Streitkräfte, die Namen von Generälen der konföderierten Armee trugen, nicht gestoppt werden.

Mit alldem förderte Trump den ethnischen Faktionalismus. Genau das tat auch Tuđman, als er im Rahmen seines Plans, Präsident eines unabhängigen Kroatiens zu werden, 1989 damit begann, die Kroaten in einer ethnischen Faktion zusammenzuschweißen.[44] Genau das taten auch die Hutu-Extremisten, als sie Tutsis als Kakerlaken und Hutus als das auserwählte Volk bezeichneten. Genau das tat auch Präsident Henri Konan Bédié in der Elfenbeinküste Mitte der neunziger Jahre, als er seine einwanderungsfreundliche Politik umkehrte, um mehr Stimmen von den einheimischen Bürgern zu gewinnen. Und genau das tut Modi in Indien immer noch, wenn er ein Indien propagiert, in dem es vor allem um die Belange der Hindus gehen soll.

Kein republikanischer Präsident in den letzten fünfzig Jahren hat je ein so offen rassistisches Programm verfolgt oder sich so sehr für die weißen, evangelikalen Amerikaner auf Kosten aller anderen ins Zeug gelegt.[45] Zunächst war nicht klar, ob die republikanische Führung dabei mitziehen würde – noch während seines parteiinternen Vorwahlkampfs um die Präsidentschaftskandidatur wetterte der texanische Senator Ted Cruz über Trump und nannte ihn »moralisch durch und durch verkommen« –, aber sie glaubte in Trump ein Zugpferd zu haben, das ihre eigene Agenda durchsetzen könnte. Dazu gehörten Steuersenkungen für Reiche, die Deregulierung von Unternehmen und Aufhebung von Umweltschutzmaßnahmen. Mit Trump im Weißen Haus und der republikanischen Mehrheit im Senat konnte die Partei zudem den Obersten Gerichtshof und die Gerichte insgesamt mit konservativen Richtern besetzen, die demokratische Initiativen womöglich über Jahrzehnte ausbremsen werden. Auf beiden Seiten gehörte das sogenannte Gerrymandering, der Zuschnitt von Wahlkreisen zu eigenen Gunsten, zum taktischen Repertoire, doch republikanische Gouverneure und republikanische Mehrheiten in den Parlamenten der Bundesstaaten arbeiteten darüber hinaus Hand in Hand, Ausweispflichten für die Wahlen einzuführen, Leute von den Wählerlisten zu streichen, die Zahl der Wahllokale zu verringern und sogar zu verhindern, dass Menschen, die in langen Schlangen vor den Wahllokalen anstanden, mit Speisen und Getränken versorgt werden konnten – sämtlich Maßnahmen, die vor allem die nichtweiße, ärmere Bevölkerung treffen.[46]

Wie Sie sich erinnern werden, wird der Grad der Faktionalisierung in einem Land mit einer fünfstufigen Skala gemessen, wobei 5 für die geringste und 1 für die stärkste Faktionalisierung steht (bei Stufe 3 befindet sich ein Land eindeutig in der Gefahrenzone). Im Jahr 2016 fielen die Vereinigten Staaten auf den Wert von 3 – und dort befinden sie sich auch heute noch, zusammen mit der Ukraine und dem Irak.[47] (Großbritannien fiel 2016 übrigens ebenfalls auf 3.) Dieses Ausmaß an politischer Faktionalisierung haben wir bisher nur zweimal erlebt: In den Jahren vor dem Bürgerkrieg, die geprägt waren von der Unnachgiebigkeit der Südstaatendemokraten und ihrer Entschlossenheit, Nichtweißen die Gleichheit vor dem Gesetz zu verweigern. Und Mitte der sechziger Jahre, als das Land durch Bürgerrechtsdemonstrationen erschüttert wurde, durch den Vietnamkrieg und durch eine korrupte Regierung, die die Anti-Establishment-Bewegung unterdrücken wollte.[48] Beide Male hatten die politischen Parteien radikal unterschiedliche Vorstellungen von Amerikas Zukunft: Was könnte aus diesem Land werden? Was *sollte* aus ihm werden?

Heute sind wir wieder so weit.[49] Genau wie in der Vergangenheit tritt eine bestimmte Gruppe zunehmend radikaler auf, ist eher bereit, zu außergesetzlichen Mitteln zu greifen, und wird bei der Verfolgung ihrer Ziele gewalttätiger. Heute verhält sich die Republikanische Partei wie eine Faktion auf Raubzug. In einer Umfrage aus dem Jahr 2019, bei der rund 2000 Experten gebeten wurden, weltweit die politischen Parteien zu bewerten, wurde der Republikanischen Partei der USA eine große Ähnlichkeit mit rechtsradikalen, antidemokratischen

Parteien wie der türkischen Partei für Gerechtigkeit und Entwicklung (AKP) und der polnischen Partei Recht und Gerechtigkeit (PiS) attestiert.[50] Das Fundament der Republikanischen Partei besteht hauptsächlich aus ethnischen und religiösen Kriterien. Sie hat einen Populisten auf ihr Schild gehoben, der eine auf weiße Wähler zugeschnittene nationalistische Politik zum Nachteil anderer Bevölkerungsgruppen propagierte, und sie orientiert sich an einer einzelnen Person und nicht an politischen Prinzipien. Auf der alljährlich stattfindenden Conservative Political Action Conference (CPAC) wurde im Februar 2021 eine goldene Statue von Donald Trump präsentiert; eine Umfrage unter den Teilnehmern ergab, dass 68 Prozent von ihnen eine erneute Präsidentschaftskandidatur Trumps wünschten und 95 Prozent der Meinung waren, die Republikanische Partei solle Trumps Agenda und Politik fortsetzen.[51]

Die Republikaner befinden sich inzwischen in einem verzweifelten Kampf ums eigene politische Überleben, in dem sie eine zunehmend fanatisierte Basis umwerben, nur um ihre Mandate nicht zu verlieren. Das wurde nirgendwo deutlicher als nach den Wahlen 2020, als republikanische Politiker Trumps Behauptung, er sei betrogen worden, offen unterstützten oder stillschweigend billigten, obwohl es dafür keinerlei Anhaltspunkte gab. Ted Cruz sprach in der Fox-News-Sendung *Sunday Morning Futures with Maria Bartiromo* von Wahlbetrug.[52] Am 6. Januar, als die Trump-Anhänger im Ellipse-Park jubelten, unternahmen die republikanischen Senatoren Ted Cruz, Mike Braun, John Kennedy, Ron Johnson, Steve Daines, James Lankford, Marsha Blackburn und Bill Hagerty einen letzten Versuch, das Ergebnis der Präsidentschaftswahl anzufechten.[53] 139 republikanische Mitglieder des Repräsentantenhauses (66 Prozent) stimmten gegen die Bestätigung von Joe Biden als Präsident. Zwei von ihnen – Mo Brooks aus Alabama und Madison Cawthorn aus North Carolina – hatten auf der Kundgebung im Park gesprochen. Es war James Madisons und Alexander Hamiltons schlimmste Befürchtung: dass eine Faktion in ihrem zynischen Streben nach Macht die Demokratie demontiert.

In den ersten 219 Jahren der Vereinigten Staaten waren alle Präsidenten Weiße männlichen Geschlechts gewesen. Auch unter US-Senatoren, Abgeordneten, Richtern am Obersten Gerichtshof und Kabinettsmitgliedern galt dies mit nur wenigen Ausnahmen. Dass die Gründerväter den Völkermord an den amerikanischen Ureinwohnern gebilligt hatten und viele von ihnen Sklaven hielten, waren unschöne Kapitel in einer mythischen Erzählung von Freiheit und grenzenlosen Möglichkeiten. Die Serben hatten ihre Schlacht auf dem Amselfeld, die Russen ihre Kiewer Rus (der Glaube, dass Mütterchen Russland aus der Ukraine stammte) und die Spanier die Reconquista, durch die die Katholiken zu den Alleinherrschern auf der Iberischen Halbinsel wurden. Wir hatten unsere Pilgerväter, die sich ein neues Leben ausmalten. Unserer Gründungsgeschichte zufolge war es die offensichtliche Bestimmung unseres Volkes – zumindest seines weißen und protestantischen Teils –, sich über den ganzen Kontinent auszubreiten und seine Reichtümer zu ernten.

Die Wahl Barack Obamas, eines dunkelhäutigen Präsidenten mit einem muslimischen zweiten Vornamen, hat diesen Mythos erschüttert. Sein Sieg war ein klarer Beleg dafür, dass sich Amerikas Demographie und politische Machtbalance verändert haben.[54] Die Amerikaner bekamen aber nicht nur den ersten schwarzen Präsidenten, auch Obamas Kabinett war mehrheitlich nichtweiß. Dass ein radikaler Wandel eingetreten war, zeigte sich an der personellen Zusammensetzung der neuen Regierung und wurde 2012 durch die Volkszählung des Census Bureau bestätigt, die ergab, dass zum ersten Mal die Mehrheit der in den Vereinigten Staaten geborenen Babys nicht weiß war.[55] Die Bevölkerungsgruppen hispanischer und asiatischer Herkunft waren in den vorangegangenen zehn Jahren um 43 Prozent angewachsen, die weiße Bevölkerung jedoch nur um 6 Prozent. Bis etwa 2045 werden die Minderheiten in Amerika zusammengenommen wahrscheinlich die weiße Mehrheit übertreffen. Für Andrew Cherlin, Soziologe an der Johns Hopkins University, war die Volkszählung ein »entscheidender Moment«, der gezeigt habe, »wie multikulturell die USA inzwischen geworden sind«.[56]

2015 brachte der Komponist Lin-Manuel Miranda, in New York geboren und puerto-ricanischer sowie mexikanischer Abstammung, das Musical *Hamilton* am Broadway zur Uraufführung.[57] In dem Stück wurden alle Gründerväter von farbigen Menschen gespielt. Es war ein durchschlagender Erfolg. Doch für jene, die sich einst in Amerika sicher gefühlt hatten, bedeutete es einen radikalen Bruch mit der Tradition. Viele weiße Bürger, vor allem im ländlichen Raum, fühlten sich ohnehin wirtschaftlich abgehängt. Seit 1989 hatte sich die Lebensqualität der weißen Arbeiter ohne College-Abschluss nach fast allen Kriterien verschlechtert: Ihr Einkommen war gesunken, ihre Wohneigentums- und ihre Heiratsquote hatten sich drastisch verringert, und ihre Lebenserwartung war zurückgegangen.[58] Dies galt jedoch nicht für Latinos oder schwarze Familien aus der Arbeiterklasse oder für Haushalte, die von weißen Hochschulabsolventen geführt wurden; der Lebensstandard dieser Gruppen blieb zwischen 1989 und 2016 konstant oder verbesserte sich sogar leicht. Die Ausweitung des Welthandels hatte das verarbeitende Gewerbe in den USA ausgehöhlt. Die Bürger von Homestead in Pennsylvania und Youngstown in Ohio mussten mitansehen, wie die gewerkschaftlich geschützten Arbeitsplätze in den örtlichen Stahlwerken verschwanden und die Fabriken schließlich dichtmachten. Sie erlebten, wie ihre Kinder in Kriege in fremden Ländern zogen und nach ihrer Rückkehr nur noch schlecht bezahlte Arbeit ohne soziale Absicherung fanden. Sie verloren Freunde durch Opioidabhängigkeit oder Suizid.

Weiße aus der Arbeiterklasse waren einst als das Rückgrat Amerikas gepriesen worden. Norman Rockwell verewigte ihre Lebensweise und ihre Werte in zahlreichen Gemälden. Aber nun, so schien es, ließ die Regierung sie im Stich. Globale Handelsabkommen nützten den Eliten an den Küsten und den Stadtbewohnern zum Nachteil aller anderen. Die Einwanderung hielt an, und über das Problem der illegalen Migranten sah man einfach hinweg. Für die Weißen, die einen realen wirtschaftlichen und sozialen Niedergang erlebten, handelte die US-Regierung nicht viel anders als die indische Regierung, die die Einwanderung der Bengalen nach Assam förderte, oder die indonesische Regierung, die Javaner nach Westpapua lockte, oder die Regierung Sri Lankas, die Singhalesen in den tamilischen Regionen ansiedelte. Weiße Amerikaner sahen, wie junge Menschen aus Ländern wie Indien oder China – deren Muttersprache nicht Englisch war und die keiner christlichen Konfession angehörten – lukrative Jobs in der Technikbranche bekamen und einen amerikanischen Traum lebten, der für sie nicht mehr existierte.

Trump verstand intuitiv, dass dieses starke Gefühl der Entfremdung ihm zur Macht verhelfen konnte. Und so setzte er nicht nur auf die Spaltung, indem er Muslime und schwarze Amerikaner zu den »anderen« erklärte, sondern betonte auch die Zurücksetzung der ehemals weißen Mehrheit – Amerikas eigener »Söhne der Scholle«. Wie andere »ethnische Entrepreneure« vor ihm gab er den Nöten der weißen, männlichen, christlichen und auf dem Land lebenden Amerikaner einen schlichten Rahmen, in dem sie sich als um ihr rechtmäßiges Erbe gebrachte Opfer sehen konnten. Mit Vorliebe sprach er darüber, was alles ihnen noch genommen würde: das Recht auf Religionsausübung, das Recht auf Waffenbesitz, die Arbeitsplätze. Sein Wahlkampfslogan versprach die Wiederkehr ruhmreicher Zeiten: »Make America Great Again«. Die Menschen sahen in ihm einen Kandidaten, der anders war als alle anderen, weil er ihr Leben zu verstehen schien. Im Januar 2017 bezeichnete er in seiner Antrittsrede das, was sie zu erdulden hätten, als »amerikanisches Massaker«. »Ihr Schmerz ist unser Schmerz«, erklärte Trump der Nation.

»Ihre Träume sind unsere Träume, und ihr Erfolg wird unser Erfolg sein.«[59]

In den Vereinigten Staaten konzentrieren sich die weißen Amerikaner heute vor allem in den ländlichen Gebieten des Nordostens, des Mittleren Westens und der Gebirgsstaaten, Nichtweiße hingegen vermehrt in städtischen Regionen, im Süden und an den Küsten. Dieser Stadt-Land-Dualismus spielt auch bei anderen rechtsextremen Bewegungen, wie es sie beispielsweise in der Türkei und in Thailand gibt, eine zentrale Rolle, denn Macht und wirtschaftliche Ressourcen konzentrieren sich zunehmend in den großen urbanen Zentren, die zudem in der Regel multikultureller als die homogeneren ländlichen Regionen sind. Bewegungen mit geographischem, hauptsächlich im ländlichen Raum liegendem Schwerpunkt können leichter gewaltsamen Widerstand mobilisieren, da es fern der Hauptstadt einfacher ist, Kämpfer zu rekrutieren, Gelder zu sammeln und sich dem Blick der Polizei zu entziehen. Dies trifft auf die Sunniten in Syrien ebenso zu wie auf die Moros in Mindanao und die Papua in Westpapua. Zwar gibt es auch in amerikanischen Städten Extremisten, häufiger sind sie jedoch in ländlichen Gebieten anzutreffen, in denen auch ein höherer Prozentsatz ehemaliger Militärangehöriger lebt und die Waffenkultur stark verwurzelt ist.

Die »Söhne der Scholle« fühlen sich auf sehr emotionale Weise tief gekränkt, und dies hat meist auch einen realen Kern. Deshalb erzielen die Appelle politischer Führungsfiguren wie Trump eine so große Wirkung. Die Leitung der Provisional IRA machte sich die Wut der irischen Katholiken über die wirtschaftliche und politische Diskriminierung durch die Protestanten zunutze. Die Anführer der Hamas instrumentalisierten die tiefe Verbitterung der Palästinenser über den Verlust ihres Landes für ihre Zwecke. Durch die Hinwendung der Republikanischen Partei zu den Kränkungen der weißen Amerikaner fügte sie sich in die Riege jener Parteien ein, die überall auf der Welt zu Bewegungen der »Söhne der Scholle« geworden sind:

die Serbische Radikale Partei in Jugoslawien, die Islamische Partei der Philippinen in Mindanao, die Tamilische Nationale Allianz in Sri Lanka und die rechtsextremen Parteien Europas. Die Schwedendemokraten gingen mit dem Thema Einwanderung erfolgreich auf Stimmenfang. Nach der europäischen Flüchtlingskrise in Syrien 2015 wurde die populistische Alternative für Deutschland (AfD), eine bis dahin eher unbedeutende Splittergruppe, zur größten Oppositionspartei im Deutschen Bundestag. Und die Freiheitliche Partei Österreichs (FPÖ) erfuhr, nachdem sie noch in den frühen 2000er Jahren ums Überleben gekämpft hatte, bei den Wahlen 2017 mit ihrem einwanderungsfeindlichen Programm enormen Zuspruch und wurde Koalitionspartner in der Regierung der konservativen Österreichischen Volkspartei (ÖVP).

Trumps ständiges Herumreiten auf Kränkungen aller Art wurde von anderen »ethnischen Entrepreneuren« verstärkt, die mit ihren Verschwörungstheorien und Halbwahrheiten ein empfängliches Publikum fütterten, das ohnehin bereits überzeugt war, unter Beschuss zu stehen. Breitbart News, die von Trumps Chefstrategen Steve Bannon geleitete Informations- und Meinungswebsite, verlegte sich vor allem darauf, Nachrichten der sogenannten Alt-Rights zu verbreiten. Dazu gehörte unablässiges Alarmschlagen vor den Gefahren der Einwanderung und der angeblich bevorstehenden Einführung der Scharia in den USA.[60] Bereitwillig griffen Fox News und Co. Verschwörungstheorien wie die von Mike Cernovich auf, dem auf Twitter Hunderttausende folgten, wenn er über »Pizzagate« schwadronierte – einem angeblich von Demokraten organisierten Geheimbund aus Satanisten und Pädophilen, der aus dem Keller einer Pizzeria heraus operieren sollte.

Die Algorithmen der sozialen Medien – und Trumps Trommelfeuer von Tweets – gaben dem Gefühl der Kränkung unter weißen Konservativen ständig neue Nahrung. Eine Untersuchung von Forschern der Princeton und der New York University aus dem Jahr 2016 ergab, dass überzeugte Konservative und Republikaner eher dazu neigen, falsche Behauptungen in die Welt zu setzen, als Demokraten und Liberale.[61] Das bestätigten auch Forscher der University of Oxford, die ebenfalls herausfanden, dass Konservative im Unterschied zu Liberalen weniger Hemmung zeigen, Informationen zu verbreiten, die bewusst irreführend sind oder nicht der Wahrheit entsprechen.[62] Dieses Muster war auch bei der letzten Wahl 2019 im Vereinigten Königreich zu beobachten.[63] Claire Wardle, führende Expertin für soziale Medien, stellte fest, dass die Konservative Partei Großbritanniens Anzeigen schaltete, deren Inhalte nach einer Faktenprüfung zu 88 Prozent nur als irreführend eingestuft werden konnten. Bei den anderen Parteien war dies nicht der Fall.

Trump hat künftigen Kandidaten gezeigt, wie man eine Untergruppe weißer Wähler an sich binden und sie dazu bewegen kann, zur Wahl zu gehen. Aus einer besonders überzeugenden Studie geht hervor, dass Wähler, die von Obama zu Trump wechselten, dies in der Regel nicht aufgrund einer Veränderung der persönlichen finanziellen Verhältnisse taten, sondern aus Sorge über die Bedrohung des eigenen Status, die mit der tief sitzenden Angst einherging, dass die Minderheiten die bisherige weiße Mehrheit überflügeln könnten.[64] Laut Justin Gest ließ sich die Unterstützungsbereitschaft für die Republikaner am besten vorhersagen, wenn man weiße Amerikaner aus der Arbeiterklasse fragte, wie viel Einfluss und Status sie ihrem Empfinden nach in den letzten Jahrzehnten eingebüßt hatten.[65] Weiße Amerikaner mit dem Gefühl, an Bedeutung zu verlieren, wählten mit überwältigender Mehrheit republikanisch. In einer weiteren Studie fanden Forscher heraus, dass Weiße, denen eine Bedrohung ihres sozialen Status suggeriert wurde, erheblich stärker dazu neigten, Strafmaßnahmen gegen Minderheiten gutzuheißen.[66]

Nahezu jeder Befragte, der auf einer allgemein als zuverlässig geltenden Skala zur Bewertung rassistischer Einstellungen die höchsten Werte erzielte, stimmte 2016 für Trump, während fast alle am anderen Ende der Skala für Hillary Clinton votierten.[67] »Die Verbitterung von Weißen über das Anwachsen der Minderheiten und die Forderungen von Schwarzen nach mehr Gleichberechtigung hatten unbestreitbar den größten Einfluss auf die Wahlentscheidung.« Einer Analyse zufolge lag die Wahrscheinlichkeit, dass Republikaner mit starken rassistischen Vorurteilen Trump unterstützten, um etwa 30 Prozent höher als bei weniger verbitterten Republikanern.[68] Am überzeugendsten sind vielleicht jene Studien, die belegen, dass die Haltung einer Person gegenüber dem Rassismus ein starkes Indiz dafür ist, an welche Partei sie sich bindet oder zu welcher sie wechselt.[69] Wer heute rassistische Ressentiments pflegt, wählt morgen mit hoher Wahrscheinlichkeit die Republikaner.

Die Entwickler der Skala für rassistische Einstellungen weisen darauf hin, dass sich die rassistischen Ansichten weißer Amerikaner im letzten halben Jahrhundert radikal verändert haben.[70] Die Vereinigten Staaten, so schreiben sie, haben sich von einer Nation, in der die Mehrheitsbevölkerung ethnische Minoritäten als minderwertig ansah, zu einer Nation entwickelt, in der viele Amerikaner zwar alle Ethnien für gleichwertig halten, es aber Afroamerikanern und anderen Minderheiten verübeln, dass sie (vermeintlich) zu viele Vergünstigungen und Zugeständnisse fordern. Diese Einstellung erwächst nicht nur aus der Ablehnung von Schwarzen, sondern auch aus der Wertschätzung eines ausgeprägten Individualismus: Weiße mit rassistischen Ressentiments haben das Gefühl, Schwarze würden sich dem protestantischen Arbeitsethos verweigern, wenn sie vom Staat Unterstützung und Schutz verlangen. Die American National Election Study von 2016 bescheinigte rund 40 Prozent der Amerikaner (und fast 50 Prozent der weißen Amerikaner) rassistische Vorurteile – Zahlen, die darauf hindeuten, dass die alten Vorurteile unterschwellig in neuer Form immer noch vorhanden sind.[71] Denken Sie daran, dass es nicht die hoffnungslos Armen sind, die Bürgerkriege anzetteln, sondern jene, die einst Privilegien besaßen und nun das

Gefühl haben, ihren als rechtmäßig zustehend empfundenen Status zu verlieren.[72]

Im Laufe der Geschichte haben die Menschen viel Zeit und Mühe darauf verwendet, ihre Ansprüche auf einen bestimmten Ort zu rechtfertigen. So auch die Südstaatler in den USA nach dem Bürgerkrieg: Da sie die Niederlage nicht akzeptieren wollten, ersannen Gruppierungen wie die United Daughters of the Confederacy (»Vereinigte Töchter der Konföderation«), die United Confederate Veterans Association (»Vereinigung der Konföderationsveteranen«) und der Ku-Klux-Klan das Narrativ eines ritterlich-vornehmen Südens, dessen Kultur und Lebensweise durch den geldgierigen, industriellen Norden zerstört worden sei. Symbole der Konföderation – Denkmäler, Plantagen, Flaggen – bekräftigten das Narrativ der »verlorenen Sache«: die nostalgische Sehnsucht nach einer besseren, einfacheren Zeit in Amerika, als der Süden noch seine eigene Größe besaß. Trump präsentierte ein ähnliches Narrativ nach seiner Wahlniederlage 2020. So wie sich die Konföderierten an die Geschichte der verlorenen Sache klammerten – der Süden habe die besseren Männer gehabt und sie seien nie wirklich besiegt worden –, so tat es auch Trump, indem er darauf beharrte, er habe überhaupt nicht verloren und, was noch entscheidender war, der Sieg sei ihm von seinen Gegnern gestohlen worden. Nachdem der Angriff auf das Kapitol nicht die gewünschten Ergebnisse erbracht hatte, bot der von Trump in die Welt gesetzte Mythos ihm und seinen Anhängern genau die Story, die sie brauchten: Sie hätten die Einwanderer nicht ausgeschlossen, sondern lediglich dazu gebracht, sich an die Regeln zu halten. Sie seien nicht intolerant gewesen, sondern gottesfürchtig. Sie seien keine Extremisten, sondern Patrioten, die sich um ihr Land sorgten. *Dafür* hätten sie gekämpft.

Der Ausgang der Wahl 2020 war für die Republikaner verheerend. Es gelang ihnen zwar, ihre Wähler zu mobilisieren wie bei kaum einem amtierenden Präsidenten zuvor, dennoch verlor Trump das Weiße Haus, weil sein Konkurrent rund sieben Millionen Stimmen mehr erhielt. Zwei Monate später gewannen die Demokraten in Georgia, das schon bei der Präsidentschaftswahl eine Schlüsselrolle gespielt hatte, zwei Senatorensitze; mit der Stimme der neuen Vizepräsidentin, einer Kalifornierin mit afrikanischen und asiatischen Wurzeln, die zugleich als Senatspräsidentin fungiert, verfügten sie nun über eine hauchdünne Mehrheit im Senat.

Eine Bewegung wendet sich der Gewalt zu, wenn alle Hoffnung verloren ist. Wie die Erstürmung des Kapitols deutlich machte, sind die rechtsgerichteten Bürger nicht nur über ihren sinkenden Status verbittert, sondern glauben nun auch, das ganze System sei gegen sie. Alle, denen sie vertrauen – von Fox News bis hin zu ihren Senatoren –, hatten ihnen das eingehämmert. In einer Umfrage wenige Tage nach der Erstürmung des Kapitols bezweifelten fast drei Viertel der zu den Republikanern neigenden Wähler weiterhin das Ergebnis der Präsidentschaftswahlen,[73] und 45 Prozent der Republikaner hießen den Angriff auf das Kapitol sogar gut.[74] Noch mehr als sechs Monate nach der Wahl behauptete eine Mehrheit der befragten Republikaner nach wie vor, der Wahlsieg sei ihnen gestohlen worden und der wahre Präsident heiße Donald Trump.[75] Auch die friedlich verlaufende Amtseinführung von Präsident Biden konnte ihre Meinung nicht ändern.

Die Akzeptanz von Gewalt als Mittel zum Erreichen politischer Ziele nimmt bei Amerikanern quer durch das politische Spektrum nicht ab, sondern immer weiter zu. Nach jüngsten Umfragen halten 33 Prozent der Demokraten und 36 Prozent der Republikaner den Einsatz von Gewalt für »einigermaßen gerechtfertigt«.[76] Noch 2017 waren nur 8 Prozent der Menschen in beiden Parteien dieser Meinung gewesen. Einer weiteren aktuellen Erhebung zufolge sind 20 Prozent der Republikaner und 15 Prozent der Demokraten der Ansicht, um die Vereinigten Staaten stünde es besser, wenn eine große Anzahl von Mitgliedern der anderen Partei *tot* wäre.[77] Aber wann eskaliert sporadische Gewalt zu einem Bürgerkrieg? Wie lässt sich der Zeitpunkt bestimmen, an dem alle Hoffnung verloren ist?

Die CIA befasst sich seit Jahrzehnten mit dieser Frage, um weltweit Aufstände und damit letztlich Bürgerkriege zu verhindern. Zwar besteht der Hauptauftrag des Geheimdienstes im Sammeln von Informationen über das Ausland, aber wie aus einem inzwischen öffentlich zugänglichen Bericht aus dem Jahr 2012 hervorgeht, befasst er sich auch mit Extremismus im Inland. Die meisten Aufstände, so heißt es darin, »durchlaufen während ihres Lebenszyklus ähnliche Entwicklungsphasen«.[78] In der Phase vor dem Aufstand beginnt eine Gruppe, gemeinsam empfundene Missstände zu artikulieren und eine kollektive Identität um ein fesselndes Narrativ herum aufzubauen – die Geschichte oder den Mythos, der ihr hilft, Anhänger zu sammeln und ihre Handlungen zu rechtfertigen. Sodann beginnen sie, Aktivisten zu rekrutieren, von denen sich manche sogar im Ausland militärisch ausbilden lassen. Und sie fangen an, Waffen und Vorräte zu horten.

Die Vereinigten Staaten traten wahrscheinlich Anfang der neunziger Jahre in diese erste Phase ein, nach den tödlichen Unruhen in Ruby Ridge in Idaho – als Bundesagenten die Frau und den Sohn des rechten Aktivisten Randy Weaver töteten – und der einundfünfzigtägigen Belagerung der Ranch der Davidianer-Sekte im texanischen Waco, in deren Verlauf achtzig Menschen ums Leben kamen, darunter einundzwanzig Kinder, als die Sektenmitglieder das Gelände in Brand setzten und das FBI es stürmte. Mitte der neunziger Jahre waren Milizen in praktisch allen fünfzig Bundesstaaten aktiv; zahlenmäßig am stärksten waren sie, kurz nachdem Timothy McVeigh in Oklahoma City bei dem verheerendsten Terroranschlag, den je ein Amerikaner auf heimischem Boden ausführte, 168 Menschen getötet hatte. Im Jahr 2008, als Barack Obama erstmals zum Präsidenten gewählt wurde, begann die Zahl der Milizen in den Vereinigten Staaten erneut zu steigen.[79] Vor 2008 gab es nur etwa 43 Milizen, 2011 waren es bereits 334.

Die heutigen Milizen unterscheiden sich in ihrer Art von denen der Vergangenheit. In den siebziger Jahren waren die meisten gewalttätigen extremistischen Gruppen in den Vereinigten Staaten linksorientiert. Heute ist dies weniger als ein Viertel.[80] Während der Präsidentschaft Obamas nahm die Zahl der rechtsextremen Organisationen zu, die rassistisch motivierte Anschläge planen. Etwa 65 Prozent der Rechtsextremisten in den Vereinigten Staaten sind heute weiße Suprematisten.[81] Diese Gruppen zeichnen sich nach Einschätzung des FBI »durch den Hass auf andere Ethnien und Religionen« aus, und sie verfügen über mehr Waffen und Mitglieder als Milizen früherer Zeit. Fast ein Drittel von ihnen gehört auch dem »Sovereign citizen movement« an, die die Autorität der Bundesregierung ablehnt. Zwei der bekanntesten Milizen in den Vereinigten Staaten, die Oath Keepers und die Three Percenters, wurden nach Obamas Wahl zum Präsidenten gegründet, getrieben von der Überzeugung, dass Washington »daran arbeite, die Freiheiten der Amerikaner zu zerstören«.[82] In jüngerer Zeit kamen die einwanderungsfeindlichen Proud Boys hinzu, eine reine Männertruppe, wie schon der Name vermuten lässt. Im März 2021 wurden zehn Personen aus dem Umfeld der Oath Keepers verhaftet, weil sie an der Organisation des Sturms auf das Kapitol beteiligt waren. Noch beunruhigender ist, dass Mitglieder aller drei Organisationen im Vorfeld des 6. Januar miteinander kommuniziert hatten, was auf eine mögliche Allianz hindeutet. J. J. MacNab, eine der weltweit führenden Expertinnen für extremistische Organisationen, erklärt hierzu: »In der Vergangenheit gab es verschiedene Gruppierungen – souveräne Bürger, Steuerprotestler, Milizen, Prepper, Oath Keepers, Three Percenters – und ich habe den Eindruck, dass sie sich jetzt gerade zu einer großen, chaotischen Familie zusammentun.«[83]

Früher nahm der rechte Terrorismus zu und auch wieder ab, je nachdem, wer Präsident war: Saß ein Republikaner im Weißen Haus, ging er zurück, war ein Demokrat an der Macht, stieg er. Seit der Präsidentschaft von Trump gilt das nicht mehr. Zum ersten Mal steigerten gewalttätige rechte Gruppen ihre Aktivitäten während einer republikanischen Regierung. Der Präsident ermutigte die extremeren Stimmen unter seinen Anhängern, anstatt sie zu bremsen oder zu marginalisieren. Für diese Anhänger war Trumps Sieg 2016 nicht das Ende ihres Kampfes, sondern erst der Anfang. Wie Trump es in seinem ersten Rededuell mit dem Demokraten Joe Biden formulierte: »Proud Boys, haltet euch zurück und seid bereit.«

Die zweite Phase des Aufstands, die von der CIA als Phase des beginnenden Konflikts bezeichnet wird, ist durch vereinzelte Gewalttaten gekennzeichnet.[84] Das Attentat von Timothy McVeigh in Oklahoma City könnte als der allererste Anschlag angesehen werden, ein Vorläufer sozusagen. Das Ziel der Aufständischen besteht darin, ihre Mission in die Welt hinauszutragen, Unterstützung zu gewinnen und eine Überreaktion des Staates auf ihre Gewalttaten zu provozieren, sodass gemäßigtere Bürger radikalisiert werden und sich ihnen anschließen. In der zweiten Phase erhält der Staat Kenntnis davon, wer hinter den Anschlägen steht, aber dennoch wird laut CIA selbst dann noch die Gewalt oft als »das Werk von Banditen, Kriminellen oder Terroristen« abgetan. Timothy McVeigh schien vielen Amerikanern ein einsamer Wolf zu sein. Doch er und sein Komplize Terry Nichols gehörten mutmaßlich der Michigan Militia an. 2012 lag die Zahl der rechtsextremistischen Terroranschläge und -planungen bei vierzehn; im August 2020 waren es einundsechzig, ein historischer Höchststand.[85]

Die letzte Phase, der offene Aufstand, ist laut CIA-Bericht durch anhaltende Gewalt gekennzeichnet: Aktive Extremisten bedienen sich Guerillataktiken und verüben zunehmend Anschläge terroristischer Art, einschließlich Attentate und Hinterhalte sowie Überfälle auf Polizei- und Militäreinheiten. Die Gruppen verwenden dabei immer öfter komplexere Waffen wie beispielsweise selbst produzierte Sprengsätze und greifen nicht mehr nur Einzelpersonen, sondern auch lebenswichtige Infrastrukturen wie Krankenhäuser, Brücken und Schulen an. An diesen Aktionen ist eine zunehmende Anzahl von Personen beteiligt, von denen manche über Kampferfahrung verfügen. Oft gibt es Anzeichen, dass »die Aufständischen das Militär, die Polizei und die Nachrichtendienste infiltrieren und unterwandern«. Erhalten die Aufständischen Unterstützung aus dem Ausland, tritt dies in dieser Phase deutlicher zutage. Auch versuchen die Extremisten, die Bevölkerung dazu zu zwingen, sich für eine Seite zu entscheiden, indem sie den Bürgern zeigen, dass der Staat nicht mehr in der Lage sei, ihre Sicherheit zu garantieren oder sie mit dem Nötigsten zu versorgen. Die Aufständischen wollen beweisen, dass sie es sind, die die politische Macht innehaben und regieren sollten. Ziel ist es, einen großflächigen Bürgerkrieg zu entfachen, indem sie dem Staat alles Recht absprechen und vermehrt Unterstützung für extreme Maßnahmen finden.

Wo stehen die Vereinigten Staaten heute? Wir sind ein faktionalisiertes Land am Rande einer Anokratie, die sich schnell dem Stadium des offenen Aufstands nähert – mit anderen Worten: Wir sind dem Bürgerkrieg näher, als wir glauben möchten. Die Belagerung des Kapitols hat es der Regierung unmöglich gemacht, die Bedrohung zu ignorieren, die rechtsextreme Gruppen für die Vereinigten Staaten und ihre Demokratie darstellen. Der 6. Januar war die unüberhörbare Ankündigung zumindest einiger dieser Gruppen – wie etwa der Oath Keepers –, dass sie zu offener Gewalt übergehen werden. Viele in der Menge erklärten diese Absicht mit schwarzen Schildern und T-Shirts mit der Aufschrift »MAGA Civil War January 6, 2021«. Tatsächlich könnte der Sturm auf das Kapitol der erste einer Reihe von organisierten Angriffen in einer manifesten Aufstandsphase gewesen sein.[86] Er zielte auf die Infrastruktur. Es gab Pläne zur Ermordung bestimmter Politiker und Versuche, die Aktivitäten zu koordinieren.

Mindestens 14 Prozent der festgenommenen und angeklagten Personen sollen zudem Verbindungen zum Militär oder zu den Strafverfolgungsbehörden unterhalten haben.[87]

Wie Tim Alberta, politischer Chefkorrespondent von *Politico*, nach dem Aufstand twitterte: »Was ich in den letzten 72 Stunden gehört habe – von Mitgliedern des Kongresses, Freunden bei der Polizei, Waffengeschäftbesitzern und MAGA-Anhängern –, ist absolut erschreckend. Wir müssen uns auf eine Welle der Gewalt in diesem Land einstellen. Nicht nur in den nächsten paar Wochen, sondern in den nächsten Jahren.«[88]

Wir wissen noch nicht, ob sich der Angriff auf das Kapitol wiederholen oder Teil eines Musters werden wird. Sollte Letzteres der Fall sein, wird sich unter den Amerikanern Unsicherheit breitmachen, und sie werden sich von ihrer Regierung nicht mehr geschützt fühlen. Sie werden sich fragen, wer eigentlich das Sagen hat. Einige werden das Chaos ausnutzen, um mit Gewalt das zu erreichen, was sie mit herkömmlichen Mitteln nicht erreichen konnten. Dann werden wir wissen, dass wir wirklich in die Phase des offenen Aufstands eingetreten sind. Bis dahin ist eines klar: Amerikas Extremisten organisieren sich immer besser, sie werden gefährlicher und entschlossener, und sie werden nicht einfach von selbst verschwinden.

7

WIE EIN KRIEG AUSSEHEN KÖNNTE

Am Dienstagmorgen, dem 14. November 2028, tritt der Sprecher des Repräsentantenhauses von Wisconsin Justin Lawrence an das Rednerpult, um die Abgeordneten zur Ordnung zu rufen.[1] Doch noch bevor er ein Wort sagen kann, detoniert eine Bombe, die das riesige Oberlicht zerschmettert und Glasscherben in den reich verzierten Plenarsaal regnen lässt. Die verstümmelten Leichen von zwölf Abgeordneten liegen inmitten von Rauch und zersplittertem Mobiliar auf dem roten Teppich – unter ihnen Lawrence, fast drei Meter von der Stelle entfernt, an der er gestanden hatte. Auch ein blutüberströmter Sicherheitsbeamter liegt regungslos am Boden. Mehr als 3000 Kilometer entfernt explodiert eine weitere Bombe in Salem, im Kapitol des Bundesstaats Oregon. Bald hört man auch von schweren Explosionen in Regierungsgebäuden oder deren unmittelbarer Nähe in Denver, Atlanta, Santa Fe und Lansing, Michigan. Die Nerven der Menschen liegen bereits blank, denn in Kalifornien wüten Brände, und an der Ostküste haben mehrere kurz aufeinander folgende Wirbelstürme der Kategorie 4 katastrophale Schäden angerichtet.

Die Kunde von den Bombenanschlägen verbreitet sich wie ein Lauffeuer. Die Amerikaner lassen alles stehen und liegen, um die Nachrichten zu verfolgen und hektisch durch die sozialen Medien zu scrollen. Niemand versteht, was vor sich geht oder ob er das, was er da sieht, überhaupt glauben soll. Ein Video, offenbar in einem großen Hörsaal der Universität von Texas in Austin aufgenommen, zeigt Studenten in Panik. Es ist verwackelt, scheint aber eine Leiche in einer Blutlache auf dem Podium zu zeigen. Später stellt sich heraus, dass jemand im größten Hörsaal der Universität um sich geschossen und die Dekanin der Biologischen Fakultät getötet hat, die gerade eine Vorlesung über molekulare Immunologie hielt. Aus dem ganzen Land erreichen uns Videos mit blutigen und chaotischen Szenen. Es ist, als würde die Gesellschaft in einem großen Knall auseinanderfliegen.

James Demick, Chefkorrespondent von CNN, berichtet, auf sieben Gebäude des Kapitols in Washington seien Anschläge verübt worden. CNN liegen außerdem Berichte vor, dass Agenten des Secret Service nur wenige Stunden zuvor Pläne vereitelt hätten, die designierte Präsidentin Kamala Harris während einer Rede zu ermorden, in der sie ihre Absicht ankündigen wollte, den Verkauf von Sturmgewehren zu verbieten. Wie Fox News berichtet, ist auch ein Attentat auf den demokratischen Gouverneur von Kalifornien fehlgeschlagen.

Am nächsten Morgen haben die Amerikaner schon einen besseren Überblick über das Ausmaß des angerichteten Schadens. Der demokratische Gouverneur von Wisconsin und der republikanische Justizminister befinden sich in kritischem Zustand. In Topeka, Salt Lake City, Phoenix und Albany wurden nicht explodierte Sprengsätze entdeckt. Auch das Gerichtsgebäude in der Innenstadt von Philadelphia war Ziel eines Anschlags, bei dem vier Richter ums Leben kamen; es ist auf unbestimmte Zeit geschlossen. Schon gibt es Berichte über Plünderungen.

Unklar ist, wer die Anschläge verübt hat und wie die Ziele ausgewählt wurden. Die Unterschiedlichkeit der Methoden und Waffen – eine Handgranate in Denver, eine Autobombe in Santa Fe – lässt vermuten, dass mehrere Gruppen beteiligt sind. Niemand hat sich bislang zu den Taten bekannt. Dessen ungeachtet machen auf den bei Konservativen und Rechtsextremen beliebten Social-Media-Plattformen Rumble, Gab und MeWe, auch auf Telegram, Facebook und Twitter Gerüchte die Runde, dass eine linke Gruppe namens Blacks for Anarchy (»blaKx«) dahinterstecke und die Anschläge Teil eines koordinierten Angriffs von Minderheiten seien, die die Macht im Land an sich zu reißen versuchten. Virale YouTube-Videos zeigen schwarze Jugendliche, die Schaufensterscheiben einwerfen und Autos in Brand setzen. In einem besonders beunruhigenden Video droht ein Anführer von Black Lives Matter mit weiterer Gewalt und ruft die schwarzen Amerikaner auf, sie sollten sich »auf den Krieg vorbereiten, von dem wir alle wissen, dass wir ihn führen müssen«. Im Netzwerk von QAnon wird kolportiert, blaKx arbeite mit Mexikanern, Salvadorianern, Puerto Ricanern und Muslimen zusammen und Professoren amerikanischer Eliteuniversitäten würden hinter den Kulissen die Fäden ziehen. Am Nachmittag erklärt YouTube, das Black-Lives-Matter-Video sei ein Deepfake, und stoppt nach 3,7 Millionen Aufrufen seine Verbreitung.

Drei Tage später erscheint auf dem von Rechtsextremisten viel genutzten Imageboard 8kun ein anonymes vierzehnseitiges Pamphlet mit dem Titel »Lasst uns das Joch abschütteln«. Weitschweifig und in aggressivem Ton wird darin das Gemetzel begrüßt, für das die Verfasser zumindest teilweise die Verantwortung übernehmen zu wollen scheinen. Die Gewalt sei ein überfälliges Korrektiv für die »linksradikale Politik« der amerikanischen Städte, regiert von einer »korrupten, selbstzerstörerischen Elite«, die »dem Land klammheimlich den Dolch in den Rücken stößt«. Das Pamphlet greift Verschwörungstheorien auf, die in den letzten Jahren auf Telegram kursierten: dass die Demokraten gemeinsam mit Einwanderern und Juden planten, sämtliche Schusswaffen zu konfiszieren, die örtliche Polizei abzuschaffen und das Kriegsrecht auszurufen, Kirchen in Abtreibungskliniken zu verwandeln und Land weißer Farmer zu beschlagnahmen, um es als Wiedergutmachung für die Sklaverei Afroamerikanern zu übereignen. Man müsse sie aufhalten, bevor sie die Herrschaft im ganzen Land übernähmen und die USA in einen gottlosen, sozialistischen Multikulti-Staat verwandelten. Am nächsten Tag stellen die Behörden fest, dass das 8kun-Konto den Countrymen, einer rechtsgerichteten Miliz, gehört. Die beiden miteinander konkurrierenden Narrative – wird das Land nun von Linksradikalen oder Rechtsradikalen angegriffen? – sind kaum auseinanderzuhalten, aber das FBI gibt bekannt, dass mit hoher Wahrscheinlichkeit die Countrymen hinter den Anschlägen steckten.

Behörden und Ämter, Schulen und Gotteshäuser werden geschlossen, das Land kommt zum Stillstand. Die Menschen verbarrikadieren sich in ihren Häusern und wagen sich kaum zum Einkaufen oder für den Weg zur Arbeit auf die Straße. Die Amerikaner im ganzen Land warten auf Hilfe. Die designierte Präsidentin Harris mahnt zur Ruhe und versucht, ihre Partei vom Einsatz der Armee abzuhalten, da sie befürchtet, dadurch die Gewaltbereitschaft staatsfeindlicher Gruppierungen noch anzuheizen. Der Kongress kann aufgrund einer Pattsituation zwischen den beiden Parteien keinerlei Beschlüsse fassen.

In den folgenden zehn Tagen kommt es zu weiteren sporadischen Anschlägen, diesmal in Los Angeles, Boston, Tallahassee, Miami und New Orleans. Das Spektrum der Anschlagsziele weitet sich ebenfalls aus, nun werden auch Schulen, Kirchen und Einkaufszentren ins Visier genommen. Die Menschen fühlen sich von der Regierung im Stich gelassen. Jennifer Lawson, eine berufstätige Mutter aus Maplewood in New Jersey, gibt ein Interview auf CNN. Mit müden, glasigen Augen starrt sie in die Kamera und sagt: »Ich habe das Gefühl, dass niemand für mich und meine Familie da ist. Ich weiß nicht mehr, wem ich noch vertrauen kann.«

Die Milizen zeigen sich nun offener, treten als Bürgerwehren auf, die für Ruhe und Ordnung in den Vierteln zu sorgen vorgeben, schikanieren aber in Wirklichkeit gezielt junge Schwarze, Latinos und

Asiaten. Sie haben sogar damit begonnen, Soldaten der Nationalgarde, Richter, Politiker und Polizisten zu bedrohen, die nicht auf ihrer Linie sind. Sie scheinen entschlossen, auf lokaler Ebene die Macht zu ergreifen und der Bundesregierung die Möglichkeit zu nehmen, ihnen missliebige Maßnahmen zu erlassen. Schwarz gekleidete Männer mit Sturmgewehren zwingen Abtreibungskliniken zur Schließung und schüchtern Kunden ein, die Läden betreten wollen, deren Besitzer einer Minderheit angehören. Niemand stellt sich ihnen entgegen.

Liberale Amerikaner beginnen, eigene Milizen zu gründen, um ihre Familien und Wohnviertel zu schützen. Lokale Strafverfolgungsbehörden und Bundesbeamte treten zunehmend in den Hintergrund und werden zu zweitrangigen Akteuren im Gerangel zwischen örtlichen Milizen. Immer mehr Amerikaner sehen sich gezwungen, sich für die eine oder andere Gruppe zu entscheiden.

Am 13. Januar 2029, eine Woche vor der Amtseinführung der neuen Präsidentin, demonstrieren ihre Anhänger in Detroit. Sie fordern noch strengere Auflagen für den Besitz von Schusswaffen und die Entsendung von Bundestruppen zum Schutz ihrer Stadt. Doch auch in der Nähe des Kapitols hat sich eine Menschenmenge versammelt. Darunter sind Milizionäre, die offenbar kein Englisch sprechen, einige von ihnen tragen Abzeichen, die sie als Anhänger der deutschen AfD und der rechtsextremistischen Russischen Reichsbewegung erkennen lassen. Bald sind Drohnen zu hören, die bedrohlich über den Demonstranten herumschwirren. Kaum zeigen sich die Anhänger von Harris auf der Straße, versperren ihnen die Milizionäre den Weg. Es kommt zum Handgemenge. »Geht zurück nach Portland!«, hört man jemanden schreien. »Das hier ist ein Patriotenstaat!« Ein Stein fliegt, eine Schaufensterscheibe geht zu Bruch. Menschen klettern über Autos. Feuerwerkskörper explodieren.

Plötzlich feuert jemand zwei Schüsse ab, und die Menge weicht zurück. Bundesbeamte in Zivil schreiten ein. Sie sprühen Tränengas in die aufgebrachte Menge und feuern Gummigeschosse auf eine Gruppe von Milizionären ab, aus der heraus vermutlich die Schüsse kamen. Videos von blutenden Milizionären verbreiten sich in Windeseile über das Internet. Die aufgebrachte Menge weicht in die Seitenstraßen aus und demoliert beim Rückzug Autos mit Baseballschlägern. Eine Black-Lives-Matter-Flagge wird in Brand gesteckt und durch ein Autofenster geworfen; das Fahrzeug geht in Flammen auf. Die zwölfjährige Emma Jones, Tochter eines der Milizionäre, wird mit Brandwunden ins Krankenhaus eingeliefert. Am nächsten Tag stirbt sie auf der Intensivstation. Im gesamten Mittleren Westen wird ihr Name zu einem Schlachtruf für weiße Nationalisten, die »linksradikale Irre« beschuldigen, die Gewalt anzuheizen. Der Hashtag *#Fight4Emma* verbreitet sich viral in den sozialen Medien. Auf YouTube verkünden QAnon-Influencer ihren Anhängern, dass der Sturm nun endlich losbreche.

Auf Twitter rufen der Mehrheitsführer im Senat John Cornyn und andere prominente Republikaner zur nationalen Einigkeit auf. Aber es gelingt ihnen angesichts der Kakophonie der konkurrierenden Botschaften nicht, sich Gehör zu verschaffen: *Die radikale Linke übernimmt das Land. Weiße Nationalisten planen, alle Minderheiten zu töten, die protestieren. Die Regierung arbeitet mit den Rechten zusammen. Die Regierung verbündet sich mit den Linken. Die Regierung unternimmt nichts.* Die Leute kaufen massenweise Waffen und Munition. Die Konservenregale in den Lebensmittelgeschäften sind leer gefegt.

Nach neun aufeinanderfolgenden Nächten der Proteste und Unruhen beginnen die Einwohner, aus Detroit zu fliehen. Rauchwolken ziehen durch die Straßen. »Meine Tochter kann vor Angst nicht einschlafen«, sagt Anna Miller, die seit dreißig Jahren hier lebt. Die religiösen Führer Detroits rufen zu Frieden und Versöhnung auf. Doch die Gewalt lässt nicht nach, sondern greift auch auf Milwaukee, Philadelphia und Atlanta über. »Wir wollen keinen Streit«, sagt Elijah

Lewis, ein Demonstrant aus Milwaukee, »aber wenn Harris nichts unternimmt, bleibt uns keine Wahl.«

Beim Stichwort Bürgerkrieg kommt den meisten Amerikanern der amerikanische Sezessionskrieg von 1861 bis 1865 in den Sinn. Wir stellen uns dann Offiziere zu Pferde und Infanteristen in blauen und grauen Uniformen vor, die im Sturmangriff über weite Schlachtfelder aufeinander losgehen. Wir sehen im Geiste die Fotos von Präsident Lincoln im langen Rock und Zylinder am Antietam, wie er mit Offizieren vor einem Zelt der Unionisten Rat hält. Oder wir denken an den vielfach auf Gemälden dargestellten verlustreichen und erfolglosen Sturmangriff, den Generalmajor Pickett von den Konföderierten während der Schlacht von Gettysburg befehligte. Wir sehen ein von Leichen übersätes Schlachtfeld. Wir denken an Erdwälle und Kanonen.

Unmöglich, denken wir dann, dass sich solch ein Bürgerkrieg noch einmal ereignet. Zum einen sind die US-Regierung und ihr Militär heute viel stärker. Im Jahr 1860 war die Armee der Vereinigten Staaten mit 16 000 Soldaten, verteilt über das riesige Land, relativ schwach. Stationiert war sie zum größten Teil westlich des Mississippi, um die »Bedrohung« durch die amerikanischen Ureinwohner abzuwehren.[2] Heute hat das amerikanische Militär etwa 1,3 Millionen Personen unter Waffen, hinzu kommen 900 000 Reservisten und 450 000 Nationalgardisten. Und es ist in der Lage, dieses Personal in kürzester Zeit in Konfliktzonen zu transportieren. Es war keineswegs reiner Aberwitz, dass die Konföderierten 1860 glaubten, es mit dem US-Militär aufnehmen zu können. Es wäre allerdings reiner Aberwitz, wenn eine Miliz sich das heutzutage einbildete.

Allein schon die geographischen Verhältnisse sprechen dagegen. Im Jahr 1861 waren sich die Konföderierten einig in ihrem Streben nach der Sezession; die politischen Führungen aller elf Südstaaten waren entschlossen, ein eigenes, unabhängiges Land zu gründen.

Dies war auch deshalb möglich, weil diese Staaten ein zusammenhängendes Gebiet bildeten. Die meisten Bürger des Südens unterstützten die Sezession. Als Lincoln 1861 Präsident wurde, war man sich weitgehend über die nächsten Schritte einig. Die Möchtegern-Sezessionisten von heute sind hingegen über das gesamte Land verstreut, und sämtliche Bestrebungen einer Abspaltung scheinen wenig realistisch – ob es sich nun um die Unabhängigkeitsbewegung Alaskas oder um die Cascadia-Bewegung handelt, die einen Staat aus den Bundesstaaten Oregon, Washington und der kanadischen Provinz British Columbia anstrebt. Zudem gibt es selbst in den Städten der konservativsten ländlich orientierten Staaten große und einflussreiche Hochburgen liberal gesinnter Bürger, von denen man annehmen kann, dass sie sich einer Abspaltung entgegenstellen würden.

Doch wer sich einen Bürgerkrieg nur so vorstellen kann, dem mangelt es an Einbildungskraft. Die Bürgerkriege unserer Tage sehen ganz anders aus. Wer im 21. Jahrhundert gegen seine Regierung in den Krieg zieht, vermeidet das Schlachtfeld, weil er weiß, dass er in einem konventionellen Krieg gegen eine mächtige Staatsgewalt nur den Kürzeren ziehen kann. Er setzt auf die Strategien der militärisch Unterlegenen: Guerillakampf und Terrorismus. Und tatsächlich beobachten wir eine Zunahme des heimischen Terrorismus gegen demokratische Regierungen.[3]

Terror kann in Demokratien wirksam sein, weil seine Opfer – die Bürger – politische Macht haben: Sie können sich bei Wahlen gegen Politiker entscheiden, die nicht in der Lage sind, Anschlagsserien zu stoppen. Die Provisional IRA, die Hamas und die tamilischen Befreiungstiger, sie alle waren angesichts des Leids, das sie ganz normalen Menschen zufügten, überzeugt, die Regierung werde ihnen um des Friedens willen Zugeständnisse machen. So oder so profitieren die Extremisten: Entweder bringen sie die Staatsführung dazu, ihre Politik mehr an ihren Interessen auszurichten (keine Einschränkung des Waffenbesitzes, strengere Einwanderungspolitik), oder sie überzeugen genügend Wähler, eine Person mit extremeren Positionen ans Ruder zu bringen, die ihnen ideologisch nähersteht. Und Terror ist in Demokratien, in denen es keine Einschränkungen der Bewegungsfreiheit und wenig Überwachung gibt, überraschend leicht zu organisieren. Die Verfassung enthält zudem zahlreiche Beschränkungen, die es verhindern, heimische Terrorgruppen als solche zu bezeichnen, wodurch diese es leichter haben als ausländische Terroristen.

Sollte es in den USA zu einem zweiten Bürgerkrieg kommen, dann werden sich seine Kämpfer weder auf dem Schlachtfeld gegenüberstehen, noch werden sie Uniformen tragen. Womöglich haben sie nicht einmal Kommandeure. Sie werden vielmehr irgendwo überraschend zuschlagen und sofort wieder untertauchen. Ihre Kommunikation wird über Internetforen und verschlüsselte Netzwerke laufen. In kleinen Gruppen kommen sie an unscheinbaren Orten in Einkaufsmeilen, beispielsweise Staubsauger-Reparaturläden, zusammen, in der Wüste an der Grenze von Arizona, in Parks in Südkalifornien oder in den verschneiten Wäldern von Michigan, wo sie für ihren Kampf trainieren. Sie werden ihren Widerstand über das Internet planen, darüber beratschlagen, wie sie die Regierung auf jeder Ebene unterminieren und die Kontrolle über Amerika übernehmen können. Sie werden Chaos und Angst verbreiten. Und dann werden sie die Amerikaner zwingen, sich für eine Seite zu entscheiden.

Typischerweise ziehen Extremisten Inspiration für ihre Überzeugungen aus gewissen als kanonisch geltenden Texten. Die Mitglieder von al-Qaida stützten sich auf bin Ladens dreißigseitiges Manifest mit dem Titel *Kriegserklärung gegen die Amerikaner, die das Land der zwei heiligen Stätten besetzt halten.* Die Nationalsozialisten konnten sich auf Adolf Hitlers *Mein Kampf* berufen, veröffentlicht 1925, vierzehn Jahre vor dem Überfall der Wehrmacht auf Polen. Die libyschen Terroristen zitierten aus dem *Grünen Buch* von al-Gaddafi – der Name ist eine Hommage an Maos *Kleines Rotes Buch* –, das die radikalen Vorstellungen des Diktators zum Umbau der libyschen Gesellschaft darlegte.

In den USA kursieren die *Turner-Tagebücher*, die das FBI als »die Bibel der rassistischen Rechten« bezeichnet.[4] Es handelt sich um einen Roman über einen Aufstand von »Ariern« gegen die US-Regierung. Die 1978 von William Pierce, dem Führer der Neonazi-Gruppierung National Alliance, verfasste Geschichte liefert eine Art Drehbuch, wie sich Rassismus zum Genozid steigern lässt. Er beschreibt detailliert das Vorgehen einer militanten Randgruppe, die durch gezielte Aktionen (Terror und Bombenanschläge mit zahlreichen Opfern) die Bundesregierung stürzen und weitere Weiße »aufwecken« will. Was dort geschildert wird – Misstrauen gegenüber den Medien, die Bundesregierung will den Menschen ihre Waffen wegnehmen, Gewalt als einzige Lösung –, bildet ein »aufwühlendes heroisches Narrativ, das Leute anspricht, die davon träumen, große Rebellen, Patrioten oder Märtyrer zu sein«, meint die Journalistin Aja Romano. »Es bringt die Menschen nicht nur dazu, sich in einem Konflikt mit den Progressiven zu wähnen, sondern auch dazu, anzunehmen, dass ein wirklicher Krieg unvermeidlich ist.«[5]

Die *Turner-Tagebücher* dienten rechtsradikalen Terroristen als Inspiration. Seiten aus dem Buch fand man nach dem Anschlag auf das Alfred P. Murrah Federal Building in Oklahoma City im Laster des Attentäters Timothy McVeigh. Auch Patrick Crusius, der Tatverdächtige beim Anschlag auf einen Walmart-Supermarkt in El Paso, und John Timothy Earnest, angeklagt wegen eines Überfalls mit einem Sturmgewehr auf eine Synagoge im kalifornischen Poway, griffen Ideen dieses Buches in ihren Manifesten auf. Sein Einfluss zeigte sich selbst beim Sturm auf das Kapitol, wird in ihm doch beschrieben, wie man Zentralen des FBI in die Luft sprengt, das Kapitol angreift und den »Tag der Schlinge« organisiert, an dem man »Rassenverräter« – darunter Politiker, Rechtsanwälte, Nachrichtensprecher, Richter, Lehrer und Prediger – an den Galgen bringt. In einem Video vom 6. Januar 2021 erzählt einer der Proud Boys einem Journalisten, dass er gerade die *Turner-Tagebücher* lese.[6]

Und dann gibt es noch das Buch mit dem deutschen Titel *Siege*, verfasst von dem Neonazi James Mason, einem Fan des Sektenführers Charles Manson. In den achtziger Jahren schrieb der heute noch lebende Mason eine Reihe von Newslettern für die American Nazi Party, in denen er Mord und Gewalt propagierte, die das Land ins Chaos stürzen und die Regierung destabilisieren sollten.[7] Diese Newsletter fasste er später zu dem Buch zusammen. Wie ProPublica berichtet, wiegelte Mason seine Anhänger auf, einen Guerillakrieg zu beginnen, um »das System« zu Fall zu bringen.[8] Er träumte von einer mobilen, dezentralisierten weißen Befreiungsfront, die »Blitzattacken« verüben und sich »in den Wäldern« verstecken sollte. Mason machte auch keinen Hehl daraus, wie für die Amerikaner wahrscheinlich alles beginnen würde. »Wenn mich jemand fragte, wonach er Ausschau halten solle, dann würde ich sagen, nach einer Welle von Hinrichtungen oder ›Morden‹ an Systembürokraten durch umherstreifende Bewaffnete, die mit einer wohldurchdachten Strategie vorgehen und so gut wie nicht zu stoppen sind.«[9]

Im Jahr 2017 erschien eine neue, 563 Seiten umfassende Ausgabe von *Siege*, und im Juni 2020 erreichten die *Turner-Tagebücher* immerhin Platz 46 auf der Bestsellerliste von Amazon. Beide Machwerke ließen sich in den USA ohne weiteres über Amazon beziehen, dessen Algorithmen weiterführende Lektüretipps gaben: *White Power, Hunter* (ein Thriller über ethnische Konflikte), *Mein Kampf*, *Revolt Against the Modern World* und *International Jew.* (Amazon, die größte Plattform für Publikationen im Selbstverlag, wird auch vielfach zum Vertrieb von rechtsextremistischem Material genutzt.)[10] Erst nach dem Sturm auf das Kapitol im Januar 2021 nahm Amazon *Siege* und die *Turner-Tagebücher* aus seinem Angebot.

In Bürgerkriegen kommt es immer öfter auch zu ethnischen Säuberungen, und angesichts solcher Texte muss man befürchten, dass der rechtsextremistische Terror in den USA ebenfalls in diese Richtung steuert.[11] In ihrem Bestreben, die Gesellschaftsordnung auf den Kopf zu stellen, versuchen Terroristen, die Bürger gegen die Bundesregierung aufzuwiegeln und gleichzeitig die Gemäßigten dazu zu bringen, sich mit der neuen Lage abzufinden. Die Minderheiten werden von ihnen eingeschüchtert, damit sie stillhalten, und nicht zuletzt wollen sie Immigranten davon abschrecken, überhaupt ins Land zu kommen. Außerdem versuchen sie, die amerikanischen Durchschnittsbürger davon zu überzeugen, dass ihr Leben sicherer wäre, wenn bestimmte Personen – Angehörige von Minderheiten, Liberale, alle, denen sie das Etikett »Sozialist« anhängen – ihre Stadt und am besten gleich den Bundesstaat verließen, sodass im ländlichen Kerngebiet der USA reinweiße Staaten entstünden.

Man schaue sich nur einmal an, was ein Mitarbeiter der Stadt Stratton in Vermont auf die Frontseite des jährlichen Berichts seiner Gemeinde setzte: »Sie sind von dort hierhergekommen, weil es Ihnen dort nicht gefiel, und nun wollen Sie die Verhältnisse hier ändern, damit sie wie dort sind. […] Wir sind keine Rassisten, wir leiden nicht unter Phobien und haben nichts gegen Sie, aber uns gefällt es einfach, wie es hier ist, und die meisten von uns sind hier, weil es nicht so ist wie dort, wo immer das sein mag. Fühlen Sie sich also hier willkommen, aber bitte nehmen Sie davon Abstand, unser ›Hier‹ in ein ›Dort‹ zu verwandeln. Wenn Sie es hier wie dort haben möchten, dann hätten Sie einfach dortbleiben und gar nicht erst hierherkommen sollen. Es steht Ihnen jederzeit frei, von hier wegzugehen und dorthin zurückzukehren.«[12] Interne Migration verändert die ethnische und religiöse Zusammensetzung eines Gebiets oft in einer Art und Weise, die Alteingesessenen nicht gefällt, und ethnische Säuberung – ob nun mit Gewalt oder mit weniger direkten Methoden – zielt darauf ab, dies rückgängig zu machen.

Meist wollen Bürger nicht glauben, dass es auch in ihrem Land zu ethnischen Säuberungen kommen kann – man denke an das Beispiel von Daris und Berina aus Sarajevo. Hier kann ein Text von Gregory Stanton, dem Gründer von Genocide Watch, nützliche Hinweise liefern. Er trägt den Titel »Die zehn Stadien des Genozids« und vertritt die These, dass Länder acht Stadien durchlaufen, bevor der eigentliche Genozid beginnt.[13] Eins davon ist die Vertreibung von Minderheiten aus einer Region. Im Oktober und November 1947 zwang die indische Regierung Muslime zur Flucht nach Pakistan, weil sie sicherstellen wollte, dass in der Region Jammu die Hindus die Mehrheit behielten. Die Vertreibung artete rasch zur Ermordung Hunderttausender Muslime durch den Mob und paramilitärische Einheiten aus. Es dauerte nicht lange, und die Muslime, die zuvor 60 Prozent der Bevölkerung von Jammu ausgemacht hatten, befanden sich in der Region in der Minderheit. Erstaunlich, wenn nicht erschreckend an Stantons Schilderung der Stadien des Genozids ist, wie normal und scheinbar harmlos sie in der Anfangsphase erscheinen. Zuerst sagte man den Muslimen in Jammu, sie sollten »evakuiert« werden. Nachdem man sie zusammengetrieben und in Busse verfrachtet hatte oder wenn sie versuchten, von selbst die Grenze zu überqueren, wurden sie getötet. In den Frühphasen einer ethnischen Säuberung wird den Menschen oft gar nicht klar, welch gefährlichen Pfad ihr Land eingeschlagen hat.

Die ersten beiden Stadien sind die »Klassifizierung« und die »Symbolisierung«. Gemeint ist damit, dass eine dominierende Gruppe, die eine bestimmte Identität für sich reklamiert, die Bürger eines Landes nach gewissen Unterscheidungsmerkmalen klassifiziert – wie es die belgische Kolonialverwaltung 1939 in Ruanda tat: Sie führten Personalausweise mit dem Vermerk ein, wer seiner Abstammung nach Hutu oder Tutsi war, was man zuvor gar nicht sicher unterscheiden konnte. Ist eine solche Klassifizierung da, folgen ihr auch bestimmte Erkennungszeichen, die die eigene Gruppe von den »anderen« unterscheidbar macht. Diese beiden Phasen haben die USA bereits durchlaufen. Man denke an unsere tiefe ideologische Spaltung: Wir haben uns nach ethnischer Herkunft, Geographie und Glaubensüberzeugung klassifiziert. In den USA haben sich die Rechtsextremisten ihre eigenen Symbole geschaffen: die allgegenwärtige Konföderiertenflagge, die orangefarbenen Mützen der Proud Boys oder auch die Hawaiihemden, die Rechtsextreme in Charlottesville oder im Kapitol trugen. Noch dazu haben Mitglieder beider Parteien vorgeschlagen, einen landesweit gültigen Ausweis auf der Grundlage einer staatlichen Datenbank einzuführen.[14] Stadium drei ist die »Diskriminierung«, in der eine dominante Gruppe die Rechte anderer per Gesetz oder einfach durch ihr Verhalten leugnet oder unterdrückt – wie es die buddhistische Mehrheit in Myanmar tat, die den Rohingya ihr Wahlrecht, ihre Arbeitsplätze und ihre Bürgerrechte wegnahm.[15] Dann ist es nicht mehr weit bis zu Phase 4, der »Entmenschlichung«: Die Machthaber nutzen den öffentlichen Diskurs, um die einfachen Bürger gegen eine diskreditierte Minderheit aufzuhetzen, die sie als kriminell brandmarken (wie es die Serben mit den Bosniaken taten), oder sie streiten ihnen die Menschlichkeit ab (so wie die Hutus die Tutsis als »Kakerlaken« bezeichneten).

Auch die USA sind bereits durch diese Phasen gegangen. Ethnische Diskriminierung ist seit langem in Amerika gang und gäbe. Wie Untersuchungen belegen, bekommen Schwarze nur halb so oft wie Weiße eine Rückmeldung, wenn sie sich auf eine Stelle bewerben, auch bei gleicher Qualifikation.[16] Ein Experiment ergab, dass Volksvertreter viel eher auf die E-Mail von jemandem reagieren, dessen Name eine weiße Person vermuten lässt, als auf eine, deren Absender eher einer schwarzen Person zugeordnet wird.[17] Schwarze Familien haben größere Probleme, einen Kredit zur Finanzierung eines Hauses zu bekommen, als Weiße und landen eher in ärmeren Wohngegenden.[18] Und die jüngste Welle von Gesetzen, die in Georgia, Alabama, Wisconsin, Florida und nun auch wohl in Texas den Zugang zu den Wahlurnen einschränken, ist speziell darauf ausgerichtet, die Wahlbeteiligung von Minoritäten zu reduzieren. Trump und die republikanischen Volksvertreter sowie die konservativen Medienleute, die ihm die Stange hielten, haben uns auch bereits in das Stadium der Entmenschlichung geführt. Sie missbrauchten den öffentlichen Diskurs, indem sie Immigranten als Vergewaltiger und Mörder oder gar als Tiere bezeichneten.[19] So beschimpfte Trump seine eigene ehemalige schwarze Kommunikationsdirektorin, Omarosa Manigault Newman, als »Hund«, und im Mai 2018 äußerte Trump bei einer Besprechung im Weißen Haus über Einwanderer ohne Papiere: »Sie können sich nicht vorstellen, wie schlecht diese Leute sind. Das sind überhaupt keine Menschen – das sind Tiere.«[20]

Als Nächstes kommt »Organisation«, das fünfte Stadium. Darin beginnt eine dominante Gruppe, eine Armee oder Miliz aufzustellen und Pläne zur Auslöschung anderer Gruppen zu schmieden. In Bosnien erstellte Radovan Karadžić, der ehemalige oberste Befehlshaber der bosnisch-serbischen Armee, schon in den achtziger Jahren einen Plan zur Auslöschung der Muslime.[21] Karadžić schwebte eine Geheimpolizei vor, die den Serben dabei helfen sollte, örtliche paramilitärische Gruppierungen zu bilden. Auch an die Einrichtung von Waffenverstecken an strategischen Orten in Kroatien und Bosnien war gedacht. In Stadium 6, der »Polarisierung«, verstärkt die dominante Gruppe die Propaganda, was die ins Visier genommene Gruppe weiter dämonisiert und den Keil zwischen ihr und der Allgemeinheit noch tiefer treibt. Oft werden Kontakte zwischen den Gruppen behindert oder verboten, und gemäßigte Mitglieder der dominanten Gruppe, die sich diesen Bemühungen widersetzen oder gegen sie protestieren, wandern ins Gefängnis oder werden umgebracht. Ein Paradebeispiel dafür liefert das Trommelfeuer an Hetze, das Hutu-Extremisten in den Monaten vor dem Genozid in Ruanda über das Radio verbreiteten.

So steht es heute um die USA: Wir befinden uns voll und ganz in Stadium 5, womöglich schon am Beginn von Stadium 6. Milizen, die sich unter Obama explosionsartig vermehrten, sind heute besser organisiert, trainiert und bewaffnet denn je zuvor.[22] Stewart Rhodes, Veteran der US-Armee und Jura-Absolvent in Yale, gründete 2009 die Oath Keepers. Seitdem ist der Bürgerkrieg sein Thema. Als der siebzehnjährige Kyle Rittenhouse im Verlauf von Protesten in Kenosha, Wisconsin, zwei Personen tötete, befand Rhodes, er sei »ein Held, ein Patriot«. Und als ein Trump-Unterstützer in Portland, Oregon, getötet wurde, twitterte er: »Der erste Schuss ist gefallen, Brüder. Der Bürgerkrieg ist da, hier und jetzt.« Extremisten in der Republikanischen Partei und ihre Anhänger verstärken immer öfter polarisierende Propaganda über Radio, Fernsehen und Internet. Marjorie Taylor Greene, Kongressneuling der Republikaner aus Georgia, hat mehrfach Gewalt gegen Demokraten gutgeheißen. Sie sagt beispielsweise Dinge wie: »Ohne Blutvergießen werden wir unsere Freiheiten nicht zurückerhalten.«[23] Gemäßigte Stimmen, die sich solchen Ansichten entgegenstellen oder sich ihnen auch nur nicht anschließen möchten, wie die Abgeordneten Tom Rice aus South Carolina oder Liz Cheney aus Wyoming, werden von ihrer eigenen Republikanischen Partei gerügt – und manchmal erhalten sie auch Todesdrohungen, wie es Peter Meijer, einem republikanischen Abgeordneten aus Michigan, ergangen ist, nachdem er für das Impeachment von Donald Trump gestimmt hatte.[24]

Die amerikanischen Extremisten von heute haben sich einer Idee verschrieben, die als Akzelerationismus bekannt ist: dem apokalyptischen Glauben, die moderne Gesellschaft sei unrettbar dem Untergang geweiht und das Beste sei, ihr Ende zu beschleunigen, damit eine neue Ordnung entstehen könne. Auf diese Weise beschwören sie den Bürgerkrieg und womöglich auch eine ethnische Säuberung herauf. Die Verfechter dieses Gedankens sind überzeugt, dass auf gewöhnlichem Wege – Demonstrationen, die Wahl rechter Politiker – nicht viel zu erreichen sei und daher der Wandel durch Gewalt herbeigeführt werden müsse. Wie die Terrorismusexpertin

J. J. MacNab erklärt, suchen sie in allem – sei es die Coronapandemie, seien es Demonstrationen gegen Rassismus – einen Vorwand, Konflikte zu schüren.[25] Ihre Hoffnung ist, eine Kettenreaktion der Gewalt in Gang zu setzen, die schließlich auch den gemäßigten Bürgern die Augen öffnet, sodass sie sich angesichts der staatlichen Unterdrückung und gesellschaftlichen Ungerechtigkeiten schließlich auf ihre Seite schlagen. MacNab hält sogar ein Bündnis von Rechtsextremisten und Linksextremisten für möglich: »Einige der traditionell linksextremen Gruppierungen sind zu der Ansicht gekommen, dass sie eigentlich im selben Boot sitzen. Sie sind genauso frustriert. Auch sie haben das Gefühl, dass man ihnen alles weggenommen hat. Sie haben keine Kontrolle über ihr eigenes Leben, die Regierung oder sonst etwas. Also halten sie das für einen gangbaren Weg.«[26]

Die Atomwaffen Division (AWD) war die erste akzelerationistische Gruppierung, die bekannt wurde, unter anderem durch einen Dokumentarfilm, eine Gemeinschaftsproduktion von ProPublica und *Frontline* von PBS aus dem Jahr 2018.[27] Die zwei Jahre zuvor in dem faschistischen Internetforum Iron March des russischen Nationalisten Alischer Muchitdinow gegründete Gruppierung, die sich den deutschen Namen »Atomwaffen« gab, besteht aus Neonazis und Antisemiten, die mittels Gewalt einen Rassenkrieg vom Zaun brechen wollen, um ihre Utopie einer weißen Gesellschaft zu verwirklichen.

Nach Expertenschätzungen hat die AWD zwischen fünfzig und hundert Mitglieder, allesamt junge weiße Männer. James Masons Buch ist Pflichtlektüre für Neulinge, Bezüge auf die *Turner-Tagebücher* finden sich in ihren Netzpublikationen zuhauf. Ungeachtet ihrer geringen Mitgliederzahl ist die Gruppierung eine der gewalttätigsten rechtsextremen Organisationen in den USA.[28] Mutmaßlich gehen zahlreiche Morde und Anschläge auf ihr Konto. (Als das ehemalige AWD-Mitglied Devon Arthurs 2017 seine beiden Mitbewohner in Florida erschoss, fand man in der Wohnung unter anderem eine Art

Schrein für die *Turner-Tagebücher.*) Derzeit hält sich die Gruppe in Texas auf, wo sich ihre Mitglieder in »Hasscamps« fortbilden. Einige haben Reisen nach Europa unternommen, um gemeinsam mit dortigen rechtsextremen Truppen zu trainieren. In den Jahren 2019 und 2020 verhaftete das FBI AWD-Anhänger im ganzen Land, und James Mason, das Idol der Bewegung, wenn auch nicht ihr Mitglied, erklärte, die Organisation habe sich aufgelöst. Doch schon im Sommer 2020 hörte man auf diversen Plattformen wieder von AWD-Zellen. Im August 2020 gab sich die Gruppierung eine neue Führungsstruktur und nennt sich seitdem National Socialist Order (NSO).[29]

Auch bei der »Unite the right«-Demo in Charlottesville marschierten Mitglieder der AWD mit.[30] Sie trugen Fackeln und grölten: »Ihr werdet uns nicht verdrängen!« Nicht lange nach der Demonstration verbreitete sich der Hashtag *#ReadSiege* wie ein Lauffeuer über Twitter. Einige in der Gruppe zeigten sich nach den Ereignissen von Charlottesville frustriert, in deren Folge es zu Verhaftungen, dem Ausschluss verschiedener Gruppierungen aus sozialen Medien und heftiger Kritik in der Presse kam. Sie sahen darin den Beweis, dass Mason von Anfang an recht gehabt hatte: Wer sich an die Gesetze hält, kommt nicht weiter. Ein ehemaliges AWD-Mitglied erklärte später gegenüber dem Journalisten A. C. Thompson (der an der Dokumentation für ProPublica mitarbeitete), Charlottesville habe bei der Gruppe die Gewaltbereitschaft verstärkt, weil die Mitglieder gemerkt hätten, dass ihre Bemühungen zu nichts führten. »Große Demos bringen nichts«, sei das Fazit der Gruppe. »Sie führen nur zu Verhaftungen, die Teilnehmer verlieren ihren Job oder landen auf der Beobachtungsliste des FBI.«[31] Ihre Lösung: in den Untergrund gehen, kleine Terrorzellen bilden und einen »führerlosen Widerstand« organisieren.

Der Begriff »führerloser Widerstand« wurde in den fünfziger Jahren von dem ehemaligen CIA-Offizier Ulius Amoss geprägt, der nach Möglichkeiten suchte, von der CIA unterstützte Widerstandszellen in Osteuropa zu schützen.[32] Das Konzept wurde von Louis Beam aufgegriffen, der nach seinem Dienst in Vietnam dem Ku-Klux-Klan beitrat. Im Jahr 1983 veröffentlichte Beam einen Essay, in dem er den weißen Nationalisten den führerlosen Widerstand als besten Weg im Kampf gegen die mächtige US-Regierung empfahl. Nur eine dezentrale Organisation könne das Überleben der Bewegung sichern, so Beam. Was ihm vorschwebte, berichtet J. M. Berger, waren eine Reihe kleiner, unabhängiger Zellen oder auch einzelne Akteure, die ihre Aktivitäten auf der Grundlage von Informationen, die sie durch Flugblätter und Zeitungsberichte erhielten, locker miteinander koordinierten.[33] Das FBI, so war Beam überzeugt, konnte unmöglich eine große Zahl von Kleingruppen und Einzelpersonen im Blick behalten oder infiltrieren. »Tausend kleine Phantomzellen [...] sind ein Albtraum für den Geheimdienst jeder Regierung«, schrieb er.

Vor der Zeit des Internets war es jedoch für kleine, nicht direkt miteinander verbundene Zellen schwierig, ihre Vorstellungen zu kommunizieren und neue Mitglieder zu rekrutieren. Die sozialen Medien änderten dies schlagartig. Damit konnten solche Gruppen ihre Aktivitäten nicht nur über 4chan, Twitter, Facebook, YouTube und Telegram untereinander koordinieren, sondern auch Tausende neuer Mitglieder anwerben. Zwei Gruppen an vorderster Front dieser Entwicklung waren al-Qaida und der sogenannte Islamische Staat; al-Qaida brachte sogar ein englischsprachiges Online-Magazin namens *Inspire* heraus, das detaillierte Anleitungen für die Ausführung von Terroranschlägen enthielt.[34] Die dezentralisierte Strategie der Terrororganisation wird auch »führerloser Dschihad« genannt.

Das beste Beispiel für eine führerlose Widerstandsbewegung in den USA bieten wohl die Boogaloo Bois.[35] Der lockere Zusammenschluss verschiedener Gruppierungen, die hauptsächlich rechtsradikale Waffennarren mit anarchistischen Neigungen ansprechen, formierte sich zunächst über 4chan und später Instagram, Reddit und Facebook. Die Boogaloo-Bewegung hat keine Führungsstruktur, keine Ortsgruppen und kein Programm, nicht einmal eine ausformulierte Ideologie – zumindest bislang nicht. Je nach Facebook- oder Telegram-Gruppe werden unterschiedliche Ziele angegeben. Was die Mitglieder jedoch eint, ist ihr Bestreben, die USA in einen Bürgerkrieg zu treiben, um die bestehenden Verhältnisse umzustürzen. Die Mehrzahl ihrer Anhänger sind junge weiße Männer, die an eine unmittelbar bevorstehende und auch dringend nötige Revolution in den USA glauben. In ironischer Anspielung auf den Film *Breakin' 2: Electric Boogaloo* von 1984 über den gleichnamigen Streetdance bezeichnen sie diese Revolution als »Civil War 2: Electric Boogaloo«. (Der seinerzeit erfolglose Film war Gegenstand eines jahrelang im Internet kursierenden Memes, das sich über misslungene Sequels lustig machte. Mit ihrem Markenzeichen, den Hawaiihemden, greifen die Boogaloo Bois die Verballhornung »Big Luau« auf, die sich auf den hawaiianischen Begriff »Lū'au« für ein gemeinschaftliches Fest bezieht.)[36] »Seid bereit für Boogaloo!« oder »Lasst Boogaloo raus!« sind typische Schlachtrufe der Bewegung.[37] Adam Fox, einer der Männer, die die Entführung von Gouverneurin Whitmer planten, bezeichnete Boogaloo als den »Kampf, der ausbricht, wenn die Regierung versucht, die durch das Second Amendment garantierten Rechte wegzunehmen«.[38] Der ebenfalls an diesem Entführungs-Plan Beteiligte Joseph Morrison, Anführer der Wolverine Watchmen, nannte sich selbst in den sozialen Medien »Boogaloo Bunyan«, in Anspielung auf die amerikanische Sagengestalt Paul Bunyan, einen riesenhaften und mit Titanenkraft ausgestatteten Holzfäller.[39]

Wie die Boogaloo Bois ihre Ziele erreichen wollen, ist nicht klar. Manche von ihnen begnügen sich damit, Chaos zu stiften. Andere halten einen Bürgerkrieg für nötig, um die angeblichen Übergriffe der Regierung zu beenden, insbesondere in Fragen des Waffenbesitzes. Einige scheinen bereit, Einwanderer zu ermorden. Sicher ist nur, dass sie machtvoll auftreten können. Als sie zum ersten Mal von sich reden machten, im Januar 2020, marschierten sie mit Sturmgewehren bei einer großen Demo zur Unterstützung des Rechts auf Waffenbesitz in Richmond, Virginia, auf.[40] Die vielen Hawaiihemden erregten Aufmerksamkeit – das konnte kein Zufall sein. Zahlreiche neue Anhänger fanden sie sodann während der Coronapandemie, als viele die Maßnahmen der Regierung als einen tyrannischen Versuch werteten, den Amerikanern ihre Freiheiten zu rauben. Plötzlich sah man überall in den USA in großer Zahl Männer in Hawaiihemden bei Protesten gegen Lockdown-Verfügungen. Im Frühjahr 2020 zählten Beobachter der Szene 125 Boogaloo-Gruppierungen auf Facebook.[41] Laut ihrem Bericht gründete sich die Hälfte dieser Gruppen zwischen Februar und April 2020, als das Tragen von medizinischen Masken obligatorisch wurde und im ganzen Land zahlreiche Einrichtungen schlossen. Im Sommer dieses Jahres hatten die Boogaloo Bois bereits mehr als 10 000 Anhänger.

Auf Facebook teilen Boogaloo-Mitglieder untereinander militärisches Lehrmaterial und Anleitungen zur Herstellung von Sprengstoff.[42] Eine Gruppe stellte sogar einen Lageplan von Depots der Regierung zusammen, um dort im Ernstfall Waffen und Munition zu plündern, dazu eine Liste mit Regierungsmitgliedern, die man ausschalten beziehungsweise umbringen wollte.[43] Die Bibel der Gruppe ist das *Yeetalonian*, ein Text von 133 Seiten, der die einzelnen Schritte bis zum Krieg beschreibt und eine Anleitung enthält, wie man die öffentliche Meinung und Unterstützung durch Propaganda gewinnt. Die Boogaloo Bois haben auf Demonstrationen durch Gewalt von sich reden gemacht, sie haben Sicherheitskräfte getötet und weitreichende Aufstandspläne geschmiedet. (Neben ihrer Beteiligung an der geplanten Entführung von Gretchen Whitmer sind etwa auch jene drei Männer zu nennen, die in Las Vegas festgenommen wurden, wo sie Gewaltausbrüche bei Protesten zu provozieren versuchten.)[44]

Im Mai 2020 verbot Facebook die Verwendung des Ausdrucks »Boogaloo« und ähnlicher Wörter im Zusammenhang mit der Erwährung von Waffen oder Aktionsaufrufen.[45] Das Unternehmen änderte auch seine Empfehlungsalgorithmen und entfernte von seinen Plattformen Hunderte Konten, Gruppen und Inhalte, die mit Boogaloo in Zusammenhang standen. Doch die Mitglieder wechselten einfach zu anderen sozialen Netzwerken wie Gab und Telegram. Da diese verschlüsselt sind, ist es nun noch schwieriger geworden, die Reichweite und den Einfluss der Boogaloos zu begrenzen.

Und doch, sollte es noch einmal zu einem Bürgerkrieg in den USA kommen, dann sind diese Leute seine Kombattanten. Es gibt heute Hunderte rechtsextremer Gruppen in Amerika, die glauben, dass das Land nur in einem großen Konflikt wieder zu sich selbst finden kann. Ihre Namen mögen verschieden sein – die Proud Boys, die Three Percenters und die Oath Keepers sind nur die größten von ihnen –, aber sie sind sich im Kern einig. Die meisten wollen, dass die Washingtoner Bundesregierung aus ihrem Leben verschwindet. Sie wünschen sich weniger Gesetze und Beschränkungen ihrer Freiheit. Eine wachsende Zahl in ihren Reihen ist entschlossen, weiße männliche Christen ans Ruder zu bringen. Und alle glauben sie, dass die Realisierung ihrer Vision nur auf dem Weg der Gewalt zu erreichen sei.

Die sich rasch entwickelnde und immer stärker ausdifferenzierende Szene der heimischen Extremistengruppen macht es schwierig, sie zu unterwandern oder Prognosen zu stellen. Ein Blick darauf, wie Terroristen sich in anderen Demokratien auf ihren Kampf vorbereitet und ihn aufgenommen haben, vermittelt uns vielleicht eine Vorstellung davon, wie sich ein Bürgerkrieg bei uns entfalten könnte. So wie es zahlreiche große Datensammlungen zu den unzähligen Faktoren gibt, die zu einem Bürgerkrieg führen, gibt es auch Datensätze zu allen möglichen Facetten organisierter Terrorkampagnen. Hunderte Studien haben sich mit der Frage beschäftigt, wer zu Terror neigt, wann Anschläge drohen und wie effektiv eine Rebellengruppe damit ihre Ziele erreicht. Obwohl diese Studien Terrorismus generell betrachten – und nicht speziell unsere heimische Variante –, helfen sie uns, Strategien und Taktiken zu erkennen.

Es gibt eine Reihe von Strategien, die Aufständische gegen mächtige Demokratien einsetzen. Dazu gehört eine Art Zermürbungskrieg in Form einer unablässigen Folge von Anschlägen auf Menschen und die öffentliche Infrastruktur: auf Regierungs- und Verwaltungsgebäude, Märkte, Schulen, Gerichte, Verkehrssysteme oder das Stromnetz. Solche Anschlagsserien wollen vor allem Leidensdruck bei der Bevölkerung aufbauen, damit sie schließlich verlangt, dass der Staat den Forderungen der Terroristen nachgibt. Die Hamas verfolgt diese Strategie schon seit langem. Sie jagt Busse in Jerusalem, Nablus und Be'er Scheva in die Luft, verübt Selbstmordattentate auf Cafés in Tel Aviv, lässt Autobomben auf belebten Straßen in Haifa hochgehen, begeht Sprengstoffanschläge auf Kliniken, Einkaufszentren und Checkpoints. Al-Qaidas Anschläge vom 11. September lassen sich ebenfalls als Teil eines Zermürbungskriegs interpretieren; sie ereigneten sich nach einer Serie von Anschlägen auf andere US-amerikanische Objekte, darunter zwei Botschaften in Afrika und die *USS Cole.* Die Strategie ging auf: Sie brachte die USA dazu, ihre Soldaten aus Saudi-Arabien abzuziehen, eines der wichtigsten Ziele von al-Qaida.

Werden die Forderungen rechtsextremer Gruppen in Amerika ignoriert, könnten sie ebenfalls zu dieser Strategie greifen. In einem klassischen Zermürbungskrieg würden prestigeträchtige Gebäude, sensible Infrastruktur und hochstehende Persönlichkeiten ins Visier geraten – alles, was die Bevölkerung der USA finanziell oder psychologisch schwer treffen kann. Dazu könnten Kirchen und U-Bahnen, aber auch Gebäude der Bundesbank, Regierungssitze von Bundesstaaten oder Denkmäler in Washington gehören. Auch Bürger, die eher für liberale Kandidaten stimmen, könnte es treffen, womöglich Immigranten, Städter oder Bewohner der Swing States. Zur Gewalt entschlossene Extremisten würden die Anschläge auf solche Einrichtungen und Personen so lange fortsetzen, bis die Inhaber der Staatsgewalt ihren Forderungen nachgeben oder die Wähler die regierenden Politiker durch solche ersetzen, die der Sache der Extremisten näherstehen.

Eine weitere Strategie ist die der Einschüchterung. Kann man die Zentralregierung nicht stürzen, so versucht man, die Bevölkerung mittels Gewalt zur Unterwerfung zu nötigen. Durch gezielte Brutalität werden Regierungsvertreter eingeschüchtert – Polizeikräfte, Beamte, Abgeordnete, Juristen – und davon abgebracht, bestehende Regeln durchzusetzen. So sind die Todesdrohungen zu verstehen, wie sie gegenüber dem republikanischen Kongressabgeordneten Peter Meijer geäußert wurden. Gewaltbereite Extremisten könnten liberale Politiker ermorden, die für strengere Waffengesetze eintraten, Richter, die für das Recht auf Schwangerschaftsabbruch entschieden, oder Polizisten, die die bürgerlichen Freiheiten von Immigranten schützten. Aber sie richten sich womöglich auch gegen moderate Republikaner, die nicht auf einer Linie mit den Extremisten sind. Die Milizen entwickeln sich zu einer Art marodierender Vigilanten, die gesellschaftlichen Wandel verhindern wollen. Mexikanische Drogenkartelle wendeten diese Strategie gegen Richter und Polizisten an, die sich weigerten, gegen Bestechung über den lukrativen Drogenhandel hinwegzusehen. Kaum tauchten enthauptete Leichen in den Straßen von Ciudad Juárez und Tijuana auf, wurden die Gesetzesvertreter vorsichtiger, und schon hatten die Drogenkartelle und ihre Bosse mehr Handlungsspielraum.

Auch in den USA haben wir diese Strategie schon in praktischer Anwendung erlebt. Einschüchterung war das bevorzugte Mittel des Ku-Klux-Klan in seiner Reaktion auf die Ausweitung der Bürgerrechte durch die Bundesregierung.[46] Durch Gewalt und Morde versuchte er, die Schwarzen von den Wahlurnen fernzuhalten, die Kontrolle über die Parlamente der Bundesstaaten zu gewinnen und die

Vorherrschaft der Weißen im Süden zu sichern. Einschüchterung nutzen auch die terroristischen Abtreibungsgegner gegenüber Kliniken von Planned Parenthood und Ärzten, die Schwangerschaftsabbrüche vornehmen. Wenn die Regierung Abtreibungen nicht generell verbietet, greifen diese Extremisten zur Gewalt, um Frauen und Ärzte abzuschrecken. In dieselbe Richtung dachte auch Patrick Crusius, der beschuldigt wird, in einem Supermarkt in El Paso zweiundzwanzig Menschen erschossen und viele weitere verletzt zu haben. In einem Pamphlet schrieb er, das Massaker solle Hispanics einen »Anreiz« geben, die USA zu verlassen.[47]

In einem Land voller Waffen, die man noch dazu ganz offen tragen kann, und mit zahlreichen völlig legalen Milizen fürchten sich Politiker und Bürger aus gutem Grund. Dies gilt besonders in ländlichen Regionen, wo der Einfluss Washingtons geringer ist und den Bürgern angesichts konkurrierender Zuständigkeiten zwischen der Bundesregierung, den Bundesstaaten und den Kommunen oft unklar ist, wer eigentlich das Sagen hat. Eine der Besonderheiten der USA ist ihre dezentrale föderale Struktur, die sie allerdings der Gefahr aussetzt, dass abtrünnige Elemente die Kontrolle über eine Region übernehmen – womöglich auch mit Unterstützung der lokalen Sicherheitskräfte. In zweiundzwanzig Bundesstaaten sind Milizen erlaubt. Während der jüngsten Pandemie gerierten sie sich häufig als Verteidiger der Kleinunternehmer, die Unmut angesichts der von der Regierung verfügten Schließungen empfanden.[48] In Kenosha, Wisconsin, rief Kevin Mathewson, ehemals Mitglied des dortigen Stadtrats, bewaffnete Bürger zu Hilfe, als dort Protestkundgebungen im Rahmen der Black-Lives-Matter-Bewegung stattfanden. Es kamen Hunderte. Als sich dann infolge der Ereignisse Kyle Rittenhouse wegen der Tötung zweier Demonstranten und der Verwundung eines dritten vor Gericht verantworten musste, argumentierte dessen Anwalt, das Engagement seines Klienten in einer Miliz sei zwingend notwendig gewesen. »Seine Anwesenheit in Kenosha entsprach seinem Recht und seiner Pflicht, seine Gemeinde zu schützen, nachdem der Bundesstaat und die lokale Regierung darin versagt hatten, ihrer grundlegenden Verantwortung nachzukommen, nämlich Recht und Ordnung aufrechtzuerhalten.«[49]

Eine weitere Terrorstrategie ist als »Übertrumpfen« bekannt. Sie kommt zum Einsatz, wenn eine militante Gruppe mit einer anderen um die Vorherrschaft konkurriert. Die Hamas griff unter anderem auch deshalb zu Selbstmordanschlägen, weil sie zeigen wollte, dass sie sich ernsthafter für die Sache der Palästinenser engagiert als ihre Hauptkonkurrentin, die Fatah. Der sogenannte Islamische Staat, der erst spät in den Krieg in Syrien eingriff, ging zu brutalen Entführungen und Morden über, weil er sich von der rivalisierenden Gruppierung Jabhat al-Nusra absetzen wollte. Rebellen mit extremistischer Ideologie und brutalen Methoden sind in Kriegszeiten oft erfolgreicher als moderatere Gruppierungen.[50] Sie können die passionierteren Kämpfer und entschlosseneren Unterstützer gewinnen. Auch psychologisch punkten Extremistengruppen zuweilen, haben sie doch größere Gratifikationen anzubieten: Ehre, Märtyrerstatus und Ruhm in der Nachwelt. Zudem sortiert eine extreme Ideologie alle aus, die sich der Sache nur halbherzig verschrieben haben, und reduziert dadurch Probleme wie lasches Engagement, Defätismus und Verrat.

Bislang hat diese Strategie der Übertrumpfung in den USA noch nicht Fuß gefasst, doch angesichts der immer zahlreicheren rechtsextremen Gruppierungen ist diese Möglichkeit nicht auszuschließen. Der sogenannte Islamische Staat im Irak und in Syrien liefert das Vorbild: Die Gruppierungen investierten stark in Online-Propaganda, brüsteten sich mit ihrer militärischen Stärke und ihren brutalen Taten und warben zugleich mit öffentlichen Dienstleistungen, die sie für die Bevölkerung organisieren wollten. Beim Einmarsch in eine Stadt attackierten sie sofort die Führer der Opposition.[51] Übertragen auf die USA würde das bedeuten, dass eine extreme Gruppe, etwa die Atomwaffen Division, immer brutalere Gewaltakte begeht, um zu beweisen, dass sie stärker und durchsetzungsfähiger als andere ist und mit größerer Überzeugung hinter ihrer Sache steht.

Eine letzte Terrorstrategie stellt das »Störfeuer« dar. Zu ihr greifen Terroristen, wenn sie befürchten, dass gemäßigtere Gruppen einen Kompromiss eingehen könnten. Beispielsweise die Aufgabe des größeren Ziels der Errichtung eines Ethnostaats gegen Zugeständnisse der Regierung in Fragen der Einwanderung. Sie ist das Mittel der Wahl, wenn sich das Verhältnis zwischen gemäßigteren Gruppen der Aufständischen und der Regierung verbessert und sich ein Friedensabkommen abzeichnet. Den Terroristen ist bewusst, dass die meisten Bürger weitere Gewalt nicht gutheißen, sobald eine Einigung erreicht ist. Als im Iran 1979 Radikale in Teheran zweiundfünfzig Amerikaner als Geiseln nahmen, war der Grund nicht, dass sich die Beziehungen zwischen den USA und dem Iran verschlechtert hatten, sondern dass es im Gegenteil Anzeichen einer Annäherung gab: Drei Tage zuvor hatten sich Mehdi Bazargan, Irans relativ gemäßigter Premierminister, und Zbigniew Brzezinski, Sicherheitsberater der USA, die Hände gereicht.[52] Für die Radikalen kam eine freundliche Annäherung ihres Landes an die USA einer Katastrophe gleich, also taten sie alles in ihrer Macht Stehende, sie zu verhindern. Auch arabisch-israelische Friedensverhandlungen sowie Gespräche zwischen Protestanten und Katholiken in Nordirland wurden aus diesem Grund hintertrieben.

Es ist durchaus vorstellbar, dass in den USA die Proud Boys, die Three Percenters und die Oath Keepers eine Allianz eingehen. (Rebellengruppen in Bürgerkriegen schließen häufig Bündnisse, auch wenn sie oft von nur kurzer Dauer sind.) Die neue vereinigte Gruppe könnte sich dann zu einem Friedensabkommen mit der Bundesregierung entschließen, das für die Zukunft keine neuen Gesetze zur Kontrolle des Waffenbesitzes und einschneidende Beschränkungen der Einwanderung garantiert – oder andere Bedingungen erfüllt, die der Mehrheit ihrer Unterstützer wichtig sind. Die radikalsten regierungsfeindlichen Gruppierungen der weißen Suprematisten würden sicherlich nicht mit am Verhandlungstisch sitzen, weil kein Kompromiss sie ihrem endgültigen Ziel, der Errichtung eines weißen Ethnostaats, näher bringen würde. Sie könnten nur noch versuchen, das Abkommen zu verhindern. Und die besten Chancen dazu würde ihnen die Entfesselung eines Bürgerkriegs bieten.

Um dies zu erreichen, bräuchten sie vermutlich ausländische Unterstützung. Die Provisional IRA konnte nur durch die erhebliche finanzielle Unterstützung bestehen, die sie von irischstämmigen Amerikanern aus den USA erhielt. Die Contras in Nicaragua vermochten ihren Kampf nur fortzusetzen, weil die USA ihnen Geld zukommen ließen. Die Rebellen im Donbas in der Ukraine hängen von materieller und personeller Unterstützung durch das benachbarte Russland ab.[53] Und der Erfolg der Hisbollah verdankt sich weitgehend den Geldern, die sie aus Syrien, dem Iran und dem Libanon erhält. Hier in den Vereinigten Staaten werden Rebellengruppen womöglich Hilfe durch die Feinde Amerikas (China, Russland, Iran) oder durch gleichgesinnte Gruppierungen weißer Suprematisten in anderen Ländern mit einer weißen Mehrheit (Kanada, England) annehmen. Über das Internet lässt sich das leicht organisieren. China und Russland könnten rechtsextremen Gruppen ohne Probleme mit Geld und Material unter die Arme greifen. In der Ukraine könnten ihnen von Gesinnungsgenossen Trainingsmöglichkeiten zur Verfügung gestellt und Kampferfahrung vermittelt werden. Und die ländlichen Gebiete Kanadas entwickelten sich vielleicht zum Rückzugsraum, in dem sich solche Gruppierungen dem Zugriff der US-Regierung entziehen könnten. Es ist bekannt, dass das Rise Above Movement (RAM), eine Gruppe weißer Suprematisten aus Kalifornien, vor einigen Jahren bereits Mitglieder in die Ukraine geschickt hat, damit sie dort mit dem Asow-Regiment trainieren. Wie Tim Hume 2019 in *Vice* berichtete, verteilten Asow-Kämpfer zudem Pamphlete auf Neonazi-Konzerten in Europa, drehten Propagandavideos und veranstalteten

Konferenzen für Rechtsextremisten in Skandinavien. Darin wurde rechtsextremen Gruppierungen der Einsatz im Krieg mit den Separatistengebieten in der Ostukraine als Möglichkeit angepriesen, Kampferfahrung zu sammeln, mit der sie dann ihre eigenen Leute zu Hause weiter ausbilden könnten. Die Geheimdienstanalystin Mollie Saltskog erklärte gegenüber Hume: »Es gibt heute ein globales Netzwerk gewaltbereiter weißer Suprematisten, die problemlos über verschiedene Plattformen miteinander Verbindung halten und dann bei sich zu Hause Propaganda verbreiten und Trainingslager organisieren – oder in den nächsten Kampf weiterziehen.«[54]

Die Entwicklung hin zu einer »ethnischen Säuberung« vollzieht sich oft so schleichend, dass sie unbemerkt bleibt. Die entscheidende Änderung in den »Zehn Stadien des Genozids« setzt mit Stadium 7 ein, der »Vorbereitung«, wenn eine dominante Gruppe eine Armee bildet. Mit der Behauptung »Wenn wir sie nicht töten, dann töten sie uns« indoktrinieren die Anführer zudem die Bevölkerung und schüren auf diese Weise die Angst, selbst Opfer zu werden. So vorbereitet kann ein Land rasch in die Stadien 8 und 9 abrutschen – »Verfolgung« und »Vernichtung« –, woran sich das letzte Stadium anschließt, die »Leugnung«, in dem die Täter ihre Verbrechen abstreiten. So weigert sich die Türkei bis heute, hundert Jahre nach der Tat, zuzugeben, einen Völkermord an den Armeniern begangen zu haben.

Mit anderen Worten, Stadium 7 ist entscheidend, weil sich in ihm die Logik des Genozids als Mittel der Selbstverteidigung entwickelt. Es ist eine weit verbreitete Ansicht, dass Hass die treibende Kraft hinter einer ethnischen Säuberung sei. Zwar spielt Hass sicherlich auch eine Rolle, aber die wahre Motivation ist Angst – erzeugt durch ein Gefühl der Bedrohung und der Wehrlosigkeit.[55] Auf diese Ängste und den natürlichen Instinkt, seinen Feind zu vernichten, bevor er einen selbst vernichtet, setzen »ethnische Entrepreneure«. Während des Nürnberger Prozesses wurde Hermann Göring von Gustave Gilbert, einem jungen amerikanischen Psychologen, befragt. Dieser bezweifelte gegenüber Göring, dass einfache Menschen in einen Krieg hineingezogen werden möchten. Darauf erwiderte Göring: »Nun, natürlich, das *Volk* will keinen Krieg. Warum sollte irgendein armer Landarbeiter im Krieg sein Leben aufs Spiel setzen wollen, wenn das Beste ist, was er dabei herausholen kann, daß er mit heilen Knochen zurückkommt. [...] Aber das Volk kann [...] immer dazu gebracht werden, den Befehlen der Führer zu folgen. [...] Man braucht nichts zu tun, als dem Volk zu sagen, es würde angegriffen, und den Pazifisten ihren Mangel an Patriotismus vorzuwerfen und zu behaupten, sie brächten das Land in Gefahr.«[56]

Diese existenzielle Angst löst ein Wettrüsten aus. Eine Gruppe beginnt sich unsicher zu fühlen, und um dem abzuhelfen, bildet sie Milizen und besorgt sich Waffen, wodurch in der rivalisierenden Gruppe gleichfalls die Unsicherheit wächst, sie ihrerseits Milizen gründet und sich mit Waffen ausrüstet – der Anlass für die erste, sich noch stärker zu bewaffnen. Beide Seiten sind überzeugt, damit defensive Maßnahmen zu ergreifen, doch das Ergebnis ist, dass sie das Gefühl der Gefährdung verstärken, wodurch die Situation immer mehr in Richtung Krieg trudelt. Die serbischen Bürger in Bosnien wollten genauso wenig einen Krieg wie der durchschnittliche Hutu in Ruanda. Ihre Führer benötigten jedoch auch die einfachen Bürger im Kampf um ihre Machtsicherung. Ihre Lösung? Sie machten ihren Anhängern weis, dass sie bald mit einem Angriff rechnen müssten, worauf sich viele zum Handeln entschlossen. Die Organisatoren des Genozids in Ruanda verbreiteten über Zeitungen und Radiosender ihre falschen Behauptungen: Die Tutsi seien Neuankömmlinge ohne Recht auf Landbesitz, sie seien zudem schuld an der anhaltenden Armut der Hutu, die hingegen sehr wohl das Recht hätten, sich selbst zu schützen. Ein Bericht von Human Rights Watch kam zu dem Schluss: »Insbesondere letztere Vorstellung – die Hutu seien bedroht und müssten sich verteidigen – führte dazu, dass die Tutsi von 1990 an immer öfter Überfällen ausgesetzt waren, bis die Situation 1994 zum Völkermord eskalierte.«[57]

Eine bereits bewaffnete Bevölkerung erhöht die Wahrscheinlichkeit einer solchen Spirale der Verunsicherung. Im Jahr 2020 wurden in den USA so viele Waffen verkauft wie nie zuvor – siebzehn Millionen von Januar bis Oktober.[58] Käufer waren hauptsächlich Konservative, die dazu neigen, sich nach oder in Erwartung von Wahlsiegen der Demokraten mit Waffen auszurüsten – 2016, als Hillary Clinton sich um das Präsidentenamt bewarb und für strengere Waffengesetze eintrat, wurden 16,6 Millionen Feuerwaffen verkauft. Auch dies war schon ein Allzeitrekord, wie der Chefökonom von Small Arms Analytics festhielt. Viele Schusswaffen gingen an Erstkäufer, wie sich den Daten entnehmen lässt. An der University of California in Davis fand man heraus, dass diese Erstkunden vor allem die Angst vor gesetzlosen Verhältnissen und Instabilität der Regierung zum Kauf motivierte. Kareem Shaya, ein Fürsprecher des Zweiten Verfassungszusatzes, also des unregulierten Waffenbesitzes, erklärt dazu: »Die allgemeine Bedrohung erzeugt einfach Unsicherheit, ein Gefühl von, hey, wenn es hart auf hart kommt und niemand da ist, der mich beschützt, dann will ich für mich selbst sorgen können.«[59]

Ob sich in den Vereinigten Staaten eine solche Spirale der Verunsicherung entwickelt, hängt davon ab, ob sich auch die Linken, also die Liberalen, Minderheiten und Stadtbewohner, bewaffnen werden. Einiges deutet darauf hin, dass sie bereits damit begonnen haben: Der lockere Zusammenschluss linker Aktivisten, die sich als Kämpfer gegen Faschismus, Nationalismus und Rassismus verstehen und als Antifa bezeichnen, ist in den letzten Jahren stärker in Erscheinung getreten. Im Frühjahr 2017 gingen Antifa-Anhänger in Kalifornien mit Hämmern, Eisenstangen, Brandsätzen und Feuerwerkskörpern auf Alt-Right-Demonstranten los; zwei Jahre später tötete die Polizei einen Antifa-Aktivisten, bevor es ihm gelang, in einer Einrichtung der Einwanderungsbehörde in Washington eine Gasflasche in die Luft zu jagen.

Innerhalb der Linken scheint sich eine breitere Bewegung zu entwickeln. Im Jahr 2019 wurden nur 8 Prozent aller Terrorakte von linken Gruppen begangen; 2020 waren es bereits 20 Prozent.[60] Die Socialist Rifle Association hat es sich zur Aufgabe gemacht, »den Menschen der Arbeiterklasse die nötigen Informationen zu geben, damit sie effektiv sich selbst und die Gemeinschaft schützen können«.[61] Zusammen mit der Not Fucking Around Coalition (NFAC), einer nationalistischen Milizgruppe von Afroamerikanern, die sich dem Eigenschutz und der Ausbildung von afroamerikanischen Bürgern an Schusswaffen verschrieben hat, ist sie nach dem Tod von Breonna Taylor in Louisville, Kentucky, in Erscheinung getreten. Die afroamerikanische Rettungssanitäterin war im März 2020 im Zuge einer Drogenermittlung in ihrer eigenen Wohnung von Polizeibeamten als Unbeteiligte erschossen worden. Auch am Stone Mountain in Georgia protestierten beide Gruppen vor dem größten Denkmal für die Konföderierten in den USA.[62] Die Redneck Revolt, die »für organisierte Verteidigung unserer Gemeinschaft« eintritt, wurde 2009 gegründet und formierte sich im Sommer 2016 neu.[63] Ihre Mitglieder zeigten sich bei Demonstrationen, um Minderheiten zu schützen, und tauchten auch auf Waffenbasaren, Flohmärkten, Volksfesten und bei NASCAR-Rennen auf, um dort die Rekrutierungsversuche weißer Suprematistengruppen zu kontern.

Doch auch wenn sie sich ebenfalls bewaffnen, der große Knall wird nicht von den Linken ausgehen. Dies liegt zum Teil daran, dass ihre Mitglieder, die oft ethnischen Minderheiten angehören, in ihrer Geschichte selbst Repression erfahren haben; afroamerikanische Milizen wurden und werden nicht in derselben Weise toleriert wie weiße Milizen. Die linksgerichtete Bewegung, die aus einem losen Zusammenschluss von Untergruppen besteht, ist auch politisch differenzierter, zu ihr gehören Anarchisten, radikale Umweltschützer, Tierrechtsaktivisten, Globalisierungsgegner, Antikapitalisten und Verfechter von Waffenbesitz, was die Koordination schwieriger macht. Das Entscheidende ist jedoch, dass linke Gruppierungen in einer sich verändernden Welt einfach weniger zu verlieren und durch Gewalt weniger zu gewinnen haben. Die Koalition der Minderheiten, die die Demokratische Partei unterstützt, und die Extremisten, die für ihre Belange kämpfen, wissen, dass ihnen die Zeit in die Hände spielt: Solange das System nicht heftig zu ihrem Nachteil manipuliert wird, werden sie in Zukunft die Mehrheit bilden.

Doch das Gespenst der Linksradikalen, die ihre Muskeln spielen lassen, ist genau das, was die Rechtsextremisten beschwören werden, um Ängste zu schüren und letztendlich ihre eigene Gewalt zu rechtfertigen. Darauf werden sie sich berufen, um noch mehr Unterstützung für ihre Bewegung zu gewinnen. Trump hat es bereits vorgemacht, als er und seine National Security Agency behaupteten, die Hauptgefahr für heimischen Terrorismus in den Vereinigten Staaten gehe von der Antifa aus, und Mittel für die Ausschaltung linker Gruppen bereitstellten, dabei aber die Rechtsextremisten unbeachtet ließen. Die Vorstellung einer gewaltbereiten, von Terroristen durchsetzten Linken liefert den Rechten ein nützliches Narrativ der Angst – es schafft einen gemeinsamen Feind und fördert die Idee der Selbstverteidigung.

Damit es in einem Land zu einer ethnischen Säuberung kommt, muss sich nicht einmal ein großer Teil der Bevölkerung daran beteiligen. Eine kleine Anzahl schwer bewaffneter Bürger, die Hand in Hand mit den Sicherheitsbehörden und dem Militär vorgeht, reicht oft, um Stadium 9, die »Vernichtung«, zu erreichen. Benjamin Valentino vom Dartmouth College fand heraus, dass im Grunde eine erstaunlich kleine Anzahl von Leuten genügt, um zum Völkermord zu mobilisieren und ihn zu organisieren.[64] Man muss bloß dafür sorgen, dass sich der Rest der Bevölkerung passiv verhält, was sich durch Einschüchterung leicht bewerkstelligen lässt. So wurde das Massaker von Višegrad in Bosnien von einem einzelnen Mann, Milan Lukić, organisiert, dem fünfzehn gut bewaffnete Spießgesellen, darunter sein Bruder und sein Vetter, assistierten. Die Mehrzahl der Bürger des Orts blieb unbeteiligt.

Sicherlich stehen die Vereinigten Staaten nicht am Rande eines Genozids. Doch wenn sich die Milizen zu rasch ausbreiten und die »ethnischen Entrepreneure« es schaffen, die Bürger so aufzuwiegeln, dass sie an die Notwendigkeit einer Selbstbewaffnung glauben, kann auch hierzulande Stadium 7 heraufziehen. Wenn die Milizen dreister werden und ein Gefühl der Unsicherheit wächst, dann könnte der rechtsextreme Terrorismus in den Vereinigten Staaten das nicht ganz so fern liegende Ziel erreichen, die USA in Richtung einer Autokratie zu drängen. Länger anhaltende Terrorkampagnen führen üblicherweise zu einem ideologischen Rechtsruck bei den Bürgern und vergrößern die Chancen von Kandidaten, die unter dem Schlagwort Law and Order antreten. Das bringt oft immer konservativere Politiker ans Ruder. So geschah es in Israel unter dem Eindruck der zweiten Intifada. Angesichts des Terrors rückte die israelische Gesellschaft nach rechts und unterstützte einen rechtsextremen Sicherheitskurs.[65] Ähnliches geschah in den USA nach 9/11; eine groß angelegte Studie kam zu dem Schluss, dass die Terroranschläge, obwohl von ausländischen Terroristen ausgeführt, dazu führten, dass sich die Bürger aktiver in die Politik einmischten, mehr für das Militär interessierten und viele bisher unabhängige Wähler ins Lager der Republikaner wechselten.[66]

Es gibt Anhaltspunkt, dass die Amerikaner inzwischen tatsächlich eine autoritärere Regierung unterstützen würden. Die Zahl der Menschen, die eine negative Einstellung zur Demokratie haben, ist von 9 Prozent im Jahr 1995 auf heute 14 Prozent gestiegen.[67] Und eine jüngst von zwei Politikwissenschaftlern in Yale durchgeführte Studie ergab, dass nur 3,5 Prozent der Amerikaner, egal ob Republikaner oder Demokraten, nicht mehr für ihren bevorzugten Kandidaten stimmen würden, wenn er oder sie etwas Antidemokratisches äußerte, also zum Beispiel die Schließung von Wahllokalen verlangte.[68] Das Vertrauen in die Regierung ist im freien Fall: Von 1964 bis 2019 sank der Anteil der Amerikaner, die von den Politikern in Washington annehmen, dass sie »das Richtige« tun, von 77 Prozent auf 17 Prozent.[69] Auch das Vertrauen der Bürger zueinander geht zurück: Der Prozentsatz der Amerikaner, die der Wählerschaft nicht zutrauen, eine gute politische Entscheidung zu treffen, stieg von 35 Prozent im Jahr 1997 auf 59 Prozent im Jahr 2019.[70] Noch beunruhigender ist vielleicht, dass sich die Zahl derer, die auch eine Militärherrschaft akzeptieren würden, mehr als verdoppelt hat, nämlich von 7 Prozent im Jahr 1995 auf 18 Prozent im Jahr 2017.[71]

Amerika hatte das Glück, dass sein erster moderner autokratischer Präsident weder besonders gewieft war noch über politische Erfahrung verfügte. Andere ehrgeizige, effektivere Republikaner – Tom Cotton, Josh Hawley – haben dies zur Kenntnis genommen und werden versuchen, es besser zu machen. Sie werden sich um Trumps 88 Millionen treue Anhänger bemühen, weil sie wissen, dass sich die Republikanische Partei dem Willen dieser Wähler beugen wird. Vielleicht tauchen auch neue Politiker auf, die nach ihren eigenen Regeln spielen. Wie weit werden diese Führer gehen? Wie weit werden wir sie kommen lassen?

8

WIE MAN EINEN BÜRGERKRIEG VERHINDERT

Mitte der achtziger Jahre, während meines Studiums, wurde meinen Kommilitonen und mir die Frage vorgelegt, wo auf der Welt am ehesten ein Bürgerkrieg zu erwarten sei. Wir antworteten unisono und ohne zu zögern: in Südafrika. Das dortige Apartheidregime mit seiner staatlich verordneten Rassentrennung zwischen den von der Regierung definierten ethnischen Gruppen – Weiße, Schwarze und Mischlinge – geriet zunehmend unter Druck, da die schwarze Bevölkerungsmehrheit gegen die Beschränkungen aufbegehrte, worauf die dominierende weiße Minderheit mit Gewalt reagierte.[1] 1976 hatte die Regierung auf schwarze Schüler schießen lassen – ein Vorfall, der international für Empörung sorgte und zu mehrmonatigen Unruhen in Soweto führte, an deren Ende es nach offiziellen Zahlen 176, tatsächlich aber mehr als 500 Todesopfer zu beklagen gab. Aber anstatt Reformen durchzuführen, verfolgte das Apartheidregime eine Politik des »Totalangriffs« auf die schwarzen Bürger und rief 1985 den Ausnahmezustand aus, der willkürliche Verhaftungen, ungehemmten Schusswaffeneinsatz durch die Polizei und Folter ermöglichte.

Südafrika wies alle Risikofaktoren auf, die einen Bürgerkrieg befürchten ließen: Das Land war 1988 bereits seit Jahrzehnten eine Anokratie mit einem Wert von lediglich +4 auf der Polity-Skala. Die amtierende Minderheitsregierung schloss Menschen aufgrund ihrer ethnischen Zugehörigkeit von der politischen Teilhabe aus, und die weißen Bürger betrachteten sich als die rechtmäßigen Herren des Landes. Sie waren sich bewusst, dass jeder Schritt in Richtung einer Regierung der Mehrheit einen Verlust ihres politischen Status bedeuten würde. Ähnliche Bedingungen hatten im nördlichen Nachbarstaat Rhodesien geherrscht, und dort war ein brutaler Bürgerkrieg ausgebrochen.

Doch dann geschah etwas, das Südafrika vor dem Sturz in den Abgrund bewahrte. 1986 verhängten die wichtigsten Handelspartner Südafrikas – die Vereinigten Staaten, die Europäische Gemeinschaft und Japan – als Reaktion auf die eskalierende Unterdrückung Wirtschaftssanktionen. Zu diesem Zeitpunkt steckte Südafrika bereits in einer Rezession, und als nach dem unflexiblen Pieter Willem Botha 1989 Frederik Willem de Klerk Präsident wurde, geschah eine entscheidende Weichenstellung: De Klerk konzentrierte sich auf das Überleben seines Landes. Zwar gehörte er der regierenden Nasionale Party an, aber er dachte pragmatisch. Würde die Wirtschaft kollabieren, wäre auch der Wohlstand der Weißen dahin. Drei von vier Südafrikanern waren schwarz; wenn er weiterhin auf der Herrschaft der Weißen bestand, konnte es zu einem Bürgerkrieg kommen, der für die Weißen nicht zu gewinnen war. Deshalb hob de Klerk das seit neunundzwanzig Jahren bestehende Verbot des African National Congress (ANC) und anderer schwarzer Bürgerrechtsparteien auf, stellte die Pressefreiheit wieder her und ließ politische Gefangene frei, darunter ANC-Führer Nelson Mandela.

Südafrika war 1989 dem Bürgerkrieg näher, als es die Vereinigten Staaten heute sind. Der Apartheidstaat, den die weißen Südafrikaner zur Unterdrückung der Schwarzen schufen, war weitaus repressiver als der Quasi-Apartheidstaat, der in den USA bis 1965 bestand. Es war schwarzen Südafrikanern gesetzlich verboten, Weiße zu heiraten, eigene Geschäfte in weißen Stadtteilen zu gründen oder Strände, Krankenhäuser und Parks zu betreten, die als »Nur für Weiße« gekennzeichnet waren. Außerdem war Südafrika schon viel länger – seit Jahrzehnten – eine Anokratie, als die USA. Die Vereinigten Staaten waren nur kurz in der mittleren Zone. In Südafrika gab es außerdem zwei große Gruppierungen, die sich als die wahren »Söhne der Scholle« betrachteten: Sowohl die Schwarzen als auch die Weißen erhoben einen historischen Anspruch auf das Land. In den Vereinigten Staaten hingegen vertritt nur eine Gruppe (neben der marginalisierten und relativ kleinen indigenen Bevölkerung), diese Position. Die Gefahr eines blutigen Konflikts im Südafrika der späten achtziger Jahre übertraf bei weitem die Gefahr, in der die USA heute schweben, und doch hat Südafrika einen Bürgerkrieg vermieden.

Südafrika führt uns vor Augen, welche Macht Führungskräften in Wirtschaft, Politik und Opposition zukommt. Es steht ihnen frei, angesichts einer Gefahr Kompromisse einzugehen oder sich für den Kampf zu entscheiden. Botha entschied sich für den Kampf, de Klerk und Mandela für die Kooperation. Mandela und andere schwarze Führer hätten Bedingungen ablehnen können, die den Weißen weiterhin eine bedeutende Rolle in Politik und Wirtschaft einräumten. De Klerk hätte sich weigern können, den Schwarzen volle Bürgerrechte und die Mehrheitskontrolle über die Regierung zu gewähren. Botha war nicht bereit gewesen, das zu tun, was de Klerk tat. Das Gleiche trifft auf Präsident Assad in Syrien zu. Er verweigerte sich einem Kompromiss mit der sunnitischen Mehrheit, obwohl die Kosten für sein Festhalten enorm hoch waren. Die Protestanten in Ulster suchten keinen Ausgleich mit den Katholiken. Maliki ging keine Kompromisse mit den irakischen Sunniten ein. Mandela, der ursprünglich den gewaltsamen Widerstand befürwortet hatte, hätte zu ethnischer Gewalt aufrufen können – er hätte ein »ethnischer Entrepreneur« werden können, der die Wut und Ressentiments seiner schwarzen Landsleute nutzte, um mittels eines Bürgerkriegs die vollständige Kontrolle über Südafrika zu erlangen. Doch stattdessen predigte er Versöhnung, Einigkeit und Frieden. Im Fall von Südafrika waren es verantwortungsvolle Staatsführer, die dem Land weitere Konflikte und Blutvergießen ersparten.

Im Jahr 1993 erhielten de Klerk und Mandela gemeinsam den Friedensnobelpreis. Kritiker bemängelten, de Klerk habe die Auszeichnung nicht verdient; er sei Teil des Systems gewesen, das die schwarzen Südafrikaner jahrzehntelang unterdrückt hatte, und habe nur gezwungenermaßen Kompromisse geschlossen. Es sei allein Mandela zu verdanken, dass das Land von einem Bürgerkrieg verschont blieb. Doch so war es nicht. Mandela besaß sicherlich die moralische Überlegenheit; nach siebenundzwanzig Jahren in einer Gefängniszelle hätten sich die meisten anderen an seiner Stelle gewiss rächen wollen, insbesondere angesichts einer so überwältigenden demographischen Überzahl. Aber auch das, was de Klerk tat, war entscheidend. Hätte sich Südafrikas neuer Staatschef 1990 geweigert zu verhandeln und sich nicht zu bedeutenden politischen Reformen bereit erklärt, hätten die schwarzen Südafrikaner mit oder ohne Mandela irgendwann rebelliert. Das haben wir 2011 in Syrien gesehen, als Assad beschloss, sein eigenes Volk zu bombardieren. Das haben wir in Nordirland in den späten sechziger und frühen siebziger Jahren erlebt, als die britische Regierung Truppen schickte, anstatt zu vermitteln. De Klerk traf eine andere Entscheidung.

Gewalt entspringt oft Gefühlen der Ungerechtigkeit, Ungleichheit und Unsicherheit – und der Überzeugung, dass diese Missstände und Ängste durch das bestehende System nicht beseitigt werden können. Aber Systeme können sich ändern. Niemand hätte gedacht, dass die weißen Südafrikaner ein System reformieren würden, das speziell darauf zugeschnitten war, ihre Vorherrschaft zu zementieren. Doch als die Kosten für das Festhalten an dieser Vorherrschaft zu hoch wurden und die durch die Sanktionen leidende Wirtschaft zu Reformen drängte, wurde das System demontiert. Wenn Südafrika zu Reformen fähig war, dann sollten die Vereinigten Staaten es auch sein.

Ich wünschte, ich könnte Ihnen anhand all der Fakten und Zahlen, die Experten im letzten halben Jahrhundert zusammengetragen haben, genau sagen, was mit unserem Land geschehen wird. Aber selbst mit den besten Daten lässt sich die Zukunft nicht vorhersagen. Uns bleibt nur, gemeinsam mit unseren Mitbürgern zu versuchen, die Zukunft positiv und friedlich zu gestalten. Politikwissenschaftler erforschen seit Jahrzehnten die Kräfte hinter Bürgerkriegen und die Dynamik des Terrorismus; diese Erkenntnisse können nicht nur genutzt werden, um Kriege vorherzusehen, sondern auch, um sie zu verhindern. Wir wissen, warum Demokratien untergehen. Wir wissen, warum Faktionen entstehen und unter welchen Bedingungen sie Erfolg haben. Wir kennen die Frühwarnzeichen und die Taktiken gewalttätiger Extremisten. Gruppen wie die Proud Boys gehen wie nach Drehbuch vor. Aber es gibt keinen Grund, warum wir, die Bürger der Vereinigten Staaten, nicht selbst entscheiden können, wie wir unsere Zukunft gestalten wollen; auch wir haben ein Drehbuch.

Bürgerkriege treten selten auf[2] – pro Jahr geraten weniger als 4 Prozent der Länder, die die Voraussetzungen für einen Bürgerkrieg erfüllen, tatsächlich in einen bewaffneten Konflikt – aber wo sie stattfinden, tun sie das oft gleich mehrfach.[3] Zwischen 1945 und 1996 folgte in mehr als einem Drittel der Bürgerkriegsländer ein zweiter Konflikt. Seit 2003 war mit Ausnahme Libyens und Syriens jeder Bürgerkrieg ein Folgekonflikt – die Wiederholung eines früheren Krieges. Die führenden Köpfe der Konfliktparteien (oder ihrer Nachfolger) tauchen unter oder ziehen sich zurück und warten darauf, dass die Unzufriedenheit im Land wieder wächst oder die Regierung erneut Schwäche zeigt. Dann beginnen sie, eine neue Bewegung aufzubauen. Selbst wenn die ursprünglichen Anführer und Soldaten schon lange tot sind, bestehen die alten Verwerfungen oft ebenso weiter wie die Mythen und Geschichten. Ethnische Gruppen, vor allem solche im Niedergang, brechen nicht selten einen zweiten Bürgerkrieg vom Zaun, weil die Verhältnisse, die ihren ursprünglichen Nöten zugrunde lagen, entweder unverändert fortbestehen oder sich sogar verschlimmert haben. Die nächste Generation von Kämpfern hat die weitere Zurücksetzung ihrer Volksgruppe bereits miterlebt. Das bestärkt sie in dem Entschluss, sich zurückzuerobern, was ihrer Meinung nach rechtmäßig ihnen gehört. Kroaten und Serben haben im Laufe der Geschichte mehrfach gegeneinander gekämpft, ebenso die Sunniten und Schiiten im Irak. Und der Krieg zwischen den Moros und der philippinischen Regierung hat sich mehrfach wiederholt, wobei verschiedene Gruppen verschwanden, um dann in neuer Form wieder aufzutauchen. In Äthiopien, Myanmar und Indien fanden mehrmals Bürgerkriege statt. Experten bezeichnen dieses Phänomen als »Konfliktfalle«;[4] für die Betroffenen fatal, ist sie für Beobachter von außen sehr aufschlussreich. Länder wie China und die Vereinigten Staaten, die jeweils nur einen Bürgerkrieg erlebt haben, können aus den Fehlern anderer lernen.

2014 wurde ich von der Weltbank beauftragt, die Konfliktfalle zu untersuchen. So analysierte ich sämtliche Bürgerkriege zwischen 1945 und 2009 und kam zu folgendem Ergebnis: Die meisten Länder, denen es gelang, einen zweiten Bürgerkrieg zu vermeiden, besaßen die Fähigkeit, die Qualität ihrer Regierungsführung zu verbessern.[5] Sie setzten verstärkt auf Demokratie und stiegen dadurch auf der Polity-Skala. In Mosambik war dies nach dem Ende des Bürgerkriegs 1992 der Fall, als das Land den Übergang von einer Einparteienherrschaft zu Mehrparteienwahlen meisterte. In Liberia wurden nach dem Ende des Konflikts im Jahr 2003 die institutionellen Beschränkungen der präsidialen Macht erhöht und die Unabhängigkeit der Justiz gestärkt. Länder, die ein transparenteres und partizipatorisches politisches Umfeld geschaffen und die Macht ihrer Exekutive eingeschränkt hatten, waren weniger anfällig für wiederholte Gewaltausbrüche.

Die Verbesserung der Regierungsführung eines Landes ist in dieser Hinsicht bedeutsamer als die Steigerung seiner Wirtschaftsleistung.

In einer anderen großen, von der Weltbank in Auftrag gegebenen Studie untersuchte James Fearon die wirtschaftliche Frage. Hatte ein reiches Land eine schlechtere Regierung, als Experten angesichts seines Wohlstands erwarten würden, so bestand nach Fearons Befund »ein deutlich höheres Risiko für den Ausbruch eines Bürgerkriegs in den folgenden Jahren«.[6] Ein reiches Land wie die USA erhöht also selbst bei gleich bleibendem Pro-Kopf-Einkommen sein Risiko, einen Bürgerkrieg zu erleben, wenn seine Regierung an Effizienz verliert und korrupter wird.[7]

Bis zu dieser Studie wussten wir, dass ein anokratisches Land in größerer Gefahr eines Bürgerkriegs schwebt als ein vollständig demokratisches, aber wir wussten nicht genau, warum. Was ist es, das Anokratien besonders anfällig macht? Oder anders gefragt: Was sind die entscheidenden Merkmale einer Demokratie? Dazu stellte Fearon fest, dass zwar »alle guten Dinge dazu tendieren übereinzustimmen«, jedoch drei Merkmale besonders hervorstechen: die »Rechtsstaatlichkeit« (die Gleichheit vor dem Gesetz); das »Mitspracherecht und die Rechenschaftspflicht« (das Maß der Freiheit, mit der die Bürger an der Wahl ihrer Regierung mitwirken können, sowie Meinungsfreiheit, Koalitionsfreiheit und freie Medien); die »Effizienz der Regierung« (die Qualität der öffentlichen Dienstleistungen sowie die Qualität und Unabhängigkeit des öffentlichen Dienstes).[8] Diese drei Merkmale spiegeln wider, inwieweit eine Regierung ihren Bürgern dient und inwieweit ihre politischen Institutionen stark, legitim und rechenschaftspflichtig sind. Verbesserungen in der Regierungsführung verringern in der Regel das Risiko eines Krieges.

Die Qualität der amerikanischen Regierungsführung sank nach der Polity-Skala seit 2016 und nach der Skala von V-Dem seit 2015. Am deutlichsten ist dies bei der Rechenschaftspflicht zu beobachten. Freie Wahlen sind der zentrale Mechanismus der Rechenschaftspflicht in einer Demokratie, aber im Gegensatz zu vielen anderen Ländern gibt es in den USA keine unabhängige und zentralisierte

Wahlkommission. Laut der Politikwissenschaftlerin und Wahlexpertin Pippa Norris, der Gründungsdirektorin des Electoral Integrity Project der Harvard University, richtet fast jede neue Demokratie, die sich in einer Übergangsphase befindet, eine zentrale und unabhängige Wahlkommission ein, um die Integrität der Wahlen zu gewährleisten.[9] Dies trägt dazu bei, das Vertrauen in den Wahlprozess zu stärken. Uruguay, Costa Rica und Südkorea haben dies bei der Gründung ihrer Demokratien getan. Große föderale Demokratien wie Australien, Kanada, Indien und Nigeria wickeln ihre Wahlen ebenfalls auf diese Weise ab. Das kanadische Wahlsystem wird von Elections Canada verwaltet, und alle Wählerinnen und Wähler unterliegen demselben Verfahren, egal wo im Land sie leben.[10]

Eine unabhängige und zentrale Wahlkommission legt ein Standardverfahren für die Gestaltung und den Druck von Stimmzetteln und die exakte und sichere Auszählung der Stimmen fest, frei von parteipolitischer Einflussnahme.[11] Sie ist befugt, Rechtsstreitigkeiten ohne Einschaltung politisch beeinflusster Gerichte beizulegen. In einem Bericht aus dem Jahr 2019 legte das Electoral Integrity Project seine Untersuchungen zu den Wahlgesetzen und -verfahren verschiedener Länder vor. Laut ihrem Fazit war die Qualität der Wahlen in den USA zwischen 2012 und 2018 »niedriger als in allen anderen lang etablierten Demokratien und wohlhabenden Gesellschaften«.[12] Die Vereinigten Staaten erhielten die gleiche Punktzahl wie Mexiko und Panama und eine viel niedrigere als Costa Rica, Uruguay und Chile. Aus diesem Grund ist es in den Vereinigten Staaten leichter, Behauptungen über Wahlbetrug zu verbreiten, und deshalb sind Amerikaner eher bereit, die Wahlergebnisse infrage zu stellen.

Auch das Wahlrecht wurde in den USA zunehmend politisiert, wobei die Republikaner wiederholt den Minderheiten Steine in den Weg legten. Eine Stärkung des Voting Rights Act würde sehr dazu beitragen, Wählerunterdrückung zu verhindern und das allgemeine Vertrauen in das System zu stärken. Eine weitere wichtige Reform wäre die automatische Wählerregistrierung (Automatic Voter Registration, AVR), beispielsweise in der Form, dass jeder, der bei der Kraftfahrzeug-Meldestelle registriert ist, automatisch als Wähler eingetragen wird, sofern er dies nicht ablehnt. In Bundesstaaten, die die automatische Wählerregistrierung bereits praktizieren, darunter Kalifornien, Oregon und Washington, ist die Wahlbeteiligung erheblich gestiegen.[13] So einfach lässt sich unser Regierungssystem partizipativer und damit demokratischer machen. Solche Maßnahmen werden die extreme Rechte nicht besänftigen – ihre Vision einer weißen, christlichen Nation basiert auf der Entrechtung von Minderheiten –, aber die Stärkung des Systems als Ganzes könnte die Unterstützung der gemäßigten Amerikaner gewinnen und ihr Vertrauen in die Legitimität ihrer politischen Führung stärken.

Die Vereinigten Staaten täten auch gut daran, sich von der derzeitigen kleinen Welle demokratischer Verjüngung inspirieren zu lassen, die dem weltweiten Trend des Rückgangs der Demokratie entgegenläuft. Kanada und Skandinavien machen es vor. Nach dem Sieg seiner dem Mitte-links-Spektrum angehörenden Liberalen Partei leitete der neue Premierminister Justin Trudeau eine Stärkung des Wahlrechts ein.[14] Mit dem Wahlmodernisierungsgesetz von 2018 wurden Ausweispflichten für Wähler abgeschafft, die Wahlkampfausgaben und -spenden politischer Parteien und unabhängiger Organisationen beschränkt, das Wahlrecht auf alle Kanadier im Ausland ausgeweitet (auch auf jene, die seit mehr als fünf Jahren im Ausland leben und nicht vorhaben zurückzukehren), der Datenschutz für Wähler verbessert, dem kanadischen Wahlkommissar größere Ermittlungsbefugnisse eingeräumt, Spenden aus dem Ausland verboten und Online-Plattformen wie Google und Facebook verpflichtet, »ein Verzeichnis digitaler politischer Werbung zu erstellen«, damit die Bürger prüfen können, wer die Wahlen zu beeinflussen versucht.[15] 2020 erhielt Kanada im Freedom House Report eine der besten Bewertungen in den Kategorien Freiheit und Demokratie.

In unserem Land führt Gerrymandering – die Praxis, Wahlbezirke so zuzuschneiden, dass sie zu politischen Hochburgen werden, die vom politischen Gegner praktisch nicht mehr einzunehmen sind – tendenziell dazu, dass extremere Kandidaten in den Vordergrund rücken, denn um die Vorwahlen zu überstehen, müssen extremere Wähler in diesen Bezirken überzeugt werden. Solche Wähler gehen in größerer Zahl zur Wahl, weil sie in der Regel ein stärkeres Interesse daran haben, die von ihnen favorisierten Kandidaten durchzubringen. Nur die Gesetzgeber auf Bundesebene – Amerikas eigene de Klerks – haben die Macht, dieses System auf nationaler Ebene zu reformieren. Das würde den Einfluss extremistischer Wähler in beiden Parteien schwächen und die Möglichkeiten parteiübergreifender Zusammenarbeit deutlich erhöhen.

Dies und die Vermeidung von Konflikten ließe sich auch erreichen, würde man das System des Electoral College, des Wahlkollegiums, ändern, das auf seine Weise ebenfalls eine Form des politischen Gerrymanderings ist. Das amerikanische System ist so gestaltet, dass es die Kluft zwischen Stadt und Land verschärft, indem es kleinen Bundesstaaten eine unverhältnismäßig große Repräsentanz im Senat zugesteht. Seit 2000 haben zwei Präsidenten, die eine geringere Anzahl von Wählerstimmen erhielten als ihre Konkurrenten, aufgrund der Stimmenmehrheit im Wahlkollegium die Wahl dennoch gewonnen. Die Umstellung auf ein System, bei dem die Stimmen der tatsächlichen Wähler über die Vergabe des Präsidentenamts entscheiden, würde dies verhindern und es praktisch unmöglich machen, eine Wahl zu gewinnen, ohne ein Programm zu entwickeln, das über ethnische Grenzen hinausgeht. Wollen Sie wissen, wie man den destruktiven ethnischen Faktionen in den Vereinigten Staaten den Wind aus den Segeln nehmen kann? Lassen Sie die Stimmen aller Bürger gleichermaßen gelten, anstatt die weißen, ländlichen Wähler zu bevorzugen.

Dass es zu einer solchen Reform kommt, ist jedoch unwahrscheinlich. Die Abschaffung des Wahlkollegiums durch einen entsprechenden Verfassungszusatz würde eine deutlich über 50 Prozent liegende qualifizierte Mehrheit erfordern, und diese wird schwer zu erreichen sein, da durch die Abschaffung des derzeitigen Systems die republikanische Partei ins Hintertreffen geriete. Der Kongress könnte jedoch eine weitere Ursache für den Vertrauensverlust der Amerikaner in die Demokratie beseitigen: die Vorstellung, dass die Regierung eher den speziellen Interessen einiger weniger als den normalen Bürgern dient. Aufgrund des Urteils des Obersten Gerichtshofs aus dem Jahr 2010 in der Rechtssache *Citizens United v. Federal Election Commission* ist es Spendern erlaubt, politischen Organisationen unbegrenzt viel Geld zukommen zu lassen und so Kandidaten zu begünstigen, die ihnen genehme Interessen und nicht unbedingt die des Landes vertreten. Die Handvoll Einzelpersonen, die mit Milliarden Dollar dubiose Kampagnen finanzieren, sind in der Regel ideologisch weitaus extremer als der amerikanische Durchschnittsbürger. Um dies zu verhindern, sollte die Bundesregierung Schlupflöcher bei der Mittelbeschaffung für Kandidaten und Amtsinhaber schließen, wie es Kanada und andere Länder bereits vorgemacht haben, und wieder Regeln für die Wahlkampffinanzierung einführen.

All diese mit Wahlen zusammenhängenden Probleme schaden in der Wahrnehmung der Menschen der Legitimität der Regierung, schwächen Amerikas Demokratie und verschlechtern die Regierungsführung. Und sie könnten das Land zurück in die Zone der Anokratie befördern. Heute misstrauen die Amerikaner ihrer Regierung. Sie glauben nicht zu Unrecht, dass ihre demokratischen Institutionen oft nicht den Interessen des Volkes dienen. Doch die Lösung besteht nicht darin, die Demokratie aufzugeben, sondern sie zu verbessern. Es gilt, Amerikas Regierung zu reformieren, sie transparenter, verantwortungsvoller, gerechter und für alle Bürger offener zu machen. Ein anderer Kurs ist nötig: Anstatt zuzulassen, dass die Institutionen zum Selbstbedienungsladen für eine zunehmend exklusivere Gruppe von Bürgern und Unternehmen werden, sollte die Regierung der Vereinigten Staaten den normalen Bürgern stärker Gehör schenken, sich ihnen gegenüber verantwortlicher zeigen, die öffentlichen Dienstleistungen verbessern und die Korruption ausmerzen. Wir müssen dafür sorgen, dass alle Amerikaner wählen dürfen, jede einzelne Stimme zählt und Einfluss darauf hat, welche Politik in Washington betrieben wird. Die Amerikaner werden das Vertrauen in ihre politische Führung erst dann wiedergewinnen, wenn klar wird, dass die Regierung ihre Interessen vertritt und nicht jene der Lobbyisten, Milliardäre und der schrumpfenden Gruppe von Wählern auf dem Land.

Dringend nötig wären zudem mehr Kenntnisse darüber, wie die entscheidenden Machtmechanismen unserer Demokratie funktionieren und wo sie für Manipulation anfällig sind. Laut dem Community Organizer Eric Liu haben »zu viele Menschen keinerlei Ahnung – und interessieren sich auch ausdrücklich nicht dafür –, was politische Macht bedeutet: worin sie besteht, welche Formen sie annimmt, wer sie innehat und wer nicht, warum das so ist und wie sie ausgeübt wird«.[16] Wenn die Amerikaner weiterhin nicht begreifen, wie die Macht in der amerikanischen Politik funktioniert, werden Leute mit ruchlosen Absichten auf den Plan treten und sie ihnen wegnehmen. Eine vom Annenberg Public Policy Center im Jahr 2016 durchgeführte Umfrage ergab, dass jeder vierte Amerikaner die drei Säulen der Staatsgewalt nicht benennen konnte.[17] Deshalb muss die staatsbürgerliche Bildung, die seit Jahrzehnten vernachlässigt wird, wieder verstärkt werden. Durch sie kann Amerikas Jugend lernen, wie unsere Demokratie funktioniert, und sich mit den Werten, Bräuchen und Normen vertraut machen, die für ihre Aufrechterhaltung notwendig sind. Eine Gruppe von sechs ehemaligen US-Bildungsministerinnen und -ministern, sowohl der demokratischen als auch der republikanischen Partei, plädierte kürzlich für eine Wiederbelebung der politischen Bildung mit Hilfe eines Projekts namens Roadmap to Educating for American Democracy.[18] Sie kritisierten, dass wir pro Schüler tausendmal mehr für Unterricht in den MINT-Fächern als in Geschichte und Staatsbürgerkunde ausgeben.[19] Die Roadmap will dafür sorgen, dass die Schüler mehr über »zivilen Umgang mit Dissens und reflektierten Patriotismus« lernen – was dringend nötig ist in einer Zeit, in der unsere demokratischen Institutionen schwach und anfällig sind. Ein Lehrplan für Staatsbürgerkunde des 21. Jahrhunderts würde nicht nur eine stärkere Wählerschaft schaffen, die die Macht der Eliten ausgleicht, sondern auch zu einem größeren Vertrauen in das System führen. »Unsere Demokratie«, so Liu, »kann nur bestehen, wenn ausreichend viele von uns daran glauben, dass Demokratie funktioniert.«[20]

Die meisten Menschen merken erst, dass sie sich auf dem Weg in einen Bürgerkrieg befinden, wenn die Gewalt alltäglich wird. Noor in Bagdad, Berina und Daris Kovac in Sarajevo, Michail Minakow und Anton Melnyk in der Ukraine – sie alle beteuern, dass sie den Krieg erst kommen sahen, als es schon zu spät war. Als sie erkannten, dass sich etwas verändert hatte, zogen die Milizen bereits durch die Straßen und gierten die extremistischen Führer nach Krieg.

Und natürlich wissen diese Anführer genau, warum sie den Durchschnittsbürger vom Vorgehen der Milizen ablenken wollen. Zumindest anfangs versuchen sie nicht, das normale Leben völlig umzukrempeln, sondern sie verändern es nur schrittweise, damit ihre längerfristigen Ziele nicht durch mögliche Gegenmaßnahmen vereitelt werden. Das ist ein in der Geschichte häufig vorkommendes Muster. Milton Mayer, ein amerikanischer Journalist, reiste 1951 nach Deutschland, um einfache Bürger über ihr Alltagsleben in den Jahren zu befragen, als Hitler nach der Macht griff. Ein Bäcker gab wieder, was viele schon vor ihm gesagt hatten: »Man hatte keine Zeit zum Nachdenken. Es war so viel los.«[21] Ein anderer Deutscher, ein Philologe, meinte, die Menschen hätten die Entwicklung, »die sich täglich vollzog, genauso wenig erkennen können wie ein Bauer, der versucht, dem Korn auf seinem Feld beim Wachsen zuzusehen. Und eines Tages steht es über seinem Kopf.«

Unsere eigene Voreingenommenheit hindert uns oft daran, interne Bedrohungen wahrzunehmen. Es ist viel einfacher, äußere Mächte für eine abscheuliche Tat verantwortlich zu machen als die eigenen Mitbürger. Polizeibeamte neigen beispielsweise dazu, Gefahren als geringer einzuschätzen, wenn sie von Personen aus einem ihnen vertrauten Umfeld – zumeist einem weißen Umfeld – ausgehen als von Personen, die ihnen fremd sind. Kein Wunder also, dass wir ausländische Terroristen gern als Teil einer größeren Bewegung ansehen, heimischen Terrorismus aber für ein seltenes und isoliertes Phänomen halten. Im Unterschied zu Ländern wie etwa Kanada werden in den Vereinigten Staaten nur ausländische (und nicht auch inländische) Gruppierungen als terroristische Organisationen eingestuft.[22] Es gibt keine spezielle Gesetzgebung für heimischen Terrorismus (*domestic terrorism*) – keiner der Aufrührer beim Sturm auf das Kapitol konnte unter diesem Vorwurf verhaftet werden. Viele Amerikaner wollen einfach nicht glauben, dass unsere größte Bedrohung von innen kommt.

Auch Politiker, linke wie rechte, zögern, Amerikas heimisches Terrorismusproblem anzusprechen. Das hat politische Gründe: Entweder profitieren sie selbst von der Unterstützung durch Extremisten, oder sie fürchten den politischen Preis, wenn sie sich gegen sie wenden. Diese kollektive Blindheit, ob gewollt oder nicht, hat uns in eine prekäre Lage gebracht. Wir sind als Staat besser darauf vorbereitet, gegen ausländische Feinde wie al-Qaida vorzugehen, als die Militanten in unserer Mitte zu entwaffnen, obwohl Letztere derzeit virulenter und gefährlicher sind. Wenn wir einen Bürgerkrieg verhindern wollen, müssen wir die gleichen Ressourcen für das Aufspüren und die Neutralisierung einheimischer Militanter aufwenden wie für die ausländischen.

Schon jetzt sind wir im Rückstand. Die Vereinigten Staaten haben die Unterwanderung unserer Sicherheitsdienste durch Rechtsextremisten nur langsam erkannt, eine Bedrohung, die im Vorfeld eines Bürgerkriegs häufig zu beobachten ist.[23] In einem Bericht des Department of Homeland Security (DHS), des Ministeriums für Innere Sicherheit, aus dem Jahr 2009 wurde festgestellt, dass der Rechtsextremismus auf dem Vormarsch sei.[24] Das Team hinter dem Bericht, geleitet von Daryl Johnson, hatte 2007 damit begonnen, extremistische Websites und Foren zu durchforsten, und war überrascht, worauf es dabei stieß: Anleitungen zum Bombenbau, Waffentraining und Hunderte von Videos zur Rekrutierung von Milizen (auf YouTube). Johnsons Befunde legten nahe, dass Veteranen besonders anfällig für die Rekrutierung sind; dabei stützten sie sich auf eine Einschätzung des FBI aus dem Jahr 2008, wonach mehr als zweihundert Personen mit Militärerfahrung seit den Anschlägen vom 11. September 2001 Organisationen beigetreten waren, die die Vorherrschaft der »weißen Rasse« einfordern.[25] Der Bericht führte jedoch zu einem Aufschrei unter den Republikanern im Kongress und bei Veteranengruppen, und das DHS geriet unter Druck und musste ihn zurückziehen.

Aber Johnson hatte etwas Wichtiges entdeckt. Zwar sind die Netze der Streitkräfte und der Strafverfolgungsbehörden weit verzweigt und dort die Sympathien für die weißen Suprematisten alles andere als dominant, doch gibt es manche Überschneidungen. In einem FBI-Bericht aus dem Jahr 2006 mit dem Titel »White Supremacist Infiltration of Law Enforcement« (Unterwanderung der Strafverfolgungsbehörden durch weiße Suprematisten) wird der Einfluss des weißen Nationalismus auf die Polizeikräfte ausführlich dokumentiert. »Die Anwerbung von Angehörigen der Strafverfolgungsbehörden«, hieß es in dem Bericht, »war und ist ein bevorzugtes Ziel weißer suprematistischer Gruppen, die bestrebt sind, im Vorfeld über das Interesse der Strafverfolgungsbehörden an ihnen und Maßnahmen gegen sie informiert zu sein.«[26] In einem Folgebericht aus dem Jahr 2015 wurde festgestellt, dass rechtsgerichtete und staatsfeindliche »Inlandsterroristen« offenbar Kontakte zu Strafverfolgungsbehörden nutzen, um an Informationen zu gelangen und ihre Enttarnung zu verhindern.[27]

Tatsächlich scheint die Rekrutierung ehemaliger Militärangehöriger eine Bewegung zu stärken.[28] Janet Lewis, Expertin für Bürgerkriegsforschung an der George Washington University, stellte fest, dass fast alle Rebellengruppen, die sich in Uganda über längere Zeit erfolgreich halten konnten, dies teilweise der Tatsache verdankten, dass es ihnen gelungen war, ehemalige Soldaten und Polizisten für ihre Sache zu gewinnen. Wer beim Militär oder bei der Polizei war, bringt die nötige Ausbildung und Erfahrung schon mit. Der Bericht des Department of Homeland Security von 2009 thematisierte dies ebenfalls und kam dabei zu dem Schluss, dass »Rechtsextremisten [in den USA] versuchen werden, heimkehrende Veteranen zu rekrutieren und zu radikalisieren, um deren Fähigkeiten und Wissen auszunutzen«.[29]

Hatte schon Obama wenig Engagement gegenüber den Gefahren des heimischen Terrorismus an den Tag gelegt, ob nun außer- oder innerhalb der staatlichen Behörden, so ignorierte Trump sie völlig. Stattdessen setzte er die seit dem 11. September verfolgte Politik fort, sich aggressiv auf den islamistischen Terrorismus zu konzentrieren. Auf den heimischen Terror angesprochen, stellte er regelmäßig linke Militante als die eigentliche Bedrohung dar. Als FBI-Direktor Christopher Wray auf die Gefahr durch rechtsgerichtete Gruppen hinwies, kritisierte Trump ihn öffentlich. Das schlecht koordinierte Vorgehen der Polizei beim Sturm auf das Kapitol offenbarte das weit verbreitete Unvermögen, die wahre Bedrohung durch den Extremismus in den USA – und ihre Reichweite – zu begreifen. Nach dem Angriff auf das Kapitol erklärte Wray vor dem Justizausschuss des Senats, die Zahl der Verhaftungen von weißen Suprematisten habe sich in den letzten drei Jahren fast verdreifacht. Er warnte davor, dass der heimische Terrorismus »im ganzen Land metastasiert«.[30]

Diesem Krebsgeschwür Einhalt zu gebieten, muss vorderste Aufgabe sein. Der Rückgang der Zahl der Milizen nach dem Bombenanschlag in Oklahoma City war zum großen Teil das Ergebnis einer aggressiven Strategie zur Terrorismusbekämpfung, die sowohl von demokratischen als auch republikanischen Regierungen praktiziert wurde. Das immense Ausmaß des Bombenanschlags führte zu einem echten Wandel innerhalb des FBI: In weniger als einem Jahr verdoppelte sich die Zahl der Joint Terrorism Task Forces (JTTFs) – Einheiten, die sich auf das Fachwissen verschiedener Behörden und Ebenen der Strafverfolgung stützen –, und die Schulungsmaßnahmen für Polizeibeamte in Stadt, Land und Bund im Umgang mit gefährlichen Objekten wurden erhöht.[31] 1996 trat der Antiterrorism and Effective Death Penalty Act (Gesetz zur Terrorismusbekämpfung und zum effektiveren Einsatz der Todesstrafe) in Kraft, was zur Einstellung von Hunderten weiterer Ermittler durch das FBI führte. 1997 konnten die JTTFs Terroranschläge des Ku-Klux-Klan und anderer Gruppen weißer Suprematisten verhindern.[32] Nach dem Bombenanschlag in Oklahoma City setzte das FBI mehr als 1400 Ermittler ein, die ohne irgendwelche digitalen Hilfsmittel drei Tonnen Beweismaterial sichteten und den Bombenleger Timothy McVeigh aufspüren konnten.[33] Der jetzige Justizminister der Biden-Regierung Merrick B. Garland wurde damals mit den Nachforschungen betraut; heute leitet er die Untersuchungen im Zusammenhang mit dem Sturm auf das Kapitol.[34] So wird er den Kampf der USA gegen den heimischen Terror im nächsten Jahrzehnt entscheidend prägen.

Wie sollte dieser Kampf aussehen? Wenn wir wissen, was Terroristen im Sinn haben und wie sie ihre Ziele verfolgen, können wir unsere eigene Gegenstrategie formulieren und dabei auf die Erfahrungen anderer Länder in der ganzen Welt zurückgreifen. So wie Extremisten gängige Taktiken anwenden, um Demokratien zu destabilisieren, so gibt es auch praxiserprobte Methoden, um ihre Bemühungen zu vereiteln.

Der beste Weg, einen aufkeimenden Aufstand zu neutralisieren, ist die Reform einer geschwächten Regierung: Stärkung der Rechtsstaatlichkeit, Gleichberechtigung aller Bürger bei der Ausübung des Wahlrechts und Verbesserung der Qualität staatlicher Dienstleistungen. Nach den Worten von David Kilcullen, dem ehemaligen Sonderberater für Aufstandsbekämpfung in der Regierung von George W. Bush und Chefstrategen für Terrorismusbekämpfung im US-Außenministerium, ist es für Regierungen am wichtigsten, »Missstände zu beseitigen und Probleme der Regierungsführung zu lösen, die Extremisten dazu einladen könnten, sie auszunutzen«.[35] Wenn Amerika seinen derzeitigen Kurs nicht ändert, droht Gefahr.

Im Falle der Vereinigten Staaten sollte die Bundesregierung ihre Fürsorge für die schwächsten Bürger, ob weiß, schwarz oder braun, erhöhen. Wir müssen fünfzig Jahre sinkender Sozialleistungen rückgängig machen, über ethnische und religiöse Grenzen hinweg in soziale Sicherungsnetze und Humankapital investieren und einer qualitativ hochwertigen Früherziehung, einer allgemeinen Gesundheitsversorgung und einem höheren Mindestlohn Vorrang einräumen. Derzeit leben viele Amerikaner aus der Arbeiter- und Mittelschicht »nur einen Schritt von der Katastrophe entfernt«, und das macht sie zur leichten Beute für Militante. Investitionen in wirkliche politische Reformen und wirtschaftliche Sicherheit würden es den weißen Nationalisten wesentlich erschweren, Sympathisanten zu gewinnen, und den Aufstieg einer neuen Generation von Rechtsextremisten verhindern.

Genau so reagieren die meisten Regierungen, wenn sie mit der Gefahr eines Aufstands konfrontiert sind – sie leiten die notwendigen Reformen ein, um einen Krieg zu verhindern, und das funktioniert in der Regel. Die Provisional IRA führte gezielt einen Zermürbungskrieg gegen Großbritannien mit dem Ziel, eine gerechtere Behandlung der Katholiken zu erreichen, und sie verübte so lange Terroranschläge, bis Westminster schließlich zu Reformen bereit war. Die amerikanische Regierung sollte Extremisten nicht nachgeben – die Schaffung eines weißen Ethnostaats wäre für das Land katastrophal – und für sie keine Sondergesetze schaffen. Stattdessen könnte sie Missstände angehen, die ein breites Spektrum von Bürgern betreffen, deren Lebensstandard verbessern und deren seit Jahrzehnten eingefrorene soziale Mobilität wieder in Schwung bringen. Wie Robert A. Johnson, Leiter des Institute for New Economic Thinking, es formulierte: Würde Amerika »viel mehr Geld und Energie [...] in das öffentliche Schulsystem, Parks und Freizeiteinrichtungen, die Kunst und das Gesundheitswesen stecken, könnte das der Gesellschaft eine Menge Ärger ersparen. Wir haben das alles weitgehend abgebaut.«[36]

Regierungen, die erwiesenermaßen effektiv arbeiten, erlangen einen zusätzlichen Vorteil. Sie erschweren es Extremisten nicht nur, Gemäßigte zu radikalisieren, sondern nehmen ihnen damit auch die Möglichkeit, mit dem Staat zu konkurrieren und selbst Dienstleistungen zu übernehmen. Die Popularität der Hamas beruhte auf den Leistungen, die sie für die von der israelischen Regierung vernachlässigten Palästinenser erbrachte, und nicht auf den Anschlägen, die sie gegen israelische Zivilisten verübte. In gewisser Weise unterstützt die Bevölkerung vor allem den, der die besten Dienstleistungen und den meisten Schutz bietet. Die amerikanische Legislative könnte beispielsweise die bestehenden Einwanderungsgesetze reformieren, die Einbürgerung erleichtern und die Zahl der illegalen Einwanderer reduzieren und gleichzeitig dafür sorgen, dass alle Bürger – ob weiß, schwarz oder braun – erschwinglichen Wohnraum, die Möglichkeit zum Studium und Zugang zu wirksamer Suchtbehandlung erhalten. Die Regierung sollte natürlich eine Null-Toleranz-Haltung gegenüber Hassbotschaften einnehmen und den heimischen Terrorismus verfolgen, aber sie könnte die Unterstützung für den Extremismus schwächen, indem sie auf die legitimen Beschwerden vieler Bürger eingeht.

Es gibt jedoch Umstände, unter denen die Forderungen der Aufständischen eine Gefahr für die Demokratie darstellen und einer Regierung kaum eine andere Wahl lassen, als gezielte Gegenmaßnahmen zu ergreifen. Präsident Lincoln etwa verweigerte zu Recht Verhandlungen mit den Konföderierten Staaten über die Frage der Sklaverei. In Fällen wie diesem sollten Regierungen die Aufständischen verhaften, unter Anklage stellen und ihr Vermögen beschlagnahmen, um ihnen damit den Handlungsspielraum zu nehmen. Sinnvoll wäre auch ein sogenannter »Enthauptungsschlag«, das heißt die Inhaftierung des oder der Anführer einer terroristischen Vereinigung, was ihre Auflösung bewirken könnte. Manchmal hilft auch ein Blick in die Gesetzbücher. Nach der »Unite the Right«-Kundgebung in Charlottesville verklagte ein Team der Georgetown Law School die rechten Demonstranten und berief sich dabei auf ein althergebrachtes bundesstaatliches Gesetz, das Versammlungen von »nicht autorisierten Milizen« untersagt.[37] Den meisten der Gruppen, die an der Kundgebung teilnahmen, ist es nun verboten, sich jemals wieder in einer bewaffneten Gruppe von zwei oder mehr Personen in der Stadt aufzuhalten.

Gegen die Umtriebe des Ku-Klux-Klan beispielsweise erwiesen sich Gerichtsprozesse als sehr wirksames Mittel.[38] 1980 verübten drei Klan-Mitglieder in einem vorwiegend von Schwarzen bewohnten Viertel von Chattanooga einen Terroranschlag. Zuerst verbrannten sie ein Kreuz auf den Bahngleisen, dann verletzten sie zwei Straßenblocks entfernt mit einer Schrotflinte vier schwarze Frauen; eine fünfte wurde von Glassplittern getroffen. Die Frauen gingen vor Gericht und bekamen 535 000 Dollar Entschädigung zugesprochen. Noch bedeutsamer war jedoch, dass der Richter eine Unterlassungsverfügung gegen den Klan erließ: Sollten Mitglieder des Klans noch einmal in Chattanooga Gewalt verüben, würden nicht nur die Täter, sondern der ganze Klan belangt. Auch ein Fall aus dem Jahr 1981 machte Schlagzeilen: Ein Mann namens Michael Donald wurde in Mobile, Alabama, von zwei Mitgliedern der United Klans of America aus einem Geschäft entführt. Sie wollten damit Rache wegen des Freispruchs eines Schwarzen üben, der einen weißen Polizeibeamten erschossen hatte. Donald wurde geschlagen, man schnitt ihm die Kehle durch und schließlich wurde er erhängt; er war neunzehn Jahre alt. Das Southern Poverty Law Center verklagte daraufhin die United Klans of America, damals eine der größten KKK-Gruppen, im Namen von Michaels Mutter, Beulah Mae Donald, und stützte sich dabei auf das Bürgerrechtsgesetz von 1870. Ms. Donald erhielt für den Tod ihres Sohnes eine Entschädigung in Höhe von sieben Millionen Dollar. Damit war der Klan pleite, sein Hauptquartier ging in den Besitz von Ms. Donald über.[39]

Auch gegen die Einschüchterungsversuche der Extremisten haben Regierungen Mittel zur Hand. Drohungen wirken nur, wenn die Betroffenen den Eindruck haben, dass sich der Staat nicht um sie kümmern oder sie vor Gewalt schützen könne. Dem lässt sich am besten entgegenwirken, indem man nicht nur das Vertrauen der Menschen in die Legitimität der Regierung wiederherstellt, sondern auch für eine angemessene Strafverfolgung und Rechtsprechung sorgt. Denn dies signalisiert, dass die Regierung in der Lage ist, die Bevölkerung zu schützen sowie die Täter dingfest zu machen und zu bestrafen. Außerdem hält es die Bürger davon ab, Beistand bei Extremisten zu suchen – oft der erste Schritt, mit dem diese die gemäßigte Bevölkerung auf ihre Seite ziehen. Wenn die Bürger im ländlichen Nevada oder Oregon wissen, dass auch dort die Bundesregierung das Sagen hat und nicht ein rechtsextremer Sheriff, sind sie vielleicht weniger geneigt, eine Miliz zu unterstützen. Diese Strategie könnte allerdings nach hinten losgehen, insbesondere im Westen der USA, wo sich die Menschen eher vor staatlichen Eingriffen in ihr Land oder ihre Freiheit ängstigen. Ist dies der Fall, könnte die Regierung aus der Region stammende Bundesbeamte einsetzen oder örtliche Sicherheitskräfte verstärken, die von den Bürgern als legitim angesehen werden. Dies würde sehr dazu beitragen, das Vertrauen in die Regierung und ihre Akzeptanz auch in Gegenden zu erhöhen, wo die Menschen fürchten, vom Staat übervorteilt zu werden.

Warum nicht einfach mehr bieten? Die Bürger vor Ort werden sich jener Gruppe zuwenden, von der sie sich am ehesten Sicherheit und Erfolg versprechen. *Wenn Sie dafür sorgen, dass meine Familie sicher ist, und ich glaube, dass Sie mir einen guten Job geben, werde ich Sie unterstützen.* Regierungen können die Unterstützung für Extremisten vereiteln, indem sie Missstände beseitigen, allen Bürgern Vorteile anbieten und unmissverständlich verdeutlichen, dass es besser ist, innerhalb des Systems zu bleiben, als sich ihm entgegenzustellen. Die USA mit ihrem enormen Reichtum und ihrer institutionellen Kapazität sind als Staat in der Lage, mehr zu bieten als jede aufständische Gruppe. Wenn die Menschen das Gefühl haben, dass ihnen die Regierung zur Seite steht, brauchen sie keine Aufrührer. Die Sicherstellung grundlegender Dienstleistungen kann dazu beitragen, aus dem Kreislauf von Hoffnungsverlust und Staatsverdrossenheit auszubrechen.[40]

Aber was, wenn Aufständische einen Kompromiss zwischen Regierung und Bürgern verhindern wollen? Die gemäßigten Kräfte sowohl in der Legislative als auch unter den Bürgern müssen davon überzeugt sein, dass Extremisten eine Einigung nicht vereiteln oder Reformen verhindern können, indem sie Todesdrohungen verkünden oder gewalttätige Aktionen in Aussicht stellen. Hier in den Vereinigten Staaten würde eine Übereinkunft wahrscheinlich in Form von Waffenkontrollgesetzen oder einer Einwanderungsreform erfolgen, und die Mitglieder des Kongresses müssten sich sicher genug fühlen, um solche Maßnahmen öffentlich zu unterstützen. Die Friedensvereinbarung für Nordirland, das sogenannte

Karfreitagsabkommen, war zum Teil deshalb erfolgreich, weil es die Durchführung eines Referendums vorsah, bei dem sich dann eine überwältigende Mehrheit von Katholiken und Protestanten für das Abkommen aussprach. Regierungen können verhindern, dass Extremisten die Gesetzgeber in Geiselhaft nehmen, wenn diese öffentlich für die Unterstützung von Reformen werben und diejenigen benennen und bestrafen, die mit Gewalt drohen oder sie anwenden, um Reformen zu vereiteln.

Wir leben in einer Zeit der Polarisierung, und es ist Allgemeingut geworden, dies als die Wurzel unserer Probleme anzusehen. Die Linken sind linker geworden, die Konservativen konservativer, und es gibt kaum eine Chance, dass sich beide Seiten in der Mitte treffen. Diese Polarisierung, meinen viele Experten, reißt Amerika auseinander.

Doch nicht die politische Polarisierung erhöht die Wahrscheinlichkeit eines Bürgerkriegs, sondern die Faktionalisierung – wenn Bürger Gruppen auf der Grundlage ethnischer, religiöser oder geographischer Unterschiede bilden – und wenn die politischen Parteien eines Landes rücksichtslos werden, indem sie Konkurrenten ausschalten und eine Politik betreiben, die in erster Linie ihnen und ihren Wählern zugutekommt. Nichts begünstigt und beschleunigt die Faktionalisierung so sehr wie die sozialen Medien. Nach dem 6. Januar wurde ich immer wieder gefragt: Was sollen wir tun? Brauchen wir ein besseres Vorgehen der Polizei? Bessere Gesetze gegen heimischen Terrorismus? Sollte das FBI die rechtsextremen Milizen gezielt infiltrieren? Meine erste Antwort war immer die gleiche. Nehmen wir den sozialen Medien das Megaphon weg, dann können die Unruhestifter, Verschwörungstheoretiker, Bots, Trolle, Desinformationsmaschinen, Hetzer und Demokratiefeinde nicht mehr so laut tönen. Amerikas kollektive Wut würde fast umgehend abebben, so wie es geschah, als Donald Trump mit seinen Tweets nicht mehr jeden Amerikaner täglich zwanzigmal und sieben Tage die Woche erreichen konnte. (Wie der Journalist Matthew Yglesias auf Twitter schrieb: »Irgendwie seltsam, dass die Sperrung Trumps einfach so funktioniert hat, ohne dass irgendwas Schlimmes passiert ist.«[41]) Die Verbreitung von Hetze und Desinformation einzudämmen, würde das Risiko eines Bürgerkriegs erheblich verringern.

Verschwörungstheorien waren schon immer eine zentrale Triebfeder für Faktionalisierung. Wer Menschen zum Handeln anstacheln will, gibt ihnen einen »anderen« als Zielscheibe. Man muss nur behaupten, hinter den Kulissen finde eine Verschwörung statt, die der eigenen Gruppe schaden solle. Oder man redet den eigenen Leuten ein, dass ein Feind das Land zu ihren Ungunsten lenke. Genau das taten die Sklavenhalter im Süden der USA in den Jahren vor dem Bürgerkrieg. Sie stellten die Abolitionisten als eine existenzielle Bedrohung ihrer Lebensweise dar. Durch Online-Plattformen sind Verschwörungen noch virulenter und mächtiger geworden. Moderne Verschwörungstheoretiker wie Alex Jones von Infowars stellen Einwanderer und Juden als existenzielle Bedrohung dar. Frei nach Voltaire könnte man sagen: »Wer dich dazu bringt, Absurditäten zu glauben, bringt dich auch dazu, Ungeheuerlichkeiten zu tun.«[42]

Diese Art Paranoia war schon immer Teil des amerikanischen Lebens. Doch in der Ära Trump hat sich eine neue Verschwörungstheorie etabliert: QAnon, eine marginale Bewegung, behauptete, ein Geheimbund prominenter pädophiler Demokraten schmiede ein Komplott zu Trumps Sturz. Eine Umfrage vom Dezember 2020 ergab, dass 17 Prozent aller Amerikaner – *fast jeder Sechste* – folgende Behauptung für richtig hält: »Eine Gruppe von Satansanbetern aus den sozialen Eliten, die einen Kindersexring betreibt, versucht, unsere Politik zu kontrollieren.«[43] Vielleicht noch destruktiver ist, dass sich QAnon-Anhänger mit Millionen anderer Trump-Unterstützer zusammengetan haben, um die *Big Lie* zu verbreiten – dass die Wahl 2020 gestohlen wurde und die Demokraten sich mit diesem Betrug die Macht sichern wollen. In den Wochen nach den chaotischen Ereignissen des 6. Januar 2021 gingen Facebook, YouTube und Twitter hart gegen QAnon vor und entfernten Accounts und Seiten, die mit der Gruppe in Verbindung standen.[44]

Dies alles muss nicht so sein. Amerika ist die Wiege der Social-Media-Industrie und Heimat der fünf großen Tech-Unternehmen, die den Großteil der in den sozialen Medien verbreiteten Informationen kontrollieren. Die US-Regierung reguliert im Interesse des Gemeinwohls alle möglichen Industriezweige, von Versorgungsunternehmen über Pharmafirmen bis hin zu Betrieben der Lebensmittelverarbeitung. Im Interesse der Demokratie und des gesellschaftlichen Zusammenhalts sollte dies auch bei den sozialen Medien geschehen. Die Auswirkungen wären global. In der Tat haben die Ereignisse in Charlottesville und anderswo rechtsextreme Bewegungen auf der ganzen Welt inspiriert. Der Sturm auf das Kapitol verdeutlichte, dass die von den USA ausgehenden Bewegungen Teil eines globalen Netzwerks des Extremismus sind. Als die Trump-Anhänger vom Weißen Haus zum Kapitol marschierten, bejubelten dies rechtsextreme Propagandisten in Berlin, und in Tokio versammelten sie sich unter der Flagge der aufgehenden Sonne, der wegen japanischer Kriegsverbrechen und militärischer Aggression umstrittenen japanischen Militärflagge. Eine Regulierung der sozialen Medien würde wahrscheinlich die liberalen Demokratien auf der ganzen Welt stärken.

Sie würde auch die Faktionalisierung minimieren, indem Einmischungen aus dem Ausland verhindert würden. Bei Bürgerkriegen versuchen ausländische Regierungen stets, deren Ausgang zu beeinflussen. Die Vereinigten Staaten unterstützten Chiang Kai-shek mit Milliarden von Dollar in der Hoffnung, dass er Maos kommunistische Rebellen besiege. Während des amerikanischen Bürgerkriegs ließen europäische Länder der Konföderation Hilfsgüter zukommen. Und die Vereinigten Staaten führten mit den Bürgerkriegen in Nicaragua, El Salvador, Guatemala, Peru, Angola, Kambodscha, Vietnam und Laos Stellvertreterkriege mit der Sowjetunion.

Doch heute kann jedes Land, jede Gruppe und jeder Einzelne mit Hilfe des Internets einen Gegner destabilisieren. Rivalen der Vereinigten Staaten sind sehr darum bemüht, gesellschaftliche Konflikte zu schüren, sei es durch Unterstützung einer bestimmten Gruppe oder durch Aufwiegelung beider Seiten. Der ehemalige KGB-Offizier Wladimir Putin hat die Macht der Desinformation schon lange erkannt. Und nicht nur er. Das Empirical Studies of Conflict Project fand in Zusammenarbeit mit einem Team von Wissenschaftlern in Princeton heraus, dass Russland, China, der Iran und Saudi-Arabien zwischen 2013 und 2018 dreiundfünfzig Mal mit geheimen Social-Media-Kampagnen die Politik eines anderen Landes zu beeinflussen versuchten.[45] Bei den meisten der vom Princeton-Team untersuchten Kampagnen (65 Prozent) ging es darum, eine Person des öffentlichen Lebens, in der Regel einen Politiker, zu diskreditieren, um seinem Konkurrenten zum Wahlsieg zu verhelfen. (Zwischen 2012 und 2017 waren laut BuzzFeed beispielsweise sieben der zehn meistgelesenen Online-Artikel über Angela Merkel gefälscht.)[46] Die Vereinigten Staaten bildeten das Hauptziel dieser Angriffe, aber nicht das einzige. Auch Großbritannien, Deutschland, Australien und andere Länder wurden ins Visier genommen. Fast alle Angriffe richteten sich gegen demokratische Staaten.

Die sozialen Medien haben die perfekten Bedingungen für Faktionalisierung geschaffen, da sie es Außenstehenden leicht machen, Misstrauen und Spaltung zu schüren. 2016 teilte ein Facebook-Account namens Blacktivist, der angeblich von Black-Lives-Matter-Organisatoren aus Baltimore betrieben wurde, Videos von Polizeibrutalität und Informationen über bevorstehende Kundgebungen. Außerdem wurden Blacktivist-Artikel, etwa T-Shirts mit der Aufschrift »Young, Gifted, and Black«, zum Verkauf angeboten. Die Seite erhielt 360 000 Likes – mehr als die offizielle Black-Lives-Matter-Seite.[47] CNN berichtete später, Blacktivist sei eines von mehr als 470 Konten, die mit den Bestrebungen des Kremls in Zusammenhang standen, die Black-Lives-Matter-Bewegung zu infiltrieren. Das eigentliche Ziel, so schätzen Experten, war es, ethnische, regionale und religiöse Spannungen in den Vereinigten Staaten anzuheizen.

Eine solche Bedrohung ist genauso ernst wie eine ausländische Macht, die Söldner anheuert, um auf amerikanischem Boden zu kämpfen. Zwar sind die USA ein technologischer und militärischer Gigant, aber das Internet und die sozialen Medien haben unsere Demokratie verwundbar gemacht. Wollte man früher eine radikale Bewegung in einem anderen Land unterstützen, musste man Flugblätter aus Flugzeugen abwerfen, Bücher und Zeitungen verteilen, Berater zur Ausbildung von Soldaten schicken und Waffen und Munition über die Grenzen schmuggeln. Jetzt muss man nur noch das Narrativ in den sozialen Medien beherrschen und zusehen, wie sich Faktionalismus breitmacht.

Die Vereinigten Staaten werden als Vorbild der Demokratie betrachtet, ein Leuchtturm der Freiheit, doch wir haben zugelassen, dass Geld und Extremismus unsere Politik infiltrieren. Trotzdem können auch wir unsere demokratischen Institutionen und unsere Gesellschaft stärken: Das ist uns mit dem New Deal gelungen, als unsere Regierung die Menschen wieder in Arbeit brachte, viele Amerikaner aus der Armut befreite und das Vertrauen der Bevölkerung in ihr Wirtschaftssystem wiederherstellte und ihnen das Gefühl der Hoffnung zurückgab. Wir haben es in der Ära der Bürgerrechte geschafft, als viele Menschen gleiche Rechte und Freiheiten für Afroamerikaner forderten, die Regierung darauf reagierte und den Wunsch nach Gleichheit und Gerechtigkeit erfüllte.

Und wir können es wieder tun. Wir können den öffentlichen Diskurs zurückgewinnen und vermittelnd wirken, den Weg des selbstzerstörerischen, rücksichtslosen Partikularismus verlassen und die Hoffnung auf die langfristige Gesundung unseres Landes wiedererwecken. Ansätze dazu gibt es bereits auf lokaler Ebene, wo sich Bürger in allen Bundesstaaten zu kleinen Organisationen zusammenschließen, um die bürgerlichen Werte wiederherzustellen.[48] Eine dieser Gruppen ist Citizen University, gegründet von dem Ehepaar Eric Liu, Sohn chinesischer Einwanderer, und Jená Cane, Nachfahrin einer Familie von Sklavenhaltern und Konföderationskämpfern. Beide haben ihr Leben dem Wiederaufbau der amerikanischen Zivilgesellschaft gewidmet, Straßenzug für Straßenzug, Wohnviertel für Wohnviertel und Stadt für Stadt. »Wir wollen mit dem Mythos aufräumen«, sagte Cane, »dass wir eine rücksichtslose Ellbogengesellschaft sind, während die Wahrheit ist, dass die Amerikaner im Lauf unserer Geschichte immer wieder einander zu Hilfe kamen, wenn eine Katastrophe zuschlug, wenn eine Gemeinde wieder aufgebaut werden musste, wenn Menschen in Not waren. Das ist unsere wahre Natur.«[49]

Eines der von Citizen University durchgeführten Programme heißt Civic Saturday.[50] Die Reporterin Jen Boynton nahm 2019 an einer dieser Veranstaltungen in Athens, Tennessee, teil, zu der sich an die siebzig Menschen in einem verwahrlosten Park in der Innenstadt trafen. Was Boynton erlebte, war die bürgerschaftliche Version eines Gottesdienstes: Bürgerinnen und Bürger kamen zusammen, um die Verfassung zu lobpreisen und ihr Vertrauen in unsere Demokratie zu stärken. Anstatt mit einem Gebet zu beginnen, sprachen sie das Treuegelöbnis gegenüber der Nation. Statt eine Hymne anzustimmen, verlasen sie das Gedicht eines amerikanischen Autors. Statt eine Bibelstelle zu deklamieren, rezitierten sie gemeinsam die Unabhängigkeitserklärung. Der erste Civic Saturday fand 2016 in Seattle statt, und Liu und Cane hofften (und beteten), dass überhaupt jemand kommen würde. Doch die Leute strömten in Scharen herbei; mehr als zweihundert Menschen drängten sich in der Buchhandlung, die die erste Veranstaltung ausrichtete. Fünf Monate später waren es bereits achthundert Menschen. Was sie suchten, so Liu, war Gemeinschaft. Heute finden in mehr als dreißig Städten im ganzen Land, in demokratisch wie in republikanisch regierten Bundesstaaten, Civic Saturdays statt, von Indianapolis über Phoenix und Kansas City bis

Southern Pines in North Carolina. »Die große Mehrheit der Menschen in Amerika«, so Liu, »möchte Teil einer gesunden Gesellschaft sein und nicht Teil derjenigen, die sich am 6. Januar gezeigt hat.«[51]

Und dann gibt es noch EmbraceRace, eine kleine gemeinnützige Organisation mit Sitz in Amherst, Massachusetts. Sie wurde 2016 von den Eltern gemischtethnischer Kinder gegründet, deren Ziel es ist, anderen Eltern dabei zu helfen, ihren Nachwuchs in einer Welt aufzuziehen, in der jede Ethnie gleichermaßen geschätzt und akzeptiert wird. BriteHeart ist eine weitere überparteiliche Gruppe mit Sitz in Tennessee, die sich für die Stärkung der Bürgerbeteiligung einsetzt. Kate Tucker, die der Leitung der Gruppe angehört, erklärt dazu: »Wir wissen nicht, ob Tennessee ein republikanisch dominierter Bundesstaat ist. Wir wissen aber, dass hier die Leute kaum zur Wahl gehen.«[52] Living Room Conversations und Braver Angels bringen Menschen von links und rechts zusammen, um »den anderen« wieder als Mitmenschen kenntlich zu machen.

Landauf, landab entstehen Organisationen wie diese, da die Amerikaner zu erkennen beginnen, wie zerbrechlich unsere Demokratie ist, und Maßnahmen ergreifen, um sie zu erhalten. Auf lokaler Ebene – in Kirchen, Freiwilligenverbänden und Basisgruppen – können wir wieder zusammenkommen und die Kraft des bürgerschaftlichen Zusammenhalts und der Gemeinschaft neu entdecken. Unsere gemeinsame Geschichte und unsere Ideale können uns inspirieren und leiten und unseren gemeinsamen Stolz auf ein System wiederbeleben, das wirklich eine »Regierung des Volkes, durch das Volk und für das Volk« organisiert, wie es Lincoln in seiner berühmten Rede in Gettysburg formulierte.

Im Sommer vor den Wahlen 2020 stellten mein Mann Zoli und ich uns eine Frage, die keiner von uns je zuvor in Erwägung gezogen hatte: Nähern wir uns dem Zeitpunkt, an dem wir unser Land verlassen müssen?

Meine Mutter war aus einer Kleinstadt in der Schweiz, wo Frauen in ihrem Heimatkanton erst 1991 das Wahlrecht erhielten, in die Vereinigten Staaten eingewandert. Ihr Leben auf einem bescheidenen Milchbauernhof war hart gewesen, und ein Universitätsstudium lag außerhalb jeder Möglichkeit. 1958 zog sie nach New York und verliebte sich in Baseball, das Geschäftsleben, die Freundlichkeit und Ungezwungenheit der Amerikaner. Sie wollte nie wieder zurück. Mein Vater kam aus einem kleinen Ort in Bayern, wo er während des Zweiten Weltkriegs aufgewachsen war, nach New York. Dort gründete er eine Firma und baute sie erfolgreich aus. »So etwas war nur in Amerika möglich«, sagte er.

Zoli, der aus Kanada stammt und in den USA das College besuchte, hat seine eigene Migrationsgeschichte. Sein Vater floh 1956 aus Ungarn nach Kanada, als dort die Russen den ungarischen Volksaufstand niederschlugen. Wir beide, Zoli und ich, besitzen mehrere Pässe: den Schweizer, den kanadischen, den ungarischen und den deutschen. Aber unser Zuhause sind die Vereinigten Staaten. Der fröhlichste Feiertag in unserem Haus in San Diego ist Thanksgiving. Dieses Fest verkörpert alles, wofür wir dankbar sind: Freunde, Familie, Essen. Amerika hat unserer Familie das Geschenk gemacht, unsere Träume zu verwirklichen. Das Geschenk, wir selbst zu sein, uns sicher und frei zu fühlen und gut zu leben.

Hier ist der Ort, an dem wir leben wollen. Doch im November 2020, nach der Wahl, begannen Zoli und ich, über einen Plan B zu diskutieren. Joe Biden hatte gewonnen, aber Trump und viele Republikaner ließen nichts unversucht, um das Ergebnis zu kippen. Als am 6. Januar der Angriff auf das Kapitol stattfand, schien Amerika an einem Wendepunkt angelangt. Aus meiner Forschungsarbeit wusste ich, was mit Menschen geschieht, die zu lange in Kampfgebieten ausharren. Daris hatte das Glück, die Belagerung von Sarajevo zu überleben. Viele seiner Nachbarn hatten es nicht.

Über die Weihnachtsfeiertage ließ Zoli unsere Pässe verlängern.

Wir überlegten, ob es sinnvoll wäre, die ungarische Staatsbürgerschaft für unsere Tochter Lina zu beantragen. Schließlich entschieden wir uns für Kanada, weil es notfalls in weniger als einer Tagesreise erreichbar war. Alternativ konnten wir in die Schweiz flüchten. Wir waren es gewohnt, bei Reisen in konfliktträchtige Länder Notfallpläne zu erstellen: »Was machen wir, wenn in Simbabwe während unseres Aufenthalts ein Putsch stattfindet?« Aber jetzt planten wir mit einem Mal einen Fluchtweg aus unserem eigenen geliebten Land. Es war schier unfassbar.

Die Gründerväter hätten jedes beliebige politische System erschaffen können. Sie hätten George Washington zum König salben, eine Aristokratie errichten, Amerikas Reichtum aufteilen und sich selbst als herrschende Schicht etablieren können. Aber sie waren entschlossen, eine Demokratie zu errichten. Die Vorstellung eines solchen Systems gab es zwar sehr wohl damals schon – in dem begrenzten Modell, das die alten Griechen praktiziert hatten, und in den Schriften von Hume, Locke, Rousseau und anderen politischen Philosophen –, aber in der Realität gab es die Demokratie nicht. Kein Land hatte jemals versucht, eine Demokratie dieser Dimension zu gründen, in einem so großen Land, in dem sich so viele Menschen selbst regieren sollten. Madison, Hamilton und John Jay versuchten, alle Probleme und Schwierigkeiten, vor denen die neue Nation stehen würde, vorauszudenken: die Macht der Einzelstaaten gegenüber der des Bundes, die Frage, wie die Tyrannei der Mehrheit verhindert werden könne, die Gefahr durch destruktive Faktionen. Sie wussten, dass ein solches Land unruhig, schwer zu lenken und konfliktanfällig sein würde. Und doch wagten sie es, weil sie von einer besseren, freieren Welt überzeugt waren.

Natürlich war dieser Traum aus der Perspektive von Millionen anderer Menschen ein Albtraum. Amerika wurde geschaffen, um weißen Männern mit Besitz zu dienen. Die Gründerväter waren selbst Sklavenhalter und glaubten nicht, dass Sklaven Rechte und Freiheiten zustünden. Im Grunde betrachteten sie die Sklaven nicht einmal als vollwertige Menschen. Sie glaubten auch nicht, dass weiße Arbeiter, die kein Land besaßen, öffentliche Ämter bekleiden könnten. Und sie hielten Frauen für ungeeignet, in all diesen Angelegenheiten mitzubestimmen. Sie waren weitsichtig, aber nur nach den Maßstäben ihrer Zeit. Selbst wenn sie visionär genug gewesen wären, um anzuerkennen, dass alle Männer und Frauen gleich geschaffen sind, hätten sie unmöglich die vielen Veränderungen vorhersehen können, die auf Amerika zukommen würden. Die Industrialisierung, Megastädte, Automobile. Es war ihnen unmöglich, den Reichtum und die militärische Stärke des Landes oder die Veränderungen durch die Globalisierung vorherzusehen. Das Internet? Den Klimawandel? Reisen zum Mars? Alles Dinge, die sie nicht erahnen konnten.

Die USA stehen vor einer monumentalen Herausforderung: eine wirklich multiethnische Demokratie zu erschaffen, die bestehen und gedeihen kann, während die globale Migration die Demographie und Identität des Landes weiterhin prägt. Die Welt hat sich seit Ende des 18. Jahrhunderts dramatisch verändert. Demokratie ist nicht mehr nur etwas für weiße Männer, die Farmen besitzen. Sie gilt nun auch für Frauen, Familien auf dem Land, in der Stadt und in den Vorstädten, Menschen, die hier geboren wurden, und Menschen, die ihr Leben riskiert haben, um hierherzukommen, Weiße, Schwarze, Braune und alles, was dazwischenliegt. Wir brauchen sie alle, denn Länder mit niedrigen Geburtenraten, die versuchen, die Einwanderung zu stoppen, sterben langsam, weil ihre Bevölkerung schrumpfen wird. Unsere Demokratie muss die Rechte kleiner Gruppen schützen und gleichzeitig eine verbindende nationale Identität stiften. Wir werden der Welt zeigen müssen, dass der Übergang zu einer multiethnischen Demokratie friedlich und ohne Wohlstandsverluste möglich ist.

Die Vereinigten Staaten werden die erste westliche Demokratie sein, in der die weißen Bürger ihren Mehrheitsstatus verlieren. Dies wird voraussichtlich im Jahr 2045 der Fall sein, und andere Länder werden folgen. Um 2050 werden weiße Bürger in Kanada und Neuseeland zur Minderheit gehören. Im Vereinigten Königreich wird dies wahrscheinlich um das Jahr 2066 geschehen sein, und in allen englischsprachigen Ländern bis 2100. Rechtsextreme Parteien in all diesen Ländern haben unheilvolle Warnungen vor dem Ende der weißen Vorherrschaft verkündet und sie versuchen, Hass zu schüren, indem sie die enormen wirtschaftlichen, sozialen und moralischen Kosten eines solchen Wandels beschwören.

Aber das ist ein Mythos, die jüngste einer langen Reihe von Fabeln, gesponnen von Leuten, die Macht als Nullsummenspiel betrachten. Viele amerikanische Städte haben bereits das Gegenteil bewiesen. In Birmingham und Memphis – und anderen Städten, die den Übergang von einer weißen zu einer schwarzen Mehrheit vollzogen haben – wurden schwarze Bürgermeister gewählt, unterstützt auch von weißen Anhängern. Weiße, die befürchtet hatten, eine schwarze Führung würde zu Vergeltungsmaßnahmen durch Schwarze und zum wirtschaftlichen Niedergang der Weißen führen, erkannten, dass ihre Angst unbegründet war. Ihr Leben ging so weiter wie bisher, während sich das Leben der schwarzen Einwohner verbesserte. Die Menschen lernten, dass eine multiethnische Partei an der Macht keine Bedrohung für ihr Wohlergehen darstellte.[53] Ein neues friedliches Gleichgewicht wurde erreicht.

Kalifornien ist ein weiteres erfolgreiches Beispiel.[54] Seitdem in dem Bundesstaat 1998 die Weißen zur Minderheit wurden[55] (Texas folgte 2004), ist dort die Wirtschaft um 200 Prozent gewachsen und die Arbeitslosigkeit um fast 3 Prozent gesunken.[56] Das Pro-Kopf-Bruttoinlandsprodukt stieg um 52,5 Prozent. 1996 zog ich nach Kalifornien. Ich lebe vierzig Meilen nördlich der Grenze zu Mexiko und unterrichte auf einem Campus, der nur zu 21 Prozent weiß ist. Jeden Tag sehe ich die Vision einer vielversprechenden Zukunft: eifrige Studenten, fleißige Einwanderer.

Der Wandel in Kalifornien stieß auf erbitterten Widerstand.[57] Im Jahr 1994 verabschiedete der Bundesstaat die Proposition 187, die sogenannte Save-Our-State-Maßnahme, die Einwanderern ohne Papiere den Zugang zu öffentlichen Dienstleistungen wie Gesundheitsversorgung und Bildung verwehrte. Das Referendum machte den Bundesstaat zum ersten in jüngerer Zeit, der ein umfassendes Gesetz zur Abschreckung von Einwanderern und zur Bestrafung von Menschen ohne Papiere verabschiedete. Der republikanische Gouverneur Pete Wilson gewann seine Wiederwahl mit Leichtigkeit, indem er sich für die Proposition 187 einsetzte und zu Propagandazwecken Filme zeigen ließ, in denen Einwanderer in Massen die Grenze überquerten. Wilson war die kalifornische Version eines »ethnischen Entrepreneurs«. Sein Spiel mit der Angst der Weißen, zu dem auch eine härtere Strafrechtspolitik gehörte, war eine erfolgreiche Strategie. Je größer die Minderheitenbevölkerung, je größer die Bedrohung für die weiße Vorherrschaft, desto größer die Gegenreaktion der Weißen.

Doch all das begann sich zu ändern, als Kalifornien zu einem Staat wurde, in dem verschiedene Minderheiten gemeinsam die Mehrheit bildeten. Als die Minderheitenbevölkerung genügend Unterstützung erhielt, um politische Macht auszuüben, begann der Staat, sich seine Vielfalt zu eigen zu machen und eine Politik zu verfolgen, die nicht nur weißen Bürgern, sondern auch Schwarzen und Einwanderern zugutekam – einschließlich Gesetzen, die die Übernahme von Studiengebühren und Führerscheine auch für Menschen ohne Papiere vorsahen. Es folgten umfangreiche Erhöhungen der Bildungsausgaben und ein deutlicher Rückgang der Gefangenenzahlen in den Strafanstalten, wodurch sich das Wohlergehen und die Gesundheit aller Einwohner verbesserten. In weniger als drei Jahrzehnten hat Kalifornien seinen Ruf als einwanderungsfeindliches Land abgelegt und ist zu einem zukunftsweisenden Modell für Immigrations- und Integrationspolitik geworden. Kalifornien steht noch immer vor vielen Herausforderungen: Dort lebt ein Viertel aller Obdachlosen der gesamten USA, und der Bundesstaat steht an vierter Stelle, was die Einkommensungleichheit angeht.[58] In jüngster Zeit kam es auch zu einer Reihe von Übergriffen auf ältere Einwohner asiatischer Herkunft. Kalifornien ist keineswegs die Verwirklichung einer Utopie. Aber der Weg dieses Bundesstaats von der Angst vor fremden Ethnien hin zu ihrer breiten Akzeptanz zeigt, was möglich ist.

Um das Versprechen einer wahrhaft multiethnischen Demokratie zu erfüllen, muss die Nation große Gefahren umschiffen. Wir müssen unsere Demokratie stärken, der Zone der Anokratie fernbleiben und die sozialen Medien zügeln, was dazu beitragen wird, die Faktionalisierung zu verringern. So haben wir die Chance, einen zweiten Bürgerkrieg zu vermeiden. Wenn uns das gelingt, sind wir vielleicht auch in der Lage, eine andere drohende Gefahr zu bewältigen: den Klimawandel. Die Aufheizung des Planeten wird die Anzahl und Schwere von Naturkatastrophen erhöhen, unsere Küstenstädte gefährden und Hitzewellen, Waldbrände, Wirbelstürme und Dürren verursachen. Auch die Migration aus dem globalen Süden in den wohlhabenderen, weißen Norden wird mit Sicherheit zunehmen. Ohne eine starke und wirksame staatliche Reaktion wird der Klimawandel unser soziales Gefüge zerstören. Meine Studenten wissen um diese Herausforderungen, und sie sind inspiriert und ermutigt, etwas dagegen zu unternehmen. Sie sind das neue Gesicht des amerikanischen Traums. Immer wenn ich den Mut verliere, denke ich an sie. Es gibt keinen schöneren Ort als einen Seminarraum voller Erstsemester, die entschlossen sind, die Welt zu verändern.

Zoli und ich haben unsere Pässe verlängern lassen, aber wir haben nicht die Absicht zu gehen. Wir lieben dieses Land zu sehr, um es zu verlassen. Wenn Amerika für den Rest der Welt wegweisend ist, dann ist Kalifornien wegweisend für den Rest Amerikas, und wir wollen hier sein, um zu diesem Übergang beizutragen. Ich glaube, dass die USA nicht am Ende seiner Geschichte angelangt ist. Es steht am Anfang einer neuen Ära, in der wir die Chance haben, unser Gründungsmotto zu verwirklichen: *E Pluribus Unum*, Aus vielen eins zu werden.

DANK

Als ich 2018 dieses Buch zu schreiben begann, erzählte ich nicht vielen Leuten, dass es von der Gefahr eines zweiten Bürgerkriegs in den Vereinigten Staaten handelt. Von jenen, denen ich es erzählte, erntete ich meist nur besorgte Blicke und den Einwand, dass es ihrer Meinung nach in den USA niemals mehr zu einem Bürgerkrieg kommen würde. Etwas anderes zu denken wäre bloß Angstmacherei und vielleicht sogar unverantwortlich.

Ich wünschte, sie hätten recht gehabt. Als das Manuskript fast abgeschlossen war, stürmten über tausend Amerikaner das US-Kapitol, und der abgewählte Präsident der Vereinigten Staaten rief seine Anhänger zum Kampf für seinen Verbleib im Amt auf. Plötzlich schien mein Manuskript prophetisch zu sein.

Ein Buch zu schreiben ist eine einsame Erfahrung voller Ungewissheit. Es ist ein Akt des Glaubens: des Glaubens an die eigene Fähigkeit, dem Thema gerecht zu werden und es so klar und leidenschaftslos zu durchdenken, dass es ein Publikum finden wird. Aber es ist auch ein gemeinschaftlicher Prozess. Von Anfang an standen mir Freunde, Kollegen und Fremde zur Seite, die mir großzügig ihre Zeit schenkten. Sie beantworteten meine endlosen Fragen, prüften meine Arbeit und wiesen mir neue und vielversprechende Wege; ohne ihre großzügige Hilfe hätte ich dieses Buch nicht zustande gebracht.

Amanda Cook, meiner Lektorin bei Penguin Random House, die meine größte Fürsprecherin war, verdanke ich ungeheuer viel. Sie unterstützte das Projekt von Anfang an und drängte mich sanft, dieses Buch, das sie – und alle Welt – lesen wollte, in Angriff zu nehmen. Großen Dank schulde ich auch Gareth Cook – meinem Buchflüsterer –, der mir beibrachte, einen stringenten Rahmen zu konstruieren und Geschichten so zu erzählen, dass sie sowohl inhaltsreich als auch fesselnd zu lesen sind. Er war unerbittlich, aber freundlich, anspruchsvoll, aber großzügig, kompromisslos, aber enthusiastisch. Ohne ihn wäre dieses Buch ein ganz anderes geworden.

Viele Forschungsstränge mussten zusammengeführt werden, um diese Kapitel zu verfassen, und dazu brauchte ich die Hilfe eines Teams von Wissenschaftlern. Monty Marshall beantwortete meine unzähligen E-Mails zu den PITF- und Polity-Daten mit unerschütterlichem Langmut und überließ mir umstandslos eine enorme Menge an Informationen, wofür ich ihm sehr dankbar bin. Richard English stellte mir sein ganzes Wissen über die Unruhen in Nordirland zur Verfügung und sorgte dafür, dass ich die Fakten korrekt wiedergab. Lars-Erik Cederman, Simon Hug und Kristian Gleditsch gingen bereitwillig auf meine detaillierten Anfragen zu ethnischen Bürgerkriegen ein und erklärten mir die Nuancen der verschiedenen statistischen Ergebnisse. Jim Fearon, David Laitin und Jesse Driscoll lasen das Manuskript und dienten mir als Frühwarnsystem für Schwachstellen, die einer Überprüfung durch andere Bürgerkriegsexperten kaum standgehalten hätten. Großen Dank schulde ich ebenso Judybeth Tropp, Chris Parker, Steph Haggard, Rose McDermott, Paul Frymer, Ken Pollack, Zachary Steinert-Threlkeld, Gregoire Phillips, Nico Ravanilla, Isaac Pelt, Jacob Glashof, Seth G. Jones und Jonathan Moller, die alle schnell auf Fragen zu bestimmten Teilen des Buches reagierten. Ein Dankeschön auch den Studenten meines Bürgerkriegsseminars an der UC San Diego im Winter 2020; sie halfen mir, die großen Ideen zu erarbeiten, aus denen die Struktur des Buches hervorging. Schließlich danke ich Marin Strmecki und der Smith Richardson Foundation für die finanzielle Unterstützung sowie meinem Dekan Peter Cowhey und Nancy Gilson von GPS, die dafür gesorgt haben, dass ich in den zwei schwierigen Jahren genug Zeit zum Schreiben hatte.

Mir wurde das große Glück zuteil, eine Reihe außergewöhnlicher Menschen zu interviewen. Auch an sie geht mein Dank, vor allem an Noor, Berina und Daris Kovac, Mikhail Minakov, Anton Melnyk, Jonathan Powell, Lukas Pietrzak, Jená Cane und Eric Liu dafür, dass sie mich an ihren persönlichen und zuweilen leidvollen Geschichten teilhaben ließen. Bedanken möchte ich mich außerdem bei James Fearon, David Laitin, Monty Marshall, Erica Chenoweth, Christian Davenport und Jay Ulfelder dafür, dass sie mich mit ihrem Fachwissen über gewalttätige und gewaltfreie Konflikte und ihrer Einschätzung der aktuellen Lage in Amerika unterstützt haben. Von ihnen allen habe ich viel gelernt.

Autumn Brewington ist nicht nur eine gute Freundin, sondern auch eine hervorragende Lektorin. Sie las die allerersten Teile des Manuskripts mit dem ihr eigenen Enthusiasmus und spornte mich an, während sie mich sanft davon abhielt, akademisches Kauderwelsch zu verfassen. Ich hatte das Glück, dass mir während des gesamten Prozesses ein Team von Rechercheassistenten zur Seite stand. Ein großes Dankeschön an Summer Bales, Ama Debrah, Wendy Wagner und Wakako Maekawa. Und ein noch größerer Dank geht an Natalie Boyer, meine unentbehrliche Helferin beim Aufspüren von Fakten, egal wie obskur sie waren. Sie besitzt die Gabe, enorme Mengen an schwierigem Material in einfachen Zusammenfassungen so darzustellen, dass ich sie leicht verwenden konnte. Hilary McClellen schaltete sich am Ende des Prozesses ein, um das gesamte Buch zu überprüfen. Ihr Strom begeisterter E-Mails machte diese letzte, drängende Phase überraschend angenehm.

Schreiben erfordert auch die Liebe und Unterstützung von guten

Freunden. Daher vielen Dank an Lindi Nicol, Ronan Brown, Emilie Hafner-Burton, Angela Amoroso, Shannon Delaney, Amy Mueller, Tim Burke, Casey Burke, Jeannie Chufo, Nindy Leroy, Donn Van Winkle, Chris Parker, Mary Braunwarth, Ernie Villanueva, Giselle Brown, Camryn Delaney, Lina und Christian Waage, Marie und Faheem Hasnain, Colette und Glynn Bolitho, Laura und Ethan Boyer, Emma und John Spence und den Clans Hajnal / Licharz / McGrath dafür, dass sie sich immer um mich gekümmert haben, selbst in meinen mürrischsten Zeiten.

Doch der größte Dank gebührt meiner Familie. Meine Tochter Lina hat ihr ganzes Leben im Schatten meines Studiums der Bürgerkriege verbracht. Sie hat Reisen in ehemalige Konfliktgebiete mitgemacht und vieles gesehen, das den meisten Kindern erspart bleibt. Auf einer besonders schwierigen Exkursion in den Norden von Laos (da war sie sieben) wandte sie sich mit Tränen in den Augen an mich und sagte: »Warum können wir nicht irgendwohin fahren, wo es normal ist, wie Hawaii oder Mammoth Lakes – wie alle anderen auch? Niemand fährt nach Laos, Mami!« Aber vor allem musste sie ihre Mutter mit einem Computerbildschirm teilen, und das in einer Zeit, in der wir beide lieber getanzt, gekocht oder etwas anderes zusammen gemacht hätten. Sie ist meine größte Freude und mein ganzer Stolz. Ich liebe sie über alle Maßen.

Und dann ist da noch Zoli. Als ich meinen Buchvertrag unterschrieb, wandte ich mich an ihn und sagte: »Ohne dich schaffe ich das nicht.« Ohne sich zu beschweren, kümmerte er sich um alles – buchstäblich um alles – in unserem Leben, sodass ich nur noch schreiben musste. Und nicht nur das, am Ende des Tages erwartete er mich mit offenen Armen, einem Glas Wein und all der Liebe, die ich mir nur wünschen konnte. Er war mein wichtigster Unterstützer, mein bester Freund und Vertrauter, meine Inspiration für ein anständiges und menschenfreundliches Leben und die Person, die alles besser werden lässt. Er ist der großartigste Mensch, den ich kenne.

ANMERKUNGEN

EINLEITUNG

1 Michael Martin, »GR Vac Shop Owner Picking Up the Pieces After Business and Home Raided«, Fox 17, 9. Oktober 2020; Aaron C. Davis et al., »Alleged Michigan Plotters Attended Multiple Anti-Lockdown Protests, Photos and Videos Show«, *The Washington Post*, 1. November 2020; Kim Bellware et al., »Accused Leader of Plot to Kidnap Michigan Governor Was Struggling Financially, Living in Basement Storage Space«, *The Washington Post*, 9. Oktober 2020.

2 »Governor Whitmer Signs ›Stay Home, Stay Safe‹ Executive Order«, Office of Governor Gretchen Whitmer, 23. März 2020; Craig Mauger et al., »Stay-Home Order Violators Face $ 500 Fines; Jail Possible«, *The Detroit News*, 23. März 2020.

3 Matt Zapotosky et al., »FBI Charges Six Who It Says Plotted to Kidnap Michigan Gov. Gretchen Whitmer, as Seven More Who Wanted to Ignite Civil War Face State Charges«, *The Washington Post*, 8. Oktober 2020.

4 Aaron C. Davis et al., »Alleged Michigan Plotters Attended Multiple Anti-Lockdown Protests, Photos and Videos Show«, *The Washington Post*, 1. November 2020.

5 Craig Timberg und Isaac Stanley-Becker, »Michigan Kidnapping Plot, Like So Many Other Extremist Crimes, Foreshadowed on Social Media«, *The Washington Post*, 8. Oktober 2020.

6 Zapotosky et al., »FBI Charges Six Who It Says Plotted to Kidnap Mi-

chigan Gov. Gretchen Whitmer«, a. a. O.; Gus Burns et al., »The Ties That Bind the Men Behind the Plot to Kidnap Gov. Whitmer«, *MLive*, 20. Oktober 2020.

7 Justine Lofton, »Northern Michigan Town Grapples with Plot to Kidnap Gov. Whitmer from Local Vacation Home«, *MLive*, 9. Oktober 2020; Nicholas Bogel-Burroughs et al., »F. B. I. Says Michigan Anti-Government Group Plotted to Kidnap Gov. Gretchen Whitmer«, *The New York Times*, 8. Oktober 2020.

8 Bogel-Burroughs et al., »F. B. I. Says Michigan Anti-Government Group Plotted to Kidnap Gov. Gretchen Whitmer«, a. a. O.; Burns et al., »Ties That Bind the Men Behind the Plot to Kidnap Gov. Whitmer«, a. a. O.

9 Bill Chappell, »Michigan Charges 8th Man in Alleged Domestic Terrorism Plot to Kidnap Gov. Whitmer«, NPR, 15. Oktober 2020.

10 »What We Know About the Alleged Plot to Kidnap Michigan's Governor«, *The New York Times*, 9. Oktober 2020.

11 Malachi Barrett, »Trump Criticizes Whitmer After FBI Foiled Plot to Kidnap Michigan Governor«, *MLive*, 8. Oktober 2020.

12 Bogel-Burroughs et al., »F. B. I. Says Michigan Anti-Government Group Plotted to Kidnap Gov. Gretchen Whitmer«, a. a. O.

13 Jack A. Goldstone et al., »A Global Model for Forecasting Political Instability«, *American Journal of Political Science* 54, Nr. 1 (Januar 2010), S. 190–208.

14 »Einsatzgruppe Politische Instabilität«; ursprünglich sollte sie State Failure Task Force, »Einsatzgruppe Staatszusammenbruch«, heißen.

15 »Antigovernment Movement«, Southern Poverty Law Center, https://www.splcenter.org/fighting-hate/extremist-files/ideology/antigovernment

16 »Defected Soldiers Formed Free Syrian Army«, NPR, 20. Juli 2012; Emile Hokayem, *Syria's Uprising and the Fracturing of the Levant* (Abingdon: Routledge, 2017).

17 Janet Reitman, »U. S. Law Enforcement Failed to See the Threat of White Nationalism. Now They Don't Know How to Stop It«, *The New York Times*, 3. November 2018.

18 Janet I. Lewis, *How Insurgency Begins: Rebel Group Formation in*

Uganda and Beyond (Cambridge: Cambridge University Press, 2020), S. 31–36.

19 Ebd.

20 Interview der Autorin mit Berina Kovac, 16. Juli 2020. Berina Kovac ist ein Pseudonym.

1 DIE GEFAHR DER ANOKRATIE

1 Interview der Autorin mit Noor, 1. Juli 2020. Noor ist ein Pseudonym.

2 Jane Arraf, »15 Years After U. S. Invasion, Some Iraqis are Nostalgic For Saddam Hussein Era«, NPR, 30. April 2018.

3 Michael R. Gordon, »Fateful Choice on Iraq Army Bypassed Debate«, *The New York Times*, 17. März 2008; Stephen Farell, »Report Cites Americans for Purging Baath Party Members«, *The New York Times*, 6. Juli 2016.

4 Michael R. Gordon, »Debate Lingering on Decision to Dissolve the Iraqi Military«, *The New York Times*, 21. Oktober 2004; James P. Pfiffner, »U. S. Blunders in Iraq: De-Baathification and Disbanding the Army«, *Intelligence and National Security* 25, Nr. 1 (Februar 2010), S. 76–85; Thomas E. Ricks, *Fiasco: The American Military Adventure in Iraq* (New York: Penguin, 2006).

5 Daniel Byman, »An Autopsy of the Iraq Debacle: Policy Failure or Bridge Too Far?«, *Security Studies* 17, Nr. 4 (Dezember 2008), S. 599–643.

6 Ebd., S. 604.

7 John F. Burns, »The Struggle for Iraq: The Occupation; Troops Hold Fire for Negotiations at 3 Iraqi Cities«, *The New York Times*, 12. April 2004.

8 Interview der Autorin mit Noor, 1. Juli 2020.

9 »Author Describes Rescue of Baghdad's Zoo Animals«, NPR, 7. März 2007.

10 John Kenton, »Human Rights Declaration Adopted by U. N. Assembly«, *The New York Times*, 11. Dezember 1948; Vereinte Nationen, Generalversammlung, Allgemeine Erklärung der Menschenrechte,

A/RES/3/217A (10. Dezember 1948), https://www.un.org/depts/german/menschenrechte/aemr.pdf

11 Drew DeSilver, »Despite Global Concerns About Democracy, More Than Half of Countries Are Democratic«, Pew Research Center, 14. Mai 2019 unter Verweis auf das Polity5 Project des Center for Systemic Peace.

12 »Remarks by the President at the 20th Anniversary of the National Endowment for Democracy«, United States Chamber of Commerce, 6. November 2003.

13 Richard Wike et al., »Globally, Broad Support for Representative and Direct Democracy«, Pew Research Center, 16. Oktober 2017.

14 Samuel P. Huntington, »How Countries Democratize«, *Political Science Quarterly* 106, Nr. 4 (Winter 1991–1992), S. 579–616.

15 »Armed Conflict by Region 1946–2019«, Uppsala Conflict Data Program, 20.1 Data (UCDP 20.1 data); »Global Trends in Governance, 1800–2018«, Polity5 Project, Center for Systemic Peace.

16 A. C. Lopez und D. D. P. Johnson, »The Determinants of War in International Relations«, *Journal of Economic Behavior and Organization* 178 (2017), S. 983–997.

17 UCDP 20.1 data.

18 In diesem Sinne äußerte ich mich gegenüber Sean Illing, »Is America's Political Violence Problem Getting Worse? I Asked 7 Experts«, *Vox*, 30. Oktober 2018.

19 Håvard Hegre et al., »Toward a Democratic Civil Peace? Democracy, Political Change, and Civil War, 1816–1992«, *American Political Science Review* 95, Nr. 11 (März 2001), S. 33–48; Kristian Skrede Gleditsch, *All International Politics Is Local: The Diffusion of Conflict, Integration, and Democratization* (Ann Arbor: University of Michigan Press, 2002); Zachary M. Jones und Yonatan Lupu, »Is There More Violence in the Middle?«, *American Journal of Political Science* 62, Nr. 3 (Juli 2018), S, 652–667.

20 Monty G. Marshall und Ted Robert Gurr, *Peace and Conflict 2003: A Global Survey of Armed Conflicts, Self-Determination Movements, and Democracy* (College Park: Center for International Development and Conflict Management, University of Maryland, 2003).

21 Allerdings gab es auch schon in der Ersten Spanischen Republik von 1873 eine demokratische Wahl.

22 Es gibt drei häufig genutzte Datensätze, die das Regierungssystem eines Landes mit einer Messzahl bewerten: Polity5, Freedom House und V-Dem. Jeder dieser Datensätze stützt sich auf seine eigene Definition von Demokratie und misst sie daher auf unterschiedliche Weise. Polity5 zum Beispiel richtet das Augenmerk besonders auf die Beständigkeit verschiedener Regierungsformen und ihrer politischen Institutionen und konzentriert sich stark auf die demokratischen und autokratischen Merkmale eines Landes. V-Dem, »Varieties of Democracy« (2014 eingeführt), ist bestrebt, die zahlreichen Varianten der Demokratie in der Welt zu beschreiben, und unterscheidet fünf unterschiedliche Demokratiekennzahlen (Wahlen, Rechtslage, Bürgerpartizipation, Interessenberücksichtigung, Gleichheit). Freedom House beobachtet vor allem die individuellen Freiheiten und stellt detaillierte Messungen der politischen Rechte und Freiheiten der Bürger in den Mittelpunkt. Trotz dieser unterschiedlichen Gesichtspunkte ergibt sich ein hohes Maß an Übereinstimmung in der Beschreibung der einzelnen Länder durch die verschiedenen Datensätze und in der daraus resultierenden Rangfolge der Demokratisierungskennziffern. Vanessa A. Boese, »How (not) to Measure Democracy«, *International Area Studies Review* 22, Nr. 2 (Juni 2019), S. 95–127; Andrea Vaccaro, »Comparing Measures of Democracy: Statistical Properties, Convergence, and Interchangeability«, *European Political Science* 20 (2021), S. 666–684.

23 Fareed Zakaria, *The Future of Freedom: Illiberal Democracy at Home and Abroad* (New York: W. W. Norton, 2003).

24 Daniel C. Esty et al., »State Failure Task Force Report: Phase II Findings«, *Environmental Change and Security Project Report* 5 (Sommer 1999).

25 Ebd.

26 Interview der Autorin mit Noor, 1. Juli 2020.

27 Lewis, *How Insurgency Begins*, Kapitel 6.

28 »Gamsakhurdia Wins Presidential Election«, UPI, 27. Mai 1991; Michael Dobbs, »Tbilisi Battle Ends as President Flees«, *The Washington Post*, 7. Januar 1992; Serge Schmemann, »In Crushing Blow to Georgia, City Falls to Secessionists«, *The New York Times*, 28. September 1993.

29 Seth Mydans, »The Fall of Suharto: The Overview; Suharto, Besieged, Steps Down After 32-Year Rule in Indonesia«, *The New York Times*, 21. Mai 1998.

30 Seth Mydans, »New Leader Vows Early Elections for Indonesians«, *The New York Times*, 26. Mai 1998; Seth Mydans, »Indonesia Changed, But Who Deserves the Credit?«, *The New York Times*, 13. Juni 1999.

31 Genaueren Einblick in diese Revolte gibt Richard Chauvel, *Nationalists, Soldiers and Separatists: The Ambonese Islands from Colonialism to Revolt, 1880–1950* (Leiden: KITLV Press, 1990).

32 Kautsar, ein Aktivist in Aceh, zitiert nach Slobodan Lekic, »The Legacy of East Timor: Other Indonesian Provinces Feel Stirrings of Separatism«, *Montreal Gazette*, 7. November 1999.

33 Patrick M. Regan und Sam R. Bell, »Changing Lanes or Stuck in the Middle: Why Are Anocracies More Prone to Civil Wars?«, *Political Research Quarterly* 63, Nr. 4 (Dezember 2010), S. 747–759.

34 »Abiy Ahmed: Ethiopia's Prime Minister«, BBC, 11. Oktober 2019; Paul Schemm, »In Ethiopian Leader's New Cabinet, Half the Ministers Are Women«, *The Washington Post*, 16. Oktober 2018.

35 Interview mit der Autorin, 1. Februar 2019.

36 »Ethiopia: Thousands Protest After Deadly Ethnic Violence«, Al Jazeera, 17. September 2018.

37 Declan Walsh und Abdi Latif Dahier, »Why Is Ethiopia at War With Itself?«, *The New York Times*, 5. November 2020.

38 Roderic Ai Camp, »Democratizing Mexican Politics, 1982–2012«, in: *Oxford Research Encyclopedia of Latin American History*, hg. von William H. Beezley (New York: Oxford University Press, 2015).

39 »Polity5 Annual Time-Series, 1946–2018«, Center for Systemic Peace.

40 Yascha Mounk, »Democracy in Poland Is in Mortal Danger«, *The Atlantic*, 9. Oktober 2019.

41 Zach Beauchamp, »It Happened There: How Democracy Died in Hungary«, *Vox*, 13. September 2018.

42 Ebd.

43 »Autocratization Turns Viral: Democracy Report 2021«, V-Dem Institute, März 2021.

44 Steven Levitsky und Daniel Ziblatt, *Wie Demokratien sterben*. Aus dem Amerik. von Klaus-Dieter Schmidt (München: DVA, 2018).

45 »Polity5 Annual Time-Series, 1946–2018«, Center for Systemic Peace.

46 Die Zahlen auf der y-Achse zeigen die Wahrscheinlichkeit an, dass in einem bestimmten Jahr in einem bestimmten Land in Abhängigkeit von seinem Polity-Wert ein Bürgerkrieg ausbricht. Eine Anokratie mit einem Polity-Wert von +1 wird demzufolge beispielsweise mit einer sechsmal so hohen Wahrscheinlichkeit in einen Bürgerkrieg abgleiten als eine voll ausgeprägte Demokratie mit einem Polity-Wert von +10.

47 »Ukraine Protests After Yanukovych EU Deal Rejection«, BBC, 30. November 2013; David M. Herszenhorn, »Pro-European Businessman Claims Victory in Ukraine Presidential Vote«, *The New York Times*, 25. Mai 2014.

48 Interview der Autorin mit Anton Melnyk, 30. Juni 2020. Anton Melnyk ist ein Pseudonym.

49 Andrew E. Kramer, »Russians Find Few Barriers to Joining Ukraine-Battle«, *The New York Times*, 9. Juni 2014.

50 Timothy B. Lee, »Why Ukraine's Government, Which Just Collapsed, Is Such a Mess«, *Vox*, 25. Juli 2014.

51 Interview der Autorin mit Michail Minakow, 1. Juli 2020.

52 Lina Kushch und Thomas Grove, »Pro-Russia Protesters Seize Ukraine Buildings, Kiev Blames Putin«, Reuters, 6. April 2014; »Ukraine: President Calls Emergency Meeting Over Protests«, BBC, 7. April 2014.

53 »Autocratization Turns Viral: Democracy Report 2021«, V-Dem Institute, März 2021.

54 Zeeshan Aleem, »How Venezuela Went from a Rich Democracy to a Dictatorship on the Brink of Collapse«, *Vox*, 19. September 2017.

55 Christian Davenport, »State Repression and Political Order«, *Annual Review of Political Science* 10 (15. Juni 2007), S. 1–23.

56 Interview der Autorin mit Noor, 1. Juli 2020.

2 DER AUFSTIEG DER FAKTIONEN

1 Michael Dobbs, »Thousands Join Ceremonies for Tito's Return to Belgrade«, *The Washington Post*, 6. Mai 1980; R. W. Apple jr., »Leaders Gathering for Tito's Funeral«, *The New York Times*, 7. Mai 1980.

2 Diese Passage aus John Reeds Buch von 1916 ist zitiert in: Robert D. Kaplan, *Die Geister des Balkan. Eine Reise durch die Geschichte und Politik eines Krisengebiets* (Hamburg: Verlag Ernst Kabel, 1993), S. 82.

3 Alex N. Dragnich, *Serbs and Croats: The Struggle in Yugoslavia* (New York: Harcourt Brace, 1992), S. 102.

4 Vesna Pesic, »Serbian Nationalism and the Origins of the Yugoslav Crisis«, Peaceworks 8, United States Institute of Peace, April 1996.

5 Misha Glenny, *The Balkans: Nationalism, War, and the Great Powers, 1804–2012* (Toronto: House of Anansi Press, 2012); Anton Logoreci, »Riots and Trials in Kosovo«, *Index on Censorship* 11, Nr. 2 (1982), S. 23–40; Steve H. Hanke, »Yugoslavia Destroyed Its Own Economy«, *The Wall Street Journal*, 28. April 1999.

6 Monica Duffy Toft, *The Geography of Ethnic Violence: Identity, Interests, and the Indivisibility of Territory* (Princeton: Princeton University Press, 2003).

7 »1 Million Serbs Cheer Their Nationalist Leader in Kosovo«, Associated Press, 28. Juni 1989; Paul R. Bartrop, *Modern Genocide: A Documentary and Reference Guide* (Santa Barbara: ABC-CLIO, 2019), S. 64.

8 William Safire, »On Language: Ethnic Cleansing«, *The New York Times*, 14. März 1993.

9 James D. Fearon und David D. Laitin, »Sons of the Soil, Migrants, and Civil War«, *World Development* 39, Nr. 2 (Februar 2011), S. 199–211.

10 Donald L. Horowitz, *Ethnic Groups in Conflict* (Berkeley: University of California Press, 1985), S. 234.

11 Paul Collier und Anke Hoeffler, »Greed and Grievance in Civil War«, *Oxford Economic Papers* 56, Nr. 4 (Oktober 2004), S. 563–595; James D. Fearon und David D. Laitin, »Ethnicity, Insurgency, and Civil War«, *American Political Science Review* 97, Nr. 1 (Februar 2003), S. 75–90.

12 Interview der Autorin mit Monty Marshall, 22. September 2020.

13 Andreas Wimmer, *Waves of War: Nationalism, State Formation, and Ethnic Exclusion in the Modern World* (Cambridge: Cambridge University Press, 2013), S. 5.

14 »Political Instability Task Force: New Findings«, Wilson Center, 5. Februar 2004.

15 Joshua R. Gubler und Joel Sawat Selway, »Horizontal Inequality,

Crosscutting Cleavages, and Civil War«, *The Journal of Conflict Resolution* 56, Nr. 2 (April 2012), S. 206–232.

16 Tanja Ellingsen, »Colorful Community or Ethnic Witches' Brew? Multiethnicity and Domestic Conflict During and After the Cold War«, *The Journal of Conflict Resolution* 44, Nr. 2 (April 2000), S. 228–249; Collier und Hoeffler, »Greed and Grievance in Civil War«, a. a. O.; Joan Esteban und Gerald Schneider, »Polarization and Conflict: Theoretical and Empirical Issues«, *Journal of Peace Research* 45, Nr. 2 (März 2008), S. 131–141.

17 Chuck Sudetic, »Croatian Cityscape: Stray Dogs, Rows of Wounded, Piles of Dead«, *The New York Times*, 21. November 1991.

18 Zlatko Dizdarević, *Der Alltag des Krieges. Ein Tagebuch aus Sarajevo* (Frankfurt a. M.: Campus, 1995), S. 133.

19 Stefano DellaVigna et al., »Cross-Border Media and Nationalism: Evidence from Serbian Radio in Croatia«, *American Economic Journal: Applied Economics* 6, Nr. 3 (Juli 2014), S. 103–132.

20 Bogdan Bogdanovic, »Murder of the City«, *The New York Review*, 27. Mai 1993; Michael T. Kaufman, »A War on Civilians: The Struggle for Land in Bosnia Is Waged Mainly by Serbs With Help from Belgrade«, *The New York Times*, 18. Juli 1992.

21 V. P. Gagnon, »Ethnic Nationalism and International Conflict: The Case of Serbia«, *International Security* 19, Nr. 3 (Winter 1994/95), S. 130–166; V. P. Gagnon, *The Myth of Ethnic War: Serbia and Croatia in the 1990s* (Ithaca: Cornell University Press, 2006).

22 George W. Downs und David M. Rocke, »Conflict, Agency, and Gambling for Resurrection: The Principal-Agent Problem Goes to War«, *American Journal of Political Science* 38, Nr. 2 (Mai 1994), S. 362–380; Rui de Figueiredo und Barry Weingast, »The Rationality of Fear: Political Opportunism and Ethnic Conflict«, in: *Civil Wars, Insecurity, and Intervention*, hg. von Barbara F. Walter und Jack Snyder (New York: Columbia University Press, 1999), S. 261–302.

23 »Kakerlaken« war ein Begriff, der während der Hutu-Revolution 1959 für die Tutsi-Rebellen verwendet wurde, die nachts über die Grenzen »huschten«. Ich danke James Fearon für diesen Hinweis. »Trial of Ex-Quebec Resident on Genocide Charges Stirs Ethnic Tensions in Rwanda«, *National Post*, 17. November 2013.

24 »Sudan President Seeks to ›Liberate‹ South Sudan«, BBC, 19. April 2012.

25 R. Jeffrey Smith, »Media Controls Leave Serbians in the Dark«, *The Washington Post*, 18. Oktober 1998.

26 Misha Glenny, *Jugoslawien. Der Krieg, der nach Europa kam* (München: Droemer Knaur, 1993), S. 110.

27 Ebd., S. 244.

28 Dave Anderson, »And Now, Dovidjenja, Sarajevo«, *The New York Times*, 21. Februar 1984.

29 Interview der Autorin mit Berina Kovac, 16. Juli 2020.

30 Interview der Autorin mit Daris Kovac, 16. Juli 2020. Daris Kovac ist ein Pseudonym.

31 Ebd.

32 Roger Cohen, »For Sarajevo Serbs, Grief Upon Grief«, *The New York Times*, 26. April 1995.

33 Kemal Kurspahić, *Prime Time Crime: Balkan Media in War and Peace* (Washington, D. C.: Institute of Peace Press, 2003), S. 102–103.

34 Interview der Autorin mit Berina Kovac, 16. Juli 2020.

35 Roger D. Petersen, *Understanding Ethnic Violence: Fear, Hatred, and Resentment in Twentieth-Century Eastern Europe* (Cambridge: Cambridge University Press, 2002), S. 238.

36 Carol J. Williams, »Serbs, Croats Met Secretly to Split Bosnia«, *Los Angeles Times*, 9. Mai 1992.

37 Tom Gallagher, *The Balkans After the Cold War: From Tyranny to Tragedy* (London: Routledge, 2003), S. 109.

38 Ed Vulliamy und Nerma Jelacic, »The Warlord of Visegrad«, *The Guardian*, 10. August 2005.

39 Blaine Harden, »Serb Forces Overwhelm Key Town«, *The Washington Post*, 15. April 1992; Julian Borger, »War Is Over – Now Serbs and Bosniaks Fight to Win Control of a Brutal History«, *The Guardian*, 23. März 2014.

40 Interview der Autorin mit Berina Kovac, 16. Juli 2020.

41 Ellen Barry und Suhasini Raj, »Firebrand Hindu Cleric Ascends India's Political Ladder«, *The New York Times*, 12. Juli 2017.

42 »India Is Changing Some Cities' Names, and Muslims Fear Their Heritage Is Being Erased«, NPR, 23. April 2019; Vidhi Doshi, »India's

New Textbooks Are Promoting the Prime Minister's Favorite Policies, Critics Allege«, *The Washington Post*, 1. Juni 2018.

43 Jeffrey Gettleman et al., »India Revokes Kashmir's Special Status, Raising Fears of Unrest«, *The New York Times*, 5. August 2019; Eric Bellman, »India Says the Path to Citizenship Will Get Easier, But Muslims See a Hindu Plot«, *The Wall Street Journal*, 11. Dezember 2019.

44 Saheli Roy Choudhury, »India Has to Create More Jobs. Modi May Need Some Help from State Governments«, CNBC, 6. Juni 2019.

45 »Jair Bolsonaro: Brazil's Firebrand Leader Dubbed the Trump of the Tropics«, BBC, 31. Dezember 2018; Anthony Faiola und Marina Lopes, »How Jair Bolsonaro Entranced Brazil's Minorities – While Also Insulting Them«, *The Washington Post*, 24. Oktober 2018.

46 Interview der Autorin mit Berina Kovac, 16. Juli 2020.

47 Interview der Autorin mit Daris Kovac, 16. Juli 2020.

48 »Serbia Arrests Seven Over 1995 Srebrenica Massacre«, BBC, 18. März 2015.

49 Interview der Autorin mit Daris Kovac, 16. Juli 2020.

50 Don Oberdorfer, »A Bloody Failure in the Balkans«, *The Washington Post*, 8. Februar 1993; »Yugoslavia Transformed: National Intelligence Estimate«, Director of Central Intelligence, National Foreign Intelligence Board, 18. Oktober 1990.

3 DIE DÜSTEREN FOLGEN DES STATUSVERLUSTS

1 Es gibt viele Berichte über das Leben von Matalam, manche widersprechen sich, keiner dürfte vollständig glaubwürdig sein.

2 Thomas M. McKenna, *Muslim Rulers and Rebels: Everyday Politics and Armed Separatism in the Southern Philippines* (Berkeley: University of California Press, 1998).

3 Ebd., S. 114 f.

4 Thomas M. McKenna, »The Origins of the Muslim Separatist Movement in the Philippines«, Asia Society, https://asiasociety.org/origins-muslim-separatist-movement-philippines

5 McKenna, *Muslim Rulers and Rebels*, a. a. O., S. 146.

6 Anabelle Ragsag, *Ethnic Boundary-Making at the Margins of Conflict*

in the Philippines: Everyday Identity Politics in Mindanao (Singapore: Springer, 2020), S. 39.

7 McKenna, *Muslim Rulers and Rebels*, a. a. O., S. 146.

8 Ebd., S. 147–150.

9 John J. Herz, »Idealist Internationalism and the Security Dilemma«, *World Politics* 2, Nr. 2 (Januar 1950), S. 157–180; Robert Jervis, »Cooperation Under the Security Dilemma«, *World Politics* 30, Nr. 2 (Januar 1978), S. 167–214; Barry R. Posen, »The Security Dilemma and Ethnic Conflict«, *Survival* 35, Nr. 1 (Frühjahr 1993), S. 27–47.

10 »Mass Arrests and Curfew Announced in Philippines«, *The New York Times*, 24. September 1972.

11 McKenna, *Muslim Rulers and Rebels*, a. a. O., S. 157; Ruben G. Domingo, »The Muslim Secessionist Movement in the Philippines: Issues and Prospects« (Dissertation, Naval Postgraduate School, Juni 1995).

12 »Philippines-Mindanao (1971 – First Conflict Deaths)«, Project Ploughshares, https://ploughshares.ca/pl_armedconflict/philippines-mindanao-1971-first-combat-deaths/#:~:text=Total%3A%20At%20least%20100%2C63%20people,by%20the%2040%2Dyear%20conflict

13 Herausragende Forschungsarbeit auf diesem Gebiet leisteten unter anderem: Lars-Erik Cederman, Andreas Wimmer und Brian Min, »Why Do Ethnic Groups Rebel? New Data and Analysis«, *World Politics* 62, Nr. 1 (Januar 2010), S. 87–119; Halvard Buhaug, Lars-Erik Cederman und Jan K. Rød, »Disaggregating Ethno-Nationalist Civil Wars: A Dyadic Test of Exclusion Theory«, *International Organization* 62, Nr. 3 (2008), S. 531–551.

14 Petersen, *Understanding Ethnic Violence*, a. a. O.

15 Fearon und Laitin, »Sons of the Soil, Migrants, and Civil War«, a. a. O., S. 199–211.

16 Daniel Kahneman und Amos Tversky, »Prospect Theory: An Analysis of Decision Under Risk«, *Econometrica* 47, Nr. 2 (März 1979), S. 263–291.

17 »Georgia / Abkhazia: Violations of the Laws of War and Russia's Role in the Conflict«, *Human Rights Watch* 7, Nr. 7 (März 1995); Jared Ferrie, »Can They Ever Go Home? The Forgotten Victims of Georgia's Civil War«, *The New Humanitarian*, 27. Mai 2019.

18 Dieser Begriff wurde geprägt von Myron Weiner, Politikwissenschaft-

ler am MIT, und von David Laitin weiterentwickelt. Myron Weiner, *Sons of the Soil: Migration and Ethnic Conflict in India* (Princeton: Princeton University Press, 1978); Fearon und Laitin, »Sons of the Soil, Migrants, and Civil War«, a. a. O.

19 David D. Laitin, »Immigrant Communities and Civil War«, *International Migration Review* 43, Nr. 1 (2009), S. 35–59.

20 R. G. Crocombe, *Asia in the Pacific Islands: Replacing the West* (Suva: IPS Publications, 2007).

21 David D. Laitin, »Language Games«, *Comparative Politics* 20, Nr. 3 (April 1988), S. 289–302.

22 Horowitz, *Ethnic Groups in Conflict*, a. a. O., S. 194.

23 Tapan Kumar Bose, »The Economic Basis of Assam's Linguistic Politics and Anti-Immigrant Movements«, *The Wire*, 27. September 2018.

24 Ashutosh Varshney, »Ethnic and Religious Conflicts in India«, *Cultural Survival Quarterly Magazine* 7, Nr. 3, September 1983.

25 Myron Weiner, »The Political Demography of Assam's Anti-Immigrant Movement«, *Population and Development Review* 9, Nr. 2 (Juni 1983), S. 279–292.

26 Ebd., S. 286.

27 Ebd., S. 287 f.

28 Ebd., S. 289.

29 Sandhya Goswami, *Assam Politics in Post-Congress Era: 1985 and Beyond* (New Delhi: SAGE, 2020).

30 Ebd.

31 Sanjib Baruah, »Immigration, Ethnic Conflict, and Political Turmoil – Assam, 1979–1985«, *Asian Survey* 26, Nr. 11 (November 1986), S. 1184–1206.

32 Ebd., S. 1198.

33 Manash Firaq Bhattacharjee, »We Foreigners: What It Means to Be Bengali in India's Assam«, Al Jazeera, 26. Februar 2020.

34 Shorbori Purkayastha, »Nellie Massacre – How Xenophobia, Politics Caused Assam's Genocide«, *The Quint*, 18. Februar 2020; Makiko Kimura, *The Nellie Massacre of 1983: Agency of Rioters* (New Delhi: SAGE, 2013).

35 Myron Weiner, »Political Demography of Assam's Anti-Immigrant Movement«, a. a. O., S. 281.

36 James D. Fearon, »Governance and Civil War Onset«, World Development Report 2011, Hintergrundbericht, 31. August 2010, S. 17.
37 Tim Judah, *In Wartime: Stories from Ukraine* (New York: Crown, 2016).
38 Lars-Erik Cederman, Kristian Skrede Gleditsch und Halvard Buhaug, *Inequality, Grievances, and Civil War* (Cambridge: Cambridge University Press, 2013); Ted Robert Gurr, »Why Minorities Rebel: A Global Analysis of Communal Mobilization and Conflict Since 1945«, *International Political Science Review* 14, Nr. 2 (1993), S. 161–201; Francis Stewart, »Social Exclusion and Conflict: Analysis and Policy Implications«, Bericht für das britische Ministerium für internationale Entwicklung, London, 2004.
39 Federico V. Magdalena, »Population Growth and Changing Ecosystems in Mindana«, *Philippine Quarterly of Culture and Society* 25, Nr. 1/2 (1997), S. 5–30, hier S. 21.
40 Kanta Kumari Rigaud et al., *Groundswell: Preparing for Internal Climate Migration* (Washington, D. C.: World Bank Group, 2018).
41 Colin P. Kelley et al., »Climate Change in the Fertile Crescent and Implications of the Recent Syrian Drought«, *Proceedings of the National Academy of Sciences* 112, Nr. 112 (März 2015), S. 3241–3246.
42 Carl-Friedrich Schleussner et al., »Armed-Conflict Risks Enhanced by Climate-Related Disasters in Ethnically Fractionalized Countries«, *Proceedings of the National Academy of Sciences* 113, Nr. 33 (16. August 2016), S. 9216–9221.

4 WENN DIE HOFFNUNG STIRBT

1 James Waller, *A Troubled Sleep: Risk and Resilience in Contemporary Northern Ireland* (New York: Oxford University Press, 2021).
2 Peter Taylor, *The Provos: The IRA and Sinn Fein* (London: Bloomsbury, 2014), S. 44.
3 Ebd., S. 50.
4 Eamonn Mallie und Patrick Bishop, *The Provisional IRA* (London: Corgi, 1987), S. 77.
5 Gerry Adams, *Bevor es Tag wird. Autobiographie* (Berlin: Volk und Welt, 1996), S. 72.

6 Diese Schlussfolgerung stützt sich auf meine Lektüre qualitativer Fallstudien sowie auf Interviews mit den politischen Führern von Rebellengruppen.

7 Richard English, *Armed Struggle: The History of the IRA* (New York: Oxford University Press, 2003), S. 121.

8 Sam Dagher, *Assad or We Burn the Country: How One Family's Lust for Power Destroyed Syria* (New York: Little, Brown, 2019), S. 158.

9 Wendy Pearlman, *We Crossed a Bridge and It Trembled: Voices from Syria* (New York: Custom House, 2017), S. 145.

10 Katherine Marsh und Martin Chulov, »Assad Blames Conspirators for Syrian Protests«, *The Guardian*, 30. März 2011.

11 Wendy Pearlman, *We Crossed a Bridge*, a. a. O., S. 100.

12 David W. Lesch, »Anatomy of an Uprising: Bashar al-Assad's Fateful Choices That Launched the Civil War«, in: *The Arab Spring: The Hope and Reality of the Uprisings*, hg. von Mark L. Haas und David W. Lesch (Boulder: Westview Press, 2017), S. 91–112, hier S. 92.

13 Mary Elizabeth King, *A Quiet Revolution: The First Palestinian Intifada and Nonviolent Resistance* (New York: Nation Books, 2007), S. 2–4 und 205.

14 Paul Collier et al., »Post-Conflict Risks«, *Journal of Peace Research* 45, Nr. 4 (Juli 2008), S. 461–478; Lars-Erik Cederman et al., »Elections and Ethnic Civil War«, *Comparative Political Studies* 46, Nr. 3 (Mai 2013), S. 387–417.

15 Ebd.

16 Interview mit Brendan Hughes, »Behind the Mask: The IRA and Sinn Fein«, *Frontline*, 21. Oktober 1997.

17 Thomas S. Szayna et al., *Conflict Trends and Conflict Drivers: An Empirical Assessment of Historical Conflict Patterns and Future Conflict* (Santa Monica: RAND Corporation, 2017); Erica Chenoweth, *Civil Resistance: What Everyone Needs to Know* (New York: Oxford University Press, 2021).

18 Global Protest Tracker, Carnegie Endowment for International Peace, 2020.

19 Chenoweth, *Civil Resistance*.

20 Declan Walsh und Max Fisher, »From Chile to Lebanon, Protests Flare Over Wallet Issues«, *The New York Times*, 23. Oktober 2019.

21 Lars-Erik Cederman et al., »Elections and Ethnic Civil War«, a. a. O.

22 Adam Przeworski, *Democracy and the Market: Political and Economic Reforms in Eastern Europe and Latin America* (Cambridge: Cambridge University Press, 1991).

23 Marta Reynal-Querol, »Political Systems, Stability and Civil Wars«, *Defence and Peace Economics* 13, Nr. 6 (Februar 2002), S. 465–483.

24 Lars-Erik Cederman et al., »Elections and Ethnic Civil War«, a. a. O.

25 Maury Klein, *Days of Defiance: Sumter, Secession, and the Coming of the Civil War* (New York: Alfred A. Knopf, 1997).

26 Fearon, »Governance and Civil War Onset«, a. a. O.; Jason Lyall und Isaiah Wilson, »Rage Against the Machines: Explaining Outcomes in Counterinsurgency Wars«, *International Organization* 63, Nr. 1 (2009), S. 67–106; Luke N. Condra und Jacob N. Shapiro, »Who Takes the Blame? The Strategic Effects of Collateral Damage«, *American Journal of Political Science* 56, Nr. 1 (Januar 2012), S. 167–187; Mark Irving Lichbach, »Deterrence or Escalation? The Puzzle of Aggregate Studies of Repression and Dissent«, *The Journal of Conflict Resolution* 31, Nr. 2 (Juni 1987), S. 266–297.

27 Wendy Pearlman, *We Crossed a Bridge*, a. a. O., S. 66.

28 Anne Barnhard und Jodi Rudoren, »Israel Says That Hamas Uses Civilian Shields, Reviving Debate«, *The New York Times*, 23. Juli 2014.

29 Carlos Marighella, »Minimanual of the Urban Guerilla«, *Survival: Global Politics and Strategy* 13, Nr. 3 (1971), S. 95–100; David B. Carter, »Provocation and the Strategy of Terrorist and Guerrilla Attacks«, *International Organization* 70, Nr. 1 (Januar 2016), S. 133–173.

30 Richard English, *Armed Struggle*, a. a. O., S. 122.

31 Paddy Woodworth, »Why Do They Kill? The Basque Conflict in Spain«, *World Policy Journal* 18, Nr. 1 (2001), S. 1–12, hier S. 6.

32 Erica Chenoweth, *Civil Resistance*, a. a. O.

33 Barbara F. Walter, *Reputation and Civil War: Why Separatist Conflicts Are So Violent* (Cambridge: Cambridge University Press, 2009).

34 Stefan Lindemann und Andreas Wimmer, »Repression and Refuge: Why Only Some Politically Excluded Ethnic Groups Rebel«, *Journal*

of Peace Research 55, Nr. 3 (Mai 2018), S. 305–319; Stathis N. Kalyvas, *The Logic of Violence in Civil War* (New York: Cambridge University Press, 2006).

35 Interview der Autorin mit Jonathan Powell, Juli 2011.

5 DER BRANDBESCHLEUNIGER

1 Matthew Bowser, »Origins of an Atrocity: Tracing the Roots of Islamophobia in Myanmar«, *AHA Today*, 25. Juni 2018.

2 Ebd.

3 Afroza Anwary, »Atrocities Against the Rohingya Community of Myanmar«, *Indian Journal of Asian Affairs* 31, Nr. 1/2 (2018), S. 91–102, hier S. 93.

4 Christina Fink, »Dangerous Speech, Anti-Muslim Violence, and Facebook in Myanmar«, *Journal of International Affairs* 71 (2018), S. 43–52.

5 Steve Stecklow, »Why Facebook Is Losing the War on Hate Speech in Myanmar«, Reuters, 15. August 2018.

6 Paul Mozur, »A Genocide Incited on Facebook, with Posts from Myanmar's Military«, *The New York Times*, 15. Oktober 2018.

7 Peter Shadbolt, »Rights Group Accuses Myanmar of ›Ethnic Cleansing‹«, CNN, 22. April 2013.

8 Julia Carrie Wong, Michael Safi und Shaikh Azizur Rahman, »Facebook Bans Rohingya Group's Posts as Minority Faces ›Ethnic Cleansing‹«, *The Guardian*, 20. September 2017.

9 »Myanmar's Killing Fields«, *Frontline*, 8. Mai 2018; »Myanmar Rohingya: What You Need to Know About the Crisis«, BBC, 23. Januar 2020; Mohshin Habib et al., *Forced Migration of Rohingya: An Untold Experience* (Ottawa: Ontario International Development Agency, 2018); »Rohingya Crisis: Villages Destroyed for Government Facilities«, BBC, 10. September 2019.

10 Umfassende und vertiefende Analyse von Vergewaltigung als Kriegstaktik: Dara Kay Cohen, *Rape During Civil War* (Ithaca: Cornell University Press, 2016).

11 Facebook-Posting des Büros von Aung San Suu Kyi, 5. September

2017; »Rohingya Crisis: Aung San Suu Kyi Breaks Silence on Myanmar Violence«, NBC News, 6. September 2017.

12 Bezogen auf die Kennzahlen von V-Dem für freiheitliche Demokratien, die im Jahr 2011 einen Höhepunkt erreichten; 2012 war der bisherige Höchststand für die Kennzahlen der partizipatorischen Demokratie. Der Rückgang an Demokratie war nicht nur stärker als der Anstieg, auch die Zahl der Länder, die im Ranking sanken, war höher als die derjenigen, die aufstiegen; Michael Coppedge et al., »V-Dem Codebook v10«, Varieties of Democracy (V-Dem) Project.

13 »Autocratization Surges – Resistance Grows, Democracy Report 2020«, V-Dem Institute, März 2020.

14 »Individuals Using the Internet (% of Population)«, World Bank, 2016.

15 »Ethiopia Violence: Facebook to Blame, Says Runner Gebrselassie«, BBC, 2. November 2019.

16 David Gilbert, »Hate Speech on Facebook Is Pushing Ethiopia Dangerously Close to a Genocide«, *Vice*, 14. September 2020.

17 »Autocratization Turns Viral, Democracy Report 2021«, V-Dem Institute, März 2021.

18 John Wihbey, »State of the News Media 2013: Pew Research Center's Project for Excellence in Journalism«, *The Journalist's Resource*, 18. März 2013; Jeffrey Gottfried und Elisa Shearer, »News Use Across Social Media Platforms 2016«, Pew Research Center, 26. Mai 2016.

19 Kathryn Kranhold, »Social Media in 2020: A Year of Misinformation and Disinformation«, *The Wall Street Journal*, 11. Dezember 2020.

20 Sieh dazu die Website des Center for Humane Technology, https://www.humanetech.com/

21 William J. Brady et al., »Emotion Shapes the Diffusion of Moralized Content in Social Networks«, *Proceedings of the National Academy of Sciences* 114, Nr. 28 (Juli 2017), S. 7313–7318.

22 »Critical Posts Get More Likes, Comments, and Shares Than Other Posts«, Pew Research Center, 21. Februar 2017.

23 Kevin Rose, »The Making of a YouTube Radical«, *The New York Times*, 8. Juni 2019.

24 Elizabeth Colbert, »What's New About Conspiracy Theories?«, *The New Yorker*, 15. April 2019; Eli Pariser, *The Filter Bubble: How the New Personalized Web Is Changing What We Read and How We Think* (New

York: Penguin, 2012); Eytan Bakshy et al., »Political Science: Exposure to Ideologically Diverse News and Opinion on Facebook«, *Science* 348, Nr. 6239 (5. Juni 2015), S. 1130–1132.

25 Peter Pomerantsev, *Das ist keine Propaganda. Wie unsere Wirklichkeit zertrümmert wird.* Aus dem Engl. von Klaus-Dieter Schmidt (München: DVA, 2020), S. 179 f.

26 Manoel Horta Ribeiro et al., »Auditing Radicalization Pathways on YouTube«, in: *Proceedings of the 2020 Conference on Fairness, Accountability, and Transparency*, hg. von Mireille Hildebrandt (New York: Association for Computing Machinery, 2020), S. 131–141.

27 Hannah Beech und Sah Nang, »He Incited Massacre, But Insulting Aung San Suu Kyi Was the Last Straw«, *The New York Times*, 29. Mai 2019.

28 Alexandra Stevenson, »Facebook Admits It Was Used to Incite Violence in Myanmar«, *The New York Times*, 6. November 2018.

29 Jen Kirby, »Mark Zuckerberg on Facebook Role in Ethnic Cleansing in Myanmar: ›It's a Real Issue‹«, *Vox*, 2. April 2018; Matthew Smith, »Facebook Wanted to Be a Force for Good in Myanmar. Now It Is Rejecting a Request to Help with a Genocide Investigation«, *Time*, 18. August 2020; Anthony Kuhn, »Activists in Myanmar Say Facebook Needs to Do More to Quell Hate Speech«, NPR, 14. Juni 2018.

30 Steve Stecklow, »Why Facebook Is Losing the War on Hate Speech in Myanmar«, a. a. O.

31 Ebd.; Russel Goldman, »Myanmar's Coup and Violence, Explained«, *The New York Times*, 24. April 2021.

32 »Myanmar President Htin Kyaw Resigns«, BBC, 21. März 2018.

33 Paul Ozur et al., »Facebook Takes a Side, Barring Myanmar Military After Coup«, *The New York Times*, 3. März 2021.

34 David Corn, »Why a Protest Leader in Myanmar Is Reluctantly Giving Up Nonviolence and Preparing for Combat«, *Mother Jones*, 31. März 2021.

35 Lauren Etter, »What Happens When the Government Uses Facebook as a Weapon?«, *Bloomberg Businessweek*, 7. Dezember 2017.

36 Ebd.

37 »Official Count: Duterte Is New President, Robredo Is Vice President«, CNN Philippines, 27. Mai 2016.

38 Natashya Gutierrez et al., »›I Held Back Tears‹: Young Filipinos Vote in Divisive Midterm Election«, *Vice*, 13. Mai 2019.

39 Sean Williams, »Rodrigo Duterte's Army of Online Trolls«, *The New Republic*, 4. Januar 2017.

40 Sanja Kelly et al., »Freedom on the Net 2017: Manipulating Social Media to Undermine Democracy«, Freedom House, 2017.

41 Ebd.

42 Fadi Quran, »The Bully's Pulpit«, Podcast, Center for Humane Technology, 22. Juni 2020.

43 »Jair Bolsonaro, Brazil's President, is a Master of Social Media«, *Economist*, 14. März 2019.

44 »Ministra Das Mulheres Confessa Que É Gay«, YouTube, 28. Februar 2013.

45 Manuela Andreoni et al., »In Brazil, a President Under Fire Lashes Out at Investigators«, *The New York Times*, 29. Mai 2020.

46 Ricardo F. Mendonça und Renato Duarte Caetano, »Populism as Parody: The Visual Self-Presentation of Jair Bolsonaro on Instagram«, *International Journal of Press/Politics* 26, Nr. 1 (Januar 2021), S. 210–235.

47 Im September 2020 sperrte Facebook 155 dieser Konten, nachdem sich herausgestellt hatte, dass sie gegen Bezahlung von einem Netzwerk in China aus betrieben wurden. Auch Fake-Accounts der Polizei und von Regierungsstellen wurden gesperrt. Der philippinische Präsident, ein großer Bewunderer Chinas, nutzte chinesischen Internetbetrug, um seine Popularität im eigenen Land zu steigern. Erbost über die Kontensperrungen griff Duterte Facebook mit harschen Worten an, nutzt die Dienste des Unternehmens aber weiter, um Unterstützer zu gewinnen. Siehe auch Joseph Menn, »Facebook Removes Chinese Accounts Active in Philippines and U.S. Politics«, Reuters, 22. September 2020.

48 Sean Williams, »Rodrigo Duterte's Army of Online Trolls«, a. a. O.

49 Jo Becker, »The Global Machine Behind the Rise of Far-Right Nationalism«, *The New York Times*, 10. August 2019.

50 Amy Watson, »Sweden: Usage of Digital News Sources, 2020«, Statista, 28. April 2021.

51 »Swedish Far-Right Wins First Seats in Parliament«, BBC, 20. September 2010.

52 Danielle Lee Tomson, »The Rise of Sweden Democrats: Islam, Populism and the End of Swedish Exceptionalism«, Brookings Institution, 25. März 2020.

53 Angry Foreigner, YouTube-Kanal, https://www.youtube.com/channel/UC8kf0zcrJkz7muZg2C_J-XQ

54 Lennart Matikainen, YouTube-Kanal, https://www.youtube.com/channel/UCMkVJrQM6YRUymwGamEJNNA

55 »PM Modi Crosses 60 Million Followers on Twitter«, *Times of India*, 19. Juli 2020.

56 Hannah Ellis-Petersen, »Indian News Channel Fined in UK for Hate Speech About Pakistan«, *The Guardian*, 23. Dezember 2020.

57 Robert F. Worth, »The Billionaire Yogi Behind Modi's Rise«, *The New York Times*, 26. Juli 2018.

58 Max Fisher und Amanda Taub, »How YouTube Radicalized Brazil«, *The New York Times*, 11. August 2019.

59 Caroline Orr, »How Far-Right Extremists Rebrand to Evade Facebook's Ban«, *National Observer*, 10. Mai 2019.

60 Nicolas Vinocur, »Marine Le Pen's Internet Army«, *Politico*, 3. Februar 2017.

61 Angelique Chrisafis, »Marine Le Pen Defeated But France's Far Right Is Far from Finished«, *The Guardian*, 7. Mai 2017; Yasmeen Serhan, »Marine Le Pen's Financial Scandal Continues«, *The Atlantic*, 30. Juni 2017; Luke Baker, »Far-Right Wins French Vote in EU Election, But Macron Limits Damage«, Reuters, 26. Mai 2019.

62 Alex Thompson, »Why the Right Wing Has a Massive Advantage on Facebook«, *Politico*, 26. September 2020.

63 Shane Bauer, »I Went Undercover with a Border Militia. Here's What I Saw«, *Mother Jones*, November / Dezember 2016.

64 Vera Mironova, *From Freedom Fighters to Jihadists: Human Resources of Non-State Armed Groups* (New York: Oxford University Press, 2019).

65 C. J. Chivers, »Facebook Groups Act as Weapons Bazaars for Militias«, *The New York Times*, 6. April 2016.

66 J. M. Berger, »The Strategy of Violent White Supremacy Is Evolving«, *The Atlantic*, 7. August 2019.

67 »The Year in Hate and Extremism 2020: Hate Groups Became More

Difficult to Track Amid COVID and Migration to Online Networks«, Southern Poverty Law Center, 1. Februar 2021, https://www.splcenter.org/news/2021/02/01/year-hate-and-extremism-2020-hate-groups-became-more-difficult-track-amid-covid-and

68 Greg Miller und Souad Mekhennet, »Inside the Surreal World of the Islamic State's Propaganda Machine«, *The Washington Post*, 20. November 2015.

69 Vera Mironova, *From Freedom Fighters to Jihadists*, a. a. O., S. 8.

70 Renée DiResta, »To Russia with Likes (Part 2)«, *Your Undivided Attention*, Podcast, Episode 6, Center for Humane Technology, 1. August 2019.

6 STEHT DER BÜRGERKRIEG VOR DER TÜR?

1 Laureen Leatherby, »How a Presidential Rally Turned into a Capitol Rampage«, *The New York Times*, 12. Januar 2021; »Trump's Full Speech at D. C. Rally on January 6«, *The Wall Street Journal*, 7. Februar 2021.

2 Jim Rutenberg et al., »77 Days: Trump's Campaign to Subvert the Election«, *The New York Times*, 31. Januar 2021.

3 Dan Barry und Sheera Frenkel, »›Be There. Will Be Wild!‹: Trump All But Circled the Date«, *The New York Times*, 6. Januar 2021.

4 »President Trump Remarks at Georgia U. S. Senate Campaign Event«, *C-SPAN*, 4. Januar 2021.

5 »Former President Donald Trump's January 6 Speech«, CNN, 8. Februar 2021.

6 Katherine Stewart, »The Roots of Josh Hawley's Rage«, *The New York Times*, 11. Januar 2021.

7 Brad Heath und Sarah N. Lynch, »Arrested Capitol Rioters Had Guns and Bombs, Everyday Careers and Olympic Medals«, Reuters, 14. Januar 2021.

8 Nolan D. McCaskill, »Trump Urges Crowd to ›Knock the Crap Out of‹ Anyone with Tomatoes«, *Politico*, 1. Februar 2016.

9 Ben Schreckinger, »Trump on Protester: ›I'd Like to Punch Him in the Face‹«, *Politico*, 23. Februar 2016.

10 Candace Smith et al., »Trump Says Maybe ›2nd Amendment People‹

Can Stop Clinton's Supreme Court Picks«, ABC News, 9. August 2016.

11 Sheryl Gay Stolberg und Brian M. Rosenthal, »Man Charged After White Nationalist Rally in Charlottesville Ends in Deadly Violence«, *The New York Times*, 12. August 2017.

12 Craig Mauger und Beth Leblanc, »Trump Tweets ›Liberate‹ Michigan, Two Other States with Dem Governors«, *The Detroit News*, 17. April 2020; Kevin Liptak, »Trump Tweets Support for Michigan Protesters, Some of Whom Were Armed, as 2020 Stress Mounts«, CNN, 1. Mai 2020.

13 »Former President Donald Trump's January 6 Speech«, CNN, 8. Februar 2021.

14 Josh Dawsey und Ashley Parker, »Inside the Remarkable Rift Between Donald Trump and Mike Pence«, *The Washington Post*, 11. Januar 2021.

15 Courtney Subramanian, »A Minute-by-Minute Timeline of Trump's Day as the Capitol Siege Unfolded on Jan. 6«, *USA Today*, 11. Februar 2021.

16 Ebd.

17 »Deleted Tweets from Donald J. Trump, R-Fla.«, ProPublica, 8. Januar 2021, https://projects.propublica.org/politwoops/user/realDonaldTrump

18 »Polity5 Annual Time-Series, 1946–2018«, Center for Systemic Peace.

19 Im Unterschied zu V-Dem berücksichtigt die Polity-Skala bei der Bewertung der Demokratie nicht das Wahlrecht.

20 Arthur M. Schlesinger, *The Imperial Presidency* (New York: Houghton Mifflin, 1973); Jeffrey Rosen, »America Is Living James Madison's Nightmare«, *The Atlantic*, Oktober 2018.

21 Adam Liptak, »Clash Between Trump and House Democrats Poses Threat to Constitutional Order«, *The New York Times*, 7. Mai 2019.

22 »Trump Accelerates the Unrest«, *Axios*, 17. April 2020.

23 Michael Bender und Sadie Gurman, »Forceful Removal of Protesters From Outside White House Spurs Debate«, *The Wall Street Journal*, 2. Juni 2020.

24 »Trump's Full June 1 Address at the Rose Garden«, *The Washington Post*, 1. Juni 2020.

25 »Polity5 Annual Time-Series, 1946–2018«, Center for Systematic Peace; Jeff Desjardins, »Mapped: The World's Oldest Democracies«, World Economic Forum, 8. August 2019.

26 Ann Gerhart, »Elections Results Under Attack: Here Are the Facts«, *The Washington Post*, 11. März 2021; »Fact Check: Courts Have Dismissed Multiple Lawsuits of Alleged Electoral Fraud Presented by Trump Campaign«, Reuters, 15. Februar 2021; William Cummings et al., »By the Numbers: President Donald Trump's Failed Efforts to Overturn the Election«, *USA Today*, 6. Januar 2021.

27 Vaughn Hill und Dareh Gregorian, »Arizona Governor Becomes Latest Trump Target After Certifying Biden's Win«, NBC News, 2. Dezember 2020; Cameron McWhirther und Lindsay Wise, »Trump Pressured Georgia Secretary of State to ›Find‹ Votes«, *The Wall Street Journal*, 4. Januar 2021.

28 Helene Cooper et al., »Trump Fires Mark Esper, Defense Secretary Who Opposed Use of Troops on U. S. Streets«, *The New York Times*, 9. November 2020.

29 »Opinion: All 10 Living Former Defense Secretaries: Involving the Military in Election Disputes Would Cross into Dangerous Territory«, *The Washington Post*, 3. Januar 2021.

30 Aruna Viswanatha, »Conspiracy Charges Filed Over Capitol Riot«, *The Wall Street Journal*, 19. Januar 2021.

31 Goldstone et al., »A Global Model for Forecasting Political Instability«.

32 Interview der Autorin mit Monty Marshall, 22. September 2020.

33 Anna Lührmann und Matthew Wilson, »One-Third of the World's Population Lives in a Declining Democracy. That Includes the United States«, *The Washington Post*, 4. Juli 2018.

34 James D. Fearon, »Governance and Civil War Onset«, a. a. O.; Barbara F. Walter, »Why Bad Governance Leads to Repeat Civil War«, *Journal of Conflict Resolution* 59, Nr. 7 (Oktober 2015), S. 1242–1272.

35 *The Federalist*, Nummer 10, 22. November 1787, Founders Online, National Archives.

36 Und die ethnische Zugehörigkeit korrespondiert mit der Religion, vor allem mit einer bestimmten rechtsgerichteten Religion. Evangelikale Christen sind die stärksten Befürworter der Republikanischen Partei.

Im Jahr 2020 haben acht von zehn weißen Evangelikalen für Trump gestimmt. Auf der anderen Seite steht eine gemischte Gruppe von Atheisten, Agnostikern, Juden und Muslimen. Sie sprechen sich mit überwältigender Mehrheit für die Demokratische Partei aus. Biden erhielt die Unterstützung von 72 Prozent der Atheisten und Agnostiker, 68 Prozent der jüdischen Wähler und 64 Prozent der Muslime. Elana Schor und David Crary, »AP VoteCast: Trump Wins White Evangelicals, Catholics Split«, Associated Press, 6. November 2020.

37 Zoltan L. Hajnal, *Dangerously Divided: How Race and Class Shape Winning and Losing in American Politics* (Cambridge: Cambridge University Press, 2020).

38 Ebd.

39 »South Reverses Voting Patterns; Goldwater Makes Inroads, But More Electoral Votes Go to the President«, *The New York Times*, 4. November 1964.

40 »What Republicans Must Do to Regain the Negro Vote«, *Ebony*, April 1962.

41 »In Changing U. S. Electorate, Race and Education Remain Stark Dividing Lines«, Pew Research Center, 2. Juni 2020.

42 »Alex Jones«, Southern Poverty Law Center, https://www.splcenter.org/fighting-hate/extremist-files/individual/alex-jones

43 Benjamin Swasey, »Trump Retweets Video of Apparent Supporter Saying ›White Power‹«, NPR, 28. Juni 2020.

44 Gordana Uzelak, »Franjo Tudjman's Nationalist Ideology«, *East European Quarterly* 31, Nr. 4 (1997), S. 449–472.

45 Clyde Haberman, »Religion and Right-Wing Politics: How Evangelicals Reshaped Elections«, *The New York Times*, 28. Oktober 2018; Tim Naftali, »Ronald Reagan's Long-Hidden Racist Conversation with Richard Nixon«, *The Atlantic*, 30. Juli 2019.

46 Tim Carman, »New Limits on Food and Water at Georgia's Polls Could Hinder Black and Low-Income Voters, Advocates Say«, *The Washington Post*, 9. April 2021.

47 Briefwechsel der Autorin mit Monty Marshall, 14. Dezember 2020. Siehe auch Polity Change File for 2016.

48 Eric Foner, »Why Reconstruction Matters«, *The New York Times*, 28. März 2015.

49 David Blight, »›The Civil War Lies on Us Like a Sleeping Dragon‹: America's Deadly Divide – and Why It Has Returned«, *The Guardian*, 20. August 2017.

50 Pippa Norris, »Measuring Populism Worldwide«, *Party Politics* 26, Nr. 6 (November 2020), S. 697–717.

51 Elaina Plott und Shane Goldmacher, »Trump Wins CPAC Straw Poll, but Only 68 Percent Want Him to Run Again«, *New York Times*, 28. Februar 2021; Gabby Birenbaum, »Trump Wins CPAC Straw Poll on the 2024 Presidential Primary, with 55 Percent Support«, *Vox*, 1. März 2021.

52 Evie Fordham, »Cruz Says Supreme Court ›Better Forum‹ for Election Disputes Amid Electoral College Objection Push«, Fox News, 3. Januar 2021.

53 Karen Yourish et al., »The 147 Republicans Who Voted to Overturn Election Results«, *The New York Times*, 7. Januar 2021.

54 Eine ausgezeichnete Darstellung der zunehmend reaktionären Einstellung der weißen Amerikaner infolge ihres Statusverlusts findet sich in: Matt A. Barreto und Christopher S. Parker, *Change They Can't Believe In. The Tea Party and Reactionary Politics in Contemporary America* (Princeton: Princeton University Press, 2013).

55 Carol Morello und Ted Mellnik, »Census: Minority Babies Are Now Majority in United States«, *The Washington Post*, 17. Mai 2012.

56 Ebd.

57 Rebecca Mead, »All About the Hamiltons«, *The New Yorker*, 2. Februar 2015.

58 William Emmons et al., »Why Is the White Working Class in Decline?«, *On the Economy* Blog, Federal Reserve Bank of St. Louis, 20. Mai 2019.

59 »Full Text: 2017 Donald Trump Inauguration Speech Transcript«, *Politico*, 20. Januar 2017.

60 Wil S. Hylton, »Down the Breitbart Hole«, *The New York Times*, 16. August 2017; Liam Stack, »Who Is Mike Cernovich? A Guide«, *The New York Times*, 5. April 2017.

61 Andrew Guess et al., »Less Than You Think: Prevalence and Predictors of Fake News Dissemination on Facebook«, *Science Advances* 5, Nr. 1 (9. Januar 2019).

62 Samantha Bradshaw und Philip N. Howard, »The Global Disinformation Order: 2019 Global Inventory of Organised Social Media Manipulation« (Thesenpapier zum Projekt über computergestützte Propaganda, Oxford Internet Institute 2019).

63 »Stranger Than Fiction«, *Your Undivided Attention,* Podcast, Episode 14, 30. März 2020.

64 Diana C. Mutz, »Status Threat, Not Economic Hardship, Explains the 2016 Presidential Vote«, *Proceedings of the National Academy of Sciences* 115, Nr. 19 (Mai 2018), S. 4330–4339.

65 Justin Gest, *The New Minority: White Working Class Politics in an Age of Immigration and Inequality* (Oxford: Oxford University Press, 2016).

66 Rachel Wetts und Robb Willer, »Privilege on the Precipice: Perceived Racial Status Threats Lead White Americans to Oppose Welfare Programs«, *Social Forces* 97, Nr. 2 (Dezember 2018), S. 793–822.

67 Adam M. Anders und Steven Smallpage, »Racial Prejudice, Not Populism or Authoritarianism, Predicts Support for Trump Over Clinton«, *The Washington Post,* 26. Mai 2016.

68 Michael Tesler, »Trump Is the First Modern Republican to Win the Nomination Based on Racial Prejudice«, *The Washington Post,* 1. August 2016.

69 Ilyana Kuziemko und Ebonya Washington, »Why Did the Democrats Lose the South? Bringing New Data to an Old Debate«, *American Economic Review* 108, Nr. 10 (Oktober 2018), S. 2830–2867; Rory McVeigh et al., »Political Polarization as a Social Movement Outcome: 1960s Klan Activism and Its Enduring Impact on Political Realignment in Southern Counties, 1960 to 2000«, *American Sociological Review* 79, Nr. 6 (Dezember 2014), S. 1144–1171.

70 Donald R. Kinder und Lynn M. Sanders, *Divided by Color: Racial Politics and Democratic Ideals* (Chicago: University of Chicago Press, 1996).

71 Zoltan Hajnal, Vince Hutchings und Taeku Lee, *Racial and Ethnic Politics in the United States* (Cambridge: Cambridge University Press, erscheint in Kürze). Quelle der zugrunde liegenden Daten ist die »Times Series Study« der American National Election Study 2016.

72 Francis Fukuyama, *Identität. Wie der Verlust der Würde unsere Demo-*

kratie gefährdet (Hamburg: Hoffmann und Campe, 2019); Roger Petersen, *Understanding Ethnic Violence*, a. a. O.

73 Li Zhou, »About Half of Republicans Don't Think Joe Biden Should Be Sworn in as President«, *Vox*, 11. Januar 2021.

74 Linley Sanders et al., »Most Voters Say the Events at the U. S. Capitol Are a Threat to Democracy«, YouGov, 6. Januar 2021.

75 »53 % of Republicans View Trump as True U. S. President«, Reuters, 24. Mai 2021.

76 William Roper, »Feelings of Political Violence Rise«, Statista, 7. Januar 2021; Larry Diamond et al., »Americans Increasingly Believe Violence Is Justified if the Other Side Wins«, *Politico*, 1. Oktober 2020.

77 Nathan P. Kalmoe und Lilliana Mason, »Lethal Mass Partisanship: Prevalence, Correlates, and Electoral Contingencies« (Thesenpapier, vorgelegt auf der National Capital Area Political Science Association Conference, NCAPSA, Januar 2019).

78 »Guide to the Analysis of Insurgency«, Central Intelligence Agency, 2012.

79 »Active ›Patriot‹ Groups in the United States in 2011«, Southern Poverty Law Center, 8. März 2012; »The Second Wave: Return of the Militias«, Southern Poverty Law Center, 1. August 2009.

80 Seth G. Jones et al., »The Military, Police, and the Rise of Terrorism in the United States«, Center for Strategic and International Studies (CSIS): *CSIS Briefs*, 12. April 2021.

81 »Profiles of Individual Radicalization in the United States (PIRUS)« (Kurzfassung der Forschungsergebnisse des National Consortium for the Study of Terrorism and the Responses to Terrorism, START, Mai 2020).

82 »Oath Keepers », Southern Poverty Law Center.

83 »One-on-One with JJ MacNab«, *Intelligence. Unclassified*, Podcast, Episode 22, State of New Jersey Office of Homeland Security and Preparedness, 6. Juni 2016.

84 CIA, »Guide to the Analysis of Insurgency«.

85 »The War Comes Home: The Evolution of Domestic Terrorism in the United States«, Center for Strategic and International Studies (CSIS), 22. Oktober 2020; »The Rise of Far-Right Extremism in the United States«, CSIS, 7. November 2018.

86 CIA, »Guide to the Analysis of Insurgency«.

87 »The Capitol Siege: The Arrested and Their Stories«, NPR, 23. April 2021.

88 Tim Alberta (@TimAlberta), Twitter, 10. Januar 2021.

7 WIE EIN KRIEG AUSSEHEN KÖNNTE

1 Experten sind sich uneins darüber, wie ein Bürgerkrieg in den Vereinigten Staaten beginnen würde. Manche glauben, dass es nie dazu kommen wird, andere sehen ihn schon bevorstehen. Dieser Kapitelanfang ist mein Versuch, die Anfangsphase eines Konflikts darzustellen, aber er ist keineswegs eine fundierte Vorhersage. Es gibt Millionen Möglichkeiten, wie sich solch ein Ereignis abspielen könnte.

2 Clayton R. Newell, *The Regular Army Before the Civil War, 1845–1860* (Washington, D.C.: Center of Military History, United States Army, 2014).

3 Robert A. Pape, *Dying to Win: The Strategic Logic of Suicide Terrorism* (New York: Random House, 2005).

4 Camille Jackson, »The Turner Diaries, Other Racist Novels, Inspire Extremist Violence«, Southern Poverty Law Center, 14. Oktober 2004.

5 Aja Romano, »How a Dystopian Neo-Nazi Novel Helped Fuel Decades of White Supremacist Terrorism«, *Vox*, 28. Januar 2021.

6 Alexandra Alter, »How ›The Turner Diaries‹ Incites White Supremacists«, *The New York Times*, 12. Januar 2021; Dorany Pineda, »The Turner Diaries' Didn't Just Inspire the Capitol Attack. It Warns Us What Might Be Next«, *Los Angeles Times*, 8. Januar 2021.

7 Anna Schecter und Rich Schapiro, »Influential Neo-Nazi Eats at Soup Kitchens, Lives in Government Housing«, NBC News, 26. November 2019; »Atomwaffen and the SIEGE Parallax: How One Neo-Nazi's Life's Work Is Fueling a Younger Generation«, Southern Poverty Law Center, 22. Februar 2018.

8 A.C. Thompson et al., »Inside Atomwaffen as It Celebrates a Member for Allegedly Killing a Gay Jewish College Student«, ProPublica, 23. Februar 2018.

9 Zack Beauchamp, »Accelerationism: The Obscure Idea Inspiring White Supremacist Killers Around the World«, *Vox*, 18. November 2019.

10 Ava Kofman et al., »The Hate Store: Amazon's Self-Publishing Arm Is a Haven for White Supremacists«, ProPublica, 7. April 2020.

11 Michael Abramowitz und Arch Puddington, »As Global Democracy Retreats, Ethnic Cleansing Is on the Rise«, Freedom House, 25. Februar 2019.

12 Kevin O'Connor, »Stratton Town Report Cover Draws Attention for All the Wrong Reasons«, *VTDigger*, 24. Februar 2021; Ellen Barry (@EllenBarryNYT), »Holy Moly, Stratton, Vermont's annual report«, Twitter, 23. Februar 2021.

13 Gregory Stanton, »The Ten Steps of Genocide«, Genocide Watch, 1996.

14 Alexander Bolton, »Dems Spark Alarm with Call for National ID Card«, *The Hill*, 30. April 2010.

15 Gregory Stanton, »The Ten Steps of Genocide«, a. a. O.

16 Marianne Bertrand und Sendhil Mullainathan, »Are Emily and Greg More Employable than Lakisha and Jamal?«, *American Economic Review* 94, Nr. 4 (2004), S. 991–1013.

17 Daniel M. Butler und David E. Broockman, »Do Politicians Racially Discriminate Against Constituents? A Field Experiment on State Legislators«, *American Journal of Political Science* 55, Nr. 3 (Juli 2011), S. 463–477.

18 Diana Olick, »A Troubling Tale of a Black Man Trying to Refinance His Mortgage«, CNBC, 19. August 2020; Peter Christensen und Christopher Timmins, »Sorting or Steering: Experimental Evidence on the Economic Effects of Housing Discrimination«, NBER-Arbeitspapier, National Bureau of Economic Research, Juli 2018.

19 John Fritze, »Trump Used Words Like ›Invasion‹ and ›Killer‹ to Discuss Immigrants at Rallies 500 Times«, *USA Today*, 8. August 2019; Michael D. Shear und Eileen Sullivan, »Trump Calls Omarosa Manigault Newman ›That Dog‹ in His Latest Insult«, *The New York Times*, 14. August 2018.

20 Gregory Korte und Alan Gomez, »Trump Ramps Up Rhetoric on Undocumented Immigrants: ›These Aren't People. These Are Animals‹«, *USA Today*, 16. Mai 2018.

21 »What Are the 10 Stages of Genocide?«, Al Jazeera, 10. Juli 2020.

22 Mike Giglio, »A Pro-Trump Militant Group Has Recruited Thousands of Police, Soldiers, and Veterans«, *The Atlantic*, November 2020.

23 Eric Hananoki, »A Guide to Rep. Marjorie Taylor Greene's Conspiracy Theories and Toxic Rhetoric«, *Media Matters*, 2. Februar 2021.

24 »South Carolina GOP Censures SC-07 Representative Tom Rice After ›Disappointing‹ Vote to Impeach Trump«, Fox News, 30. Januar 2021; John Ruwitch und Barbara Sprunt, »Wyoming GOP Censures Liz Cheney for Voting to Impeach Trump«, NPR, 6. Februar 2021; Melissa Nann Burke, »GOP Rep. Meijer Receiving Threats After ›Vote of Conscience‹ to Impeach Trump«, *The Detroit News*, 14. Januar 2021.

25 Michael J. Mooney, »The Boogaloo Bois Prepare for Civil War«, *The Atlantic*, 15. Januar 2021; »Atomwaffen Division«, Anti-Defamation League, 2021.

26 »One-on-One with JJ MacNab«, *Intelligence. Unclassified*, Podcast.

27 »Documenting Hate: New American Nazis«, *Frontline*, 20. November 2018.

28 Jonah Engel Bromwich, »What Is Atomwaffen? A Neo-Nazi Group, Linked to Multiple Murders«, *The New York Times*, 12. Februar 2018; A. C. Thompson, »An Atomwaffen Member Sketched a Map to Take the Neo-Nazis Down. What Path Officials Took Is a Mystery«, ProPublica, 20. November 2018.

29 Ben Makuch, »Neo-Nazi Terror Group Atomwaffen Division Re-Emerges Under New Name«, *Vice*, 5. August 2020.

30 Lucas Waldron, »He's a Proud Neo-Nazi, Charlottesville Attacker – and a U. S. Marine«, ProPublica, 3. Mai 2018.

31 »Documenting Hate: New American Nazis«, *Frontline*, a. a. O.

32 Max Taylor, Donald Holbrook und P. M. Currie, *Extreme Right Wing Political Violence and Terrorism* (London: Bloomsbury, 2013).

33 J. M. Berger, »The Strategy of Violent White Supremacy Is Evolving«, *The Atlantic*, 7. August 2019.

34 Ebd.

35 »Facebook's Boogaloo Problem: A Record of Failure«, Tech Transparency Project, 12. August 2020; »The Boogaloo: Extremists' New Slang Term for a Coming Civil War«, Anti-Defamation League, 26. November 2019. https://www.adl.org/resources/blog/boogaloo-ex

tremists-new-slang-term-coming-civil-war; Dale Beran, »The Boogaloo Tipping Point«, *The Atlantic*, 4. Juli 2020; Benjamin Goggin und Rachel E. Greenspan, »Who Are the Boogaloo Bois? A Man Who Shot Up a Minneapolis Police Precinct Was Associated with the Extremist Movement, According to Unsealed Documents«, *Insider*, 26. Oktober 2020.

36 *Breakin' 2: Electric Boogaloo*, Spielfilm, Regisseur: Sam Firstenberg, TriStar Pictures, USA 1984; Jacob Gallagher, »Why the Extremist ›Boogaloo Boys‹ Wear Hawaiian Shirts«, *The Wall Street Journal*, 8. Juni 2020.

37 »Boogaloo: Extremists' New Slang Term for a Coming Civil War«, ADL, a. a. O.

38 »Boss: Kidnapping Plot Suspect Was ›On Edge‹ Recently«, WOOD-TV, 8. Oktober 2020.

39 Matt Zapotosky et al., »FBI Charges Six Who It Says Plotted to Kidnap Michigan Gov. Gretchen Whitmer, as Seven More Who Wanted to Ignite Civil War Face State Charges«, *The Washington Post*, 8. Oktober 2020.

40 »Boogaloo: Extremists' New Slang Term for a Coming Civil War«, ADL, a. a. O.

41 »Extremists Are Using Facebook to Organize for Civil War Amid Coronavirus«, Tech Transparency Project, 22. April 2020.

42 Ebd.

43 Ebd.

44 Michelle L. Price und Scott Sonner, »3 Men Tied to ›Boogaloo‹ Movement Plotted to Terrorize Las Vegas Protests, Officials Say«, ABC7, 4. Juni 2020.

45 David Uberti und Rachael Levy, »Facebook Bans Large Segment of Boogaloo Movement«, *The Wall Street Journal*, 20. Juni 2020.

46 David Zucchino, *Wilmington's Lie: The Murderous Coup of 1898 and the Rise of White Supremacy* (New York: Grove Atlantic, 2020).

47 Yasmeen Abutaleb, »What's Inside the Hate-Filled Manifesto Linked to the Alleged El Paso Shooter«, *The Washington Post*, 4. August 2019.

48 Jane Coaston, »The Private Militias Providing ›Security‹ for Anti-Lockdown Protests, Explained«, *Vox*, 11. Mai 2020.

49 Safia Samee Ali, »Where Protesters Go, Armed Militias, Vigilantes

Likely to Follow with Little to Stop Them«, NBC News, 1. September 2020.

50 Barbara F. Walter, »The Extremist's Advantage in Civil Wars«, *International Security* 42, Nr. 2 (2017), S. 7–39.

51 Barbara F. Walter und Gregoire Philipps, »Who Uses Internet Propaganda in Civil War?« (erscheint in Kürze).

52 Andrew H. Kydd und Barbara F. Walter, »The Strategies of Terrorism«, *International Security* 31, Nr. 1 (2006), S. 49–80.

53 Sergiy Kudelia, *Dismantling the State from Below: Intervention, Collaborationism, and Resistance in the Armed Conflict in Donbas* (erscheint in Kürze).

54 Tim Hume, »Far-Right Extremists Have Been Using Ukraine's War as a Training Ground. They're Returning Home«, *Vice*, 31. Juli 2019.

55 David Kilcullen meint dazu: »Das deutlichste Anzeichen dafür, dass der Mist wirklich richtig schlimm wird, ist nicht Hass. Hass hat es immer gegeben. Es ist Angst«, in: Matthew Gault, »Is the U.S. Already in a New Civil War«, *Vice*, 27. Oktober 2020.

56 Gustave M. Gilbert, *Nürnberger Tagebuch* (Frankfurt a. M.: Fischer, 1962), S. 270.

57 Human Rights Watch, »The Rwandan Genocide: How It Was Prepared«, (Informationspapier, April 2006).

58 Lois Beckett, »Americans Have Bought Record 17 m Guns in Year of Unrest, Analysis Finds«, *The Guardian*, 30. Oktober 2020.

59 Ebd.

60 Seth G. Jones und Catrina Doxsee, »The War Comes Home: The Evolution of Domestic Terrorism in the United States«, Center for Strategic International Studies (CSIS), 22. Oktober 2020; »In America, Far-Right Terrorist Plots Have Outnumbered Far-Left Ones in 2020«, *The Economist*, 27. Oktober 2020.

61 Siehe Wikipedia-Eintrag »Socialist Rifle Association«; man beachte, dass das Zitat von der Website der Gruppierung stammt, die allerdings inzwischen nicht mehr zugänglich ist. Siehe auch https://www.facebook.com/SocialistRifle/about/

62 Tess Owen, »›If You Attack Us, We Will Kill You‹: The Not Fucking Around Coalition Wants to Protect Black Americans«, *Vice*, 28. Oktober 2020.

63 Cristina Mazda, »What Is Redneck Revolt? These Left-wing Activists Protect Minorities with Guns«, *Newsweek*, 27. Dezember 2017.

64 Benjamin A. Valentino, *Final Solutions: Mass Killing and Genocide in the 20th Century* (Ithaca: Cornell University Press, 2013).

65 Claude Berrebi und Estebean F. Klor, »Are Voters Sensitive to Terrorism? Direct Evidence from the Israeli Electorate«, *American Political Science Review* 102, Nr. 3 (2008), S. 279–301; Anna Getmansky und Thomas Zeitzoff, »Terrorism and Voting: The Effect of Rocket Threat on Voting in Israeli Elections«, *American Political Science Review* 108, Nr. 3 (2014), S. 588–604.

66 Eitan D. Hersch, »Long-Term Effect of September 11 on the Political Behavior of Victims' Families and Neighbors«, *Proceedings of the National Academy of Sciences* 110, Nr. 52 (24. Dezember 2013), S. 20959–20963.

67 Roberto Stefan Foa und Yascha Mounk, »The Danger of Deconsolidation: The Democratic Disconnect«, *Journal of Democracy* 27, Nr. 3 (2016), S. 5–17.

68 Matthew H. Graham und Milan W. Svolik, »Democracy in America? Partisanship, Polarization, and the Robustness of Support for Democracy in the United States«, *American Political Science Review* 114, Nr. 2 (2020), S. 392–409.

69 »Public Trust in Government: 1958–2019«, Pew Research Center, 11. April 2019.

70 »Little Public Support for Reductions in Federal Spending«, Pew Research Center, 11. April 2019.

71 Lee Drutman et al., »Follow the Leader: Exploring American Support for Democracy and Authoritarianism«, Democracy Fund Voter Study Group, März 2018.

8 WIE MAN EINEN BÜRGERKRIEG VERHINDERT

1 Barbara F. Walter, »In Memoriam: Nelson Mandela«, *Political Violence @ A Glance*, 6. Dezember 2013.

2 Ein jährliches Risiko von 3,4 Prozent mag auf den ersten Blick gering erscheinen, ist es aber beileibe nicht. Das liegt daran, dass sich das

Risiko aggregiert. Eine gute Analogie ist das durch Rauchen verursachte Krebsrisiko. Zu Beginn hat ein Raucher ein geringes Risiko, an Lungenkrebs zu erkranken, aber wenn er oder sie ein Leben lang weiterraucht, steigt das Risiko erheblich. Quelle: »Polity5 Annual Time-Series, 1946–2018«, Center for Systemic Peace. Ich danke Monty Marshall für diese eindeutige Erklärung.

3 Barbara F. Walter, »Does Conflict Beget Conflict? Explaining Recurring Civil War«, *Journal of Peace Research* 41, Nr. 3 (Mai 2004), S. 371–388; Barbara F. Walter, »Why Bad Governance Leads to Repeat Civil War«, a. a. O.

4 Paul Collier et al., *Breaking the Conflict Trap: Civil War and Development Policy* (Washington, D. C.: World Bank and Oxford University Press, 2003).

5 Barbara F. Walter, »Conflict Relapse and the Sustainability of Post-Conflict Peace« (Washington, D. C.: World Bank, 2011). https://openknowledge.worldbank.org/handle/10986/9069; Barbara F. Walter, »Why Bad Governance Leads to Repeat Civil War«, a. a. O.

6 James D. Fearon, »Governance and Civil War Onset«, a. a. O., S. 3.

7 Barbara F. Walter, »Conflict Relapse and the Sustainability of Post-Conflict Peace«, a. a. O.; Barbara F. Walter, »Why Bad Governance Leads to Repeat Civil War«, a. a. O.

8 James D. Fearon, »Governance and Civil War Onset«, a. a. O., S. 4 und 43.

9 Sean Illing, »A Political Scientist Explains Why the GOP Is a Threat to American Democracy«, *Vox*, 20. Oktober 2020.

10 Elliott Davis, »U. S. Election Integrity Compares Poorly to Other Democracies«, *U. S. News & World Report*, 7. Oktober 2020.

11 Sean Illing, »Political Scientist Explains Why the GOP Is a Threat«, a. a. O.

12 Elliott Davis, »U. S. Election Integrity Compares Poorly to Other Democracies«, a. a. O.

13 Nathaniel Rakich, »What Happened When 2.2 Million People Were Automatically Registered to Vote«, *FiveThirtyEight*, 10. Oktober 2019.

14 »Trudeau Breaks Promise on Reforming Canada's Voting System«, BBC, 1. Februar 2017; »Canada«, Freedom House, 2020.

15 »Canada«, Freedom House.

16 Eric Liu, *You're More Powerful Than You Think: A Citizen's Guide to Making Change Happen* (New York: PublicAffairs, 2017), S. 8.

17 »Americans' Knowledge of the Branches of Government Is Declining«, Annenberg Public Policy Center, 13. September 2016.

18 »America Needs History and Civics Education to Promote Unity«, *The Wall Street Journal*, 1. März 2021.

19 Es sei darauf hingewiesen, dass im Falle eines Bürgerkriegs in den USA alle Fortschritte im MINT-Bereich zum Stillstand kommen werden. In Ländern, die einen Bürgerkrieg erleben, sinkt das Pro-Kopf-BIP dramatisch, die Institutionen werden geschwächt, und die öffentlichen Dienstleistungen wie Gesundheit und Bildung brechen zusammen. Paul Collier, »On the Economic Consequences of Civil War«, *Oxford Economic Papers* 51, Nr. 1 (1999), S. 168–183; Hannes Mueller und Julia Tobias, »The Cost of Violence: Estimating the Economic Impact of Conflict«, IGC Growth Brief Series 007 (London: International Growth Centre, Dezember 2016).

20 Interview der Autorin mit Eric Liu, April 2021.

21 Cass R. Sunstein, »It Can Happen Here«, *The New York Review*, 28. Juni 2018.

22 Nicole Narea, »Labeling Groups Like the Proud Boys ›Domestic Terrorists‹ Won't Fix Anything«, *Vox*, 19. Februar 2021; Greg Myre, »An Old Debate Renewed: Does the U. S. Now Need a Domestic Terrorism Law?«, NPR, 16. März 2021.

23 Janet Lewis, *How Insurgency Begins*, a. a. O.

24 Janet Reitman, »U. S. Law Enforcement Failed to See the Threat of White Nationalism«; Janet Lewis, *How Insurgency Begins*, a. a. O.

25 Ebd.

26 »White Supremacist Infiltration of Law Enforcement«, FBI Intelligence Assessment, 17. Oktober 2016.

27 Alice Speri, »The FBI Has Quietly Investigated White Supremacist Infiltration of Law Enforcement«, *The Intercept*, 31. Januar 2017.

28 Janet Lewis, *How Insurgency Begins*, a. a. O.

29 »Right wing Extremism: Current Economic and Political Climate Fueling Resurgence in Radicalization and Recruitment«, Department of Homeland Security, Office of Intelligence and Analysis, 7. April 2009.

30 Adam Goldman, »Domestic Terrorism Threat Is ›Metastasizing‹ in U. S. F. B. I. Director Says«, *The New York Times*, 2. März 2021.

31 »The Oklahoma City Bombing: 25 Years Later«, Federal Bureau of Investigation, 15. April 2020.

32 »The Department of Justice's Terrorism Task Forces June 2005«, U. S. Department of Justice, Juni 2005.

33 FBI, »Oklahoma City Bombing: 25 Years Later«, a. a. O.

34 Marc Leibovich, »Merrick Garland Faces Resurgent Peril After Years Fighting Extremism«, *The New York Times*, 20. Februar 2021.

35 David Kilcullen, *The Accidental Guerrilla: Fighting Small Wars in the Midst of a Big One* (New York: Oxford University Press, 2011), S. 265.

36 Evan Osnos, »Doomsday Prep for the Super-Rich«, *The New Yorker*, 30. November 2017.

37 »Six More Defendants Settle Lawsuit Brought After ›Unite the Right‹ Rally«, Georgetown Law, 16. Mai 2018.

38 David Cook, »The Time Has Come for the Story of the Five Women Who Defeated the Klan,« *Chattanooga Times Free Press*, 22. Februar 2020; »Attorney, Victim Share Story of 1980 KKK Shooting on MLK Boulevard«, WRCB-TV, 20. Februar 2020.

39 »Donald v. United Klans of America«, Southern Poverty Law Center; Breeanna Hare, »Inside the Case That Bankrupted the Klan«, CNN, 11. April 2021.

40 Carrie O'Neil und Ryan Sheely, »Governance as a Root Cause of Protracted Conflict and Sustainable Peace: Moving from Rhetoric to a New Way of Working«, Stockholm International Peace Research Institute (SIPRI), 20. Juni 2019.

41 Matthew Yglesias (@mattyglesias), Twitter, 21. Januar 2021.

42 Gregory S. Gordon, »Atrocity Speech Law: Foundation, Fragmentation, Fruition«, Oxford Scholarship Online, Mai 2017, https://oxford.universitypressscholarship.com/view/10.1093/acprof:oso/9780190612689.001.0001/acprof-9780190612689-chapter-1

43 »More Than 1 in 3 Americans Believe a ‚Deep State' Is Working to Undermine Trump«, NPR / Ipsos, 30. Dezember 2020.

44 Shannon Bond, »Unwelcome on Facebook and Twitter, QAnon Followers Flock to Fringe Sites«, NPR, 31. Januar 2021.

45 Diego A. Martin und Jacob N. Shapiro, »Trends in Online Foreign Influence Efforts«, Empirical Studies of Conflict Project, 8. Juli 2019.

46 Karsten Schmehl und Jane Lytvynenko, »7 Out of the 10 Most Viral Articles About Angela Merkel on Facebook Are False«, BuzzFeed, 27. Juli 2017.

47 Donnie O'Sullivan und Dylan Byers, »Fake Black Activist Accounts Linked to Russian Government«, CNN, 28. September 2017; »Exclusive: Russian-Linked Group Sold Merchandise Online«, CNN, 6. Oktober 2017.

48 William C. Schambra, »Local Groups Are the Key to America's Civic Renewal«, Brookings Institution, 1. September 1997.

49 Interview der Autorin mit Jená Cane, April 2021.

50 Jen Boynton, »How Citizen University Is Building an Army of Civic Leaders«, Shareable, 18. März 2019.

51 Interview der Autorin mit Eric Liu, April 2021.

52 Zitiert von Eric Liu aus einem Gespräch, das er mit Kate Tucker bei einer Zusammenkunft des Civic Saturday hatte, 16. Januar 2021.

53 Zoltan L. Hajnal, *Changing White Attitudes Toward Black Political Leadership* (Cambridge: Cambridge University Press, 2006).

54 »Gross Domestic Product By State, 3rd Quarter 2020«, Bureau of Economic Analysis, 23. Dezember 2020.

55 Zu ergänzen ist hierbei, dass Hawaii schon immer ein mehrheitlich nichtweißer Bundesstaat war und New Mexico noch vor Kalifornien mehrheitlich nichtweiß wurde. Kathleen Murphy, »Texas Minorities Now the Majority«, The Pew Charitable Trusts, 11. August 2005.

56 U. S. Bureau of Labor Statistics, Unemployment Rate in California, erhalten von FRED, Federal Reserve Bank of St. Louis (Die Arbeitslosenquote fiel von 6 Prozent im Jahr 1998 auf 4,2 Prozent im Jahr 2020 vor Corona; während der Pandemie stieg sie auf etwa 9 Prozent).

57 Paul Feldman und Patrick J. McDonnell, »Prop. 187 Backers Elated – Challenges Imminent«, *Los Angeles Times*, 9. November 1994; Mark Z. Barabak, »Pete Wilson Looks Back on Proposition 187 and Says, Heck Yeah, He'd Support It All Over Again«, *Los Angeles Times*, 23. März 2017.

58 Ezra Klein, »California Is Making Liberals Squirm«, *The New York Times*, 11. Februar 2021.

REGISTER

B

C

D

E

H

I

J

K

L

M

N

O

P

Q

R

S

T

U

V

W

Y

Z

Florian Hartleb
Einsame Wölfe
Der neue Terrorismus rechter Einzeltäter
Erweiterte Ausgabe
288 Seiten, Klappenbroschur
ISBN 978-3-455-01035-0
Hoffmann und Campe

Das Standardwerk zum neuen Rechtsterrorismus
in Deutschland

Seit die gesellschaftliche Debatte um Themen wie Migration, Flüchtlinge und Deutschsein völlig aus dem Ruder gelaufen ist, greifen immer wieder Rechtsterroristen zur Waffe, um Anschläge auszuführen. Wer sind sie? Und was treibt sie an? Längst belassen es Rechtsextremisten nicht mehr bei Worten, sondern führen konkrete, perfide geplante Terrorattentate aus. Dahinter stecken keine Organisationen, sondern »Einsame Wölfe« – sozial isolierte Menschen, die sich gegenseitig über das Internet aufhetzen, bis sie bereit sind, für die »weiße Rasse« zu töten. Wir haben es mit einer neuen Art des globalen Rechtsextremismus zu tun. Es ist ein Terror, der mitten unter uns entstanden ist, ein Spiegelbild unserer Gesellschaft.

Mit einem Kommentar zu aktuellen Attentaten wie Halle, Hanau und dem Mord an Walter Lübcke

»Er ist Politikwissenschaftler, Terrorismusexperte
und hat das erste deutschsprachige Buch über
›einsame Wölfe‹ geschrieben.«
Südwest Presse